U0498174

粤港澳大湾区
产业发展与科技创新
——基于东京湾区的经验借鉴

尹曼琳 著

西南财经大学出版社
Southwestern University of Finance & Economics Press
中国·成都

图书在版编目(CIP)数据

粤港澳大湾区产业发展与科技创新:基于东京湾区的
经验借鉴/尹曼琳著.--成都:西南财经大学出版社,
2021.6.--ISBN 978-7-5504-4968-8

Ⅰ.F127.65

中国国家版本馆 CIP 数据核字第 2024PT2841 号

粤港澳大湾区产业发展与科技创新——基于东京湾区的经验借鉴

YUEGANGAO DAWANQU CHANYE FAZHAN YU KEJI CHUANGXIN —— JIYU DONGJING WANQU DE JINGYAN JIEJIAN

尹曼琳　著

责任编辑:李晓嵩
责任校对:杜显钰
封面设计:何东琳设计工作室
责任印制:朱曼丽

出版发行	西南财经大学出版社(四川省成都市光华村街 55 号)
网　址	http://cbs.swufe.edu.cn
电子邮件	bookcj@swufe.edu.cn
邮政编码	610074
电　话	028-87353785
照　排	四川胜翔数码印务设计有限公司
印　刷	成都国图广告印务有限公司
成品尺寸	170 mm×240 mm
印　张	18.25
字　数	310 千字
版　次	2025 年 5 月第 1 版
印　次	2025 年 5 月第 1 次印刷
书　号	ISBN 978-7-5504-4968-8
定　价	98.00 元

1. 版权所有,翻印必究。

2. 如有印刷、装订等差错,可向本社营销部调换。

序

湾区经济与科技创新研究的有益借鉴

　　湾区经济是以海港为依托、以湾区自然地理条件为基础发展形成的一种区域经济形态。世界一流湾区具有开放的经济体系、高效的资源配置能力、强大的集聚外溢功能、发达的国际交往网络，比内陆经济和三角洲经济具有更强的开放性、创新性、高端性和国际性，在新的区域竞争合作格局中具有独特的价值和优势。尤其值得关注的是，世界一流湾区往往是全球创新发展要素集聚的核心，在科技创新和产业发展的演进逻辑中，实现了从源头创新的科学发现到知识溢出、技术流动和产业引领的创新主导功能，进而成为有世界影响力的新技术、新产业、新商业模式的策源地。

　　全球发展成熟的三大一流湾区各具特色，日本东京湾区是产业型湾区，美国纽约湾区可称为金融型湾区，美国旧金山湾区则是科技型湾区。粤港澳大湾区地处西太平洋—印度洋航线要冲，是我国综合实力最强、开放程度最高、经济最具活力的区域之一，具备成为世界一流湾区的条件。与世界三大湾区相比，粤港澳大湾区的发展面临一定的机遇和挑战。特别是日本东京湾区的京滨、京叶两大工业带的发展，为日本装备制造、石油化工、钢铁、现代物流等发达产业提供了重要支撑。同时，东京—横滨地区的科技创新集群的发展也已成为世界的标杆。这些均为粤港澳大湾区的发展提供了一定的借鉴价值。

《2020年全球创新指数》显示，在全球131个经济体中，中国保持在全球创新指数榜单第14名，与上一年持平；东京—横滨地区连续4年位列世界科技集群百强榜单首位，深圳—香港—广州地区位列第二。相比上一年，在全球前列的深圳—香港创新都市圈中首次增加了广州，这得益于位于广州的中山大学等高等院校的贡献。深圳、香港、广州皆是粤港澳大湾区的核心城市，从世界各国城市群发展的空间格局来看，粤港澳大湾区在综合性国家科学中心加快建设的进程中，打造世界一流的国际湾区、成为有全球影响的国际科技创新中心值得期待。

尹曼琳博士的著作聚焦于一流湾区在产业、科技创新层面的集聚作用，结合多年研究基础，对东京湾区产业科技创新的理论与实践进行了较为系统、深入的研究。该书在分析粤港澳大湾区发展历程与现实的基础上，重点阐述了湾区、产业发展、科技创新等几个重要概念，并通过理论分析构建研究基础；通过大量粤港澳大湾区与日本东京湾区的产业、科技创新数据的对比分析，深入探讨粤港澳大湾区与东京湾区的不同经济发展要素，并介绍了日本政府的实际支援案例。在此基础上，该书研究了东京—横滨创新高地并聚焦深圳—香港创新圈，探索深圳—香港协同创新发展的新模式。最后，该书通过探究日本东京湾区的发展禀赋，找出粤港澳大湾区产业与科技的发展路径，并提出了有一定启发意义的发展建议。

尹曼琳博士毕业于日本金泽大学，并在深圳大学中国经济特区研究中心从事2年博士后研究工作，主要从事区域经济、粤港澳大湾区产业与科技创新等方面的研究。这本著作也是尹曼琳博士在长期关注区域经济和粤港澳大湾区科技创新发展的基础上，结合博士后研究报告形成的一本颇具分量的专著。目前，有关粤港澳大湾区与东京湾区的比较研究材料不多、深入分析不够，相信对此感兴趣的读者能在这本书中发现有价值的参考和有意义的借鉴与启示。

当前，从基础研究和原始创新走向技术创新和产业创新的周期越来越短，基础研究与产业转化的边界也日趋模糊。一流湾区的发展将集聚创新要素、诠释科学发现与产业创新间的内在逻辑。我们期待着，粤港澳大湾区依托世界级制造业产业集群的支撑，依托综合性国家科学中心的建设，融入全球创新网络，走出一条打造具有全球影响力的区域创新高地的独特道路。

钟若愚

深圳大学中国经济特区研究中心教授

2021 年 12 月

4

目录 ᴹULU

　　全球经济形态遵循着从城市内部升级到城市辐射带动周边，从小范围内经济生产要素的集聚、扩张、发展，到大型城市网络群体之间资源"优胜劣汰"的发展趋势，催生了在全球范围内具有资源强集聚性的滨海湾区经济。我国的粤港澳大湾区借助先天的地理、经济资源聚合优势和共建"一带一路"等国家政策保障，未来必将成为与纽约湾区、旧金山湾区和东京湾区并驾齐驱的国际湾区。纵观纽约湾区、旧金山湾区和东京湾区的发展历程，三大湾区通过不同类型的资源引导集聚，以科技创新力量为后盾，经过产业的迭代更新，分别形成了具有"金融""科技""产业"标签的特色湾区。总体来说，研究产业的发展规律、加强产学研合作、加大城市科技创新整体力度，不仅可以为粤港澳大湾区的发展寻求方向，也可为进一步推动我国经济发展做出贡献。

第一节　湾区是全球经济发展和科技创新的引领者

打开世界城市版图，我们发现：排在全球前50名的特大城市中，湾区型城市的数量占比达到了惊人的90%以上。湾区凭借开放的经济结构、高效的资源配置能力、强大的集聚外溢功能和发达的国际交往网络，汇集了来自全球各地的先进生产要素、优秀人才和高级产业等优质经济资源，是全球经济发展的重要增长极，发挥着引领创新、聚集辐射的核心引擎作用。

一、生产要素资源集聚推动了城市发展

集聚是城市化的本质，城市发展的背后是人才、资金、技术等生产要素和经济活动主体的快速集聚、高效流动，然后再集聚、再流动，进而集中到某些特定区域并实现效益的聚变和最大化的过程。生产要素等经济资源在城市集聚中主要经历了以下四个阶段（见图1-1）。

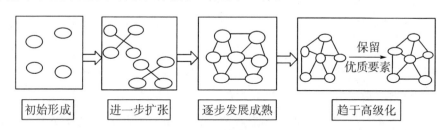

初始形成　　进一步扩张　　逐步发展成熟　　趋于高级化

图1-1　城市生产要素集聚的演化阶段

第一阶段：要素集聚的初始形成。该阶段是生产要素的流入初期，表现为各经济活动主体根据自身发展需求对外吸收生产要素等经济资源，实现要素在地理邻近区域进行简单的"扎堆"，"最初的地方性工业体系"开始形成①。此时，各经济活动主体分散在区域各处，彼此之间的联系比较松散，要素在整体上呈现点状集聚状态。

---

① 马歇尔.经济学原理 [M].陈良璧，译.北京：商务印书馆，1983.

第二阶段：要素集聚进一步扩张。随着要素的不断集聚增加，各经济活动主体对所需要素的获取变得越来越容易，集聚所形成的规模效应会进一步促使更多经济活动主体进入，从而加剧了竞争。为合理分配和使用生产要素等经济资源，各经济主体之间开始进行交流与合作，彼此之间的联系日益紧密，要素集聚的形态开始从分散的点状向块状分布过渡。

第三阶段：要素集聚逐步发展成熟。随着要素集聚程度的进一步提高，各经济主体对生产要素的需求不再局限在某一区域，对其他块状区的异质性要素需求也越来越强烈，要素集聚的范围变得更广，由此强化了各块状区之间的要素联系和知识溢出，形成了要素集聚由块状向网络化发展的转变。

第四阶段：要素集聚趋于高级化。该阶段市场逐步趋于饱和，要素的进一步集聚给经济活动主体所带来的边际收益开始递减，使得经济活动主体对生产要素的质量要求变得更加严格。那些不能适应经济活动主体发展要求的低级要素将会在这一阶段逐步被淘汰，而优质高级要素则被吸纳和保留下来。要素集聚的网络化结构进一步得到优化，彼此间的要素流动更加通畅，对优质要素资源的集聚能力也不断增强。

要素的集聚经历了从比较松散的点状集聚、块状集聚，到高度集中的网络化集聚过程，要素集聚的质量经过多次的更新与替换，不断从初级向高级转变，进而推动了城市发展。图1-2反映了生产要素和产业集聚促进城市发展的机制。

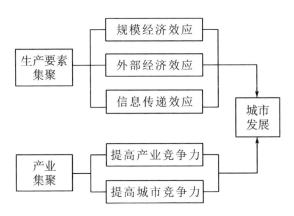

图1-2 生产要素和产业集聚促进城市发展的机制

如图 1-2 所示，要素集聚主要通过两个方面来促进城市发展，即生产要素集聚和产业集聚。生产要素集聚促进城市发展主要从三个途径来实现：一是规模经济效应。生产要素等经济资源的空间集聚会带来企业规模以及城市规模的不断扩大，有利于使用更大型和更有效率的机器设备，进行更加合理和专业化的分工，降低生产成本、提高效益并促进城市发展。二是外部经济效应。各种生产要素通过集聚，降低了由远距离运输所带来的交易成本，同时各经济主体之间通过共用基础设施、共享公共服务等能有效节约新增基础设施和公共服务所带来的费用支出，产生积极的外部效应，促进城市发展。三是信息传递效应。人口、企业以及其他相关经济资源在空间上的集聚，能够进一步加深各经济主体之间的信息传递与交流，减少交易过程中因信息不对称而产生的交易成本，同时有效促进技术的推广与扩散，激励新思想、新知识的产生，推动城市进一步发展。

另外，生产要素的流动会带来企业、产业布局的不断变化，使得具有内在关联的公司、供应商，关联产业，专门化的制度和协会高密度地集聚在一起，形成产业集聚。产业集聚促进城市发展的路径有两种：一是提升产业竞争力。产业集聚使得企业与企业之间能够便捷地进行先进技术和管理方法的学习、交流，促进先进生产要素的优化配置，另外，产业集聚有利于促进不同企业之间专业化的分工与协作，细化生产过程，推动产业结构优化升级，形成具有竞争力的产业价值链。二是提高城市竞争力。产业集聚形成不同地方的产业分工，有利于结合地方资源优势，着重打造区位品牌，并吸引更多的资本和技术进入，提升品牌生产和开发的能力，走区域特色发展道路，促进城市竞争力的提升。

生产要素等经济资源的集聚是一个漫长而复杂的循序渐进与优胜劣汰的动态过程。只有进一步集聚更多优质的生产要素等经济资源，才能促进城市发展，真正建成具有国际影响力的高度发达的城市，辐射周边城市并带动其他城市的发展。例如，日本的东京集中了日本将近30%的高等院校和40%的大学生，拥有日本 1/3 的研究和文化机构以及日本 50%的专利合作条约（patent cooperation treaty，PCT）专利产出和世界 10%的 PCT 专利产出，科技实力十分雄厚。在美国的硅谷和纽约，硅谷以不到美国 1% 的人口创造了美国 13% 的专利产出，吸引了美国超过 40% 的风险投资和全世界 14% 的风险投资；纽约集聚了美国 10% 的博士学位获得者、10% 的美国国家科学院院士以及近 40 万名科学家和工程师，每年高校毕业生人数占美国的 10% 左右。英国的伦敦集中了英国 1/3 的高等院校和科研机构，每年高校毕业学生约占美国的 40% 左右。

这些城市和地区都是具有国际影响力的高度发达的城市和地区，目前正处于生产要素集聚的第四个阶段，在全球经济发展中占据着领导和支配地位，发挥着核心引领作用。

二、国际湾区城市发展的必然趋势和高阶形态

湾区是由一个海湾或相连的若干个海湾、港湾、邻近岛屿共同组成的区域，世界顶级城市群大多数分布在湾区。国际一流的湾区城市凭借自身的高度开放性、创新性、宜居性以及国际化等特征，汇聚各类优质资源，包括人才、资金、技术等先进生产要素，来促进城市或城市群的发展，最终形成具有全球影响力的国际湾区。目前，世界已经形成纽约湾区、旧金山湾区、东京湾区和粤港澳大湾区四足鼎立的局面，国际湾区已经成为城市发展的必然趋势和高阶形态。

表 1-1 展示了世界四大湾区的演进路径，即从单极城市逐步发展成为国际湾区的具体历程。纽约湾区从 19 世纪初开始发展，从最初的贸易大港逐步走向世界金融中心，总体经历了四个阶段，用了将近 210 年的时间，其发展背后的驱动力是天时、地利与人和三种因素相互作用的结果。天时方面，当时纽约湾区正处于产业的升级转型期；地利方面，纽约湾区是天然深水港，连通欧洲，区位条件优势明显；人和方面，纽约区域规划协会（Regional Plan Association，PRA）等各方协调形成跨洲规划，加之纽约湾区本身就是美国东部教育重镇，汇聚人才资源，具备发展合力。

表 1-1　世界四大湾区发展的演进路径

湾区	时间	发展阶段	内容
纽约湾区	19 世纪初至 20 世纪 20 年代	单极城市	1811 年，依托天然良港优势，大量集聚人、货、财富，形成以曼哈顿为中心的贸易大港。第一次世界大战后纽约城市化进程加速，世界城市地位初步确立
	20 世纪 20 年代至 20 世纪 60 年代	都市区	在 RPA 第一区域规划下，以纽约为核心，向周边中小城市辐射，形成卫星城环绕的都市圈，分散城市功能
	20 世纪 60 年代至 20 世纪末	城市群	伴随着城市的郊区化，城市圈范围扩大，波士顿、纽约、费城、华盛顿和巴顿的摩五大都市群横向蔓延、相互连接，发展跨越数州的大都市连绵带
	20 世纪末至今	湾区	伴随制造业转移，纽约成为跨国金融机构的集中地，对全球经济进行控制和协调，各大城市分工协作，世界级湾区地位确立
旧金山湾区	19 世纪 40 年代末至 20 世纪 20 年代末	单极城市	"挖金潮"带来采金冶炼业、港口运输业、现代金融业快速发展，美国及世界各地的移民开始涌入，带来核心城市旧金山的繁荣
	20 世纪 20 年代末至 20 世纪 50 年代初	都市区	第二次世界大战带来大量制造需求、研究需求，制造业空前繁荣、海陆空交通网络发达布局初具规模，硅谷初具雏形，核心城市开始向周边辐射、扩散
	20 世纪 50 年代初至 20 世纪末	城市群	人才、资金、技术、政策的集聚效应，铸造世界科技中心硅谷。城市化走向城郊化，形成多中心化分散发展格局，地区间差异化定位，产业功能分区，发达区域相互连通，带动沿线地区发展
	20 世纪末至今	湾区	从区域内产业分工走向全球化分工协作，湾区内集聚了 30 多家世界五百强企业或跨国公司
东京湾区	19 世纪中叶至 20 世纪 50 年代	单极城市	依托湾区的天然港口优势，港口工业、贸易快速发展，加上第二次世界大战的推动，周边要素流往东京都，不断集聚周边资源
	20 世纪 50 年代中期至 20 世纪 70 年代中期	都市区	伴随日本工业向太平洋扩散，沿轨道交通向外延伸，形成以核心城市——东京为中心的同心圆式、圈层状大都市区空间结构

表1-1（续）

湾区	时间	发展阶段	内容
东京湾区	20世纪70年代末至20世纪90年代末	城市群	东京部分城市功能分散到周边的神奈川、埼玉、千叶等县，出现多个增长点，东京湾港口群形成鲜明的职能分工体系，形成区域"多极多圈层"的城市化空间结构
	20世纪90年代末至今	湾区	以东京为核心的"中心—外围区域体系"，加速全球化分工协作，参与全球竞争
粤港澳大湾区	20世纪中叶至20世纪70年代末	单极城市	因历史因素，中华人民共和国成立后至改革开放前，基本形成以北京、上海、香港为核心的散点式城市发展格局
	20世纪70年代末至20世纪90年代	经济特区	1979年7月，中央规划成立经济特区，选择沿海开放城市——深圳、珠海、汕头、厦门以及海南省试办出口特区，重点发展特区经济
	20世纪90年代至2016年	城市群	国家开始规划城市群，推动人口、产业向城市群集聚，强调区域一体化、城市间的产业分工与协同。城市群成为本阶段推进城镇化进程的主体形态
	2017年至今	湾区	2017年3月，中央制定粤港澳大湾区城市群发展规划，发挥港澳独特优势，深化内地与港澳合作。建设世界级湾区，参与全球竞争。2019年2月，中共中央、国务院发布《粤港澳大湾区发展规划纲要》，推动粤港澳大湾区建设迈上新台阶

资料来源：笔者结合互联网资料整理。

　　旧金山湾区从19世纪40年代末开始发展，从"淘金圣地"走向科技中心，同样经历了四个阶段，用了将近180年的时间。除了自然禀赋和第二次世界大战推动外，旧金山湾区发展背后的关键驱动因素也有三种，但与纽约湾区有所不同，其政府规划色彩没有那么浓厚，是人才、科技和创业资本三要素集聚并良性循环的结果，也可以看成企业和高校相互合作、相互促进的结果。以斯坦福大学为首的世界顶尖高校源源不断地为企业输送各类高科技人才、专利和技术，促进企业发展；反过来，企业以资金和捐助等作为回报，进一步推动科技不断创新。历经多年的发展，旧金山湾区慢慢向南延伸形成"硅谷"，而科技对制造业也起到促进作用，因而创新贯穿于整条产业链之中。

　　东京湾区从19世纪中叶开始发展，从港口竞争走向工业带协调发展，同样经历了四个阶段，用了将近170年的时间。东京湾区的发展同样得益于自身的禀赋优势条件以及第二次世界大战的推动，但其关键的驱动因素主要来源于港口优势、交通优势以及政府的支持。横滨港、东京港、千叶港、川崎港、木更津港和横须贺港六个首尾相连的马蹄形港口群的分工合作为京滨、京叶工业带发展提供了重要支撑；新干线的开通则实现了东京与其他城市点对点的无缝对接，加速了人口向东京的大聚集；政府的总体协调规划也起到了重要的促进作用。

　　粤港澳大湾区从20世纪中叶才开始发展，比其他三大国际湾区要晚将近100年的时间，并且真正上升到国家战略层面是在2017年，可能还存在很多发展不足的地方。但粤港澳大湾区先天条件优厚，有香港、深圳两大金融平台作为支撑，并且拥有位居世界前列的海空港群，再加上中央政府在政策上的大力支持与引导，配合"一带一路"倡议，并牢牢抓住新一轮科技与产业革命的发展机遇，积极引导人才、资金、技术等各种优质资源要素加快向湾区集聚和畅通流动，促进产业的转型升级和跨海交通的通达，实现各个城市之间互联、互通、互融。粤港澳大湾区成为与纽约湾区、旧金山湾区和东京湾区等并驾齐驱的具有全球影响力的国际湾区指日可待。

第二节　产业发展和科技创新日益成为湾区发展的重要内容

　　作为全球经济最具活力的地区、全球创新资源集聚程度最高的地区、全球交通最为发达的地区、全球贸易交流与合作最为频繁的地区，湾区的崛起不是一蹴而就的，世界三大湾区的发展均经历了从港口经济、工业经济、服务经济，最后到创新经济的不断演进的漫长的历程。港口是湾区与生俱来的独有优势，产业发展是湾区逐步崛起并不断向前发展的重要基础，科技创新是湾区持续发展并转型升级的动力源泉。纽约湾区成为"金融湾区",旧金山湾区成为"科技湾区",东京湾区成为"产业湾区",三者均离不开产业发展和科技创新的重要支撑。产业发展和科技创新是湾区发展的重要内容。

一、产业发展是湾区城市崛起的根基

世界城市发展版图向我们显示,发达城市因拥有强大的产业体系和经济实力而长久居于世界舞台的中央。产业及其优质要素的集聚扩散是湾区城市发展的关键,也是湾区经济形成的物质基础和动力源泉,在城市发展过程中起着决定性作用。

起初,湾区城市借助优良的港口优势不断加强对外交流,率先建立起现代化的交通体系、完善的基础设施和良好的投资环境,以产生更为强劲的集聚能力,促进先进生产要素和优秀人才等优质资源不断向湾区城市集聚,形成一定规模的产业体系,并产生集聚效应,从而进一步吸引更多的外部资源加快集聚,加速湾区城市群内部主体快速衍生和成长。

随着经济全球化迅猛发展,湾区城市的产业及其要素资源不断向外扩散,城市边缘不断对外扩张,城市之间的分工合作日益深化,港口与港口之间、港口与城市之间、城市与城市之间、沿海与腹地之间的物流、人才流、技术流以及资金流等都会在最短的时间内完成配置与投放。产业与产业之间以及其他相互关联的机构之间逐渐形成一种新的空间经济组织形式,即产业集群。产业集群推动湾区城市的进一步发展,最终形成一体化的湾区经济。

1. 纽约湾区

纽约作为纽约湾区最为发达的城市,第二次世界大战结束以前都是制造业占据着主导地位。20世纪40年代开始,制造业的衰退之势变得越来越明显,政府和企业领导者开始意识到传统工业已经不足以支撑城市未来快速的发展,于是谋求转型,对日益衰退的第二产业进行了多方面改造,发展小型制造业和高科技产业,能源密集型产业与劳动密集型产业被大量淘汰或向远郊迁移。政府利用纽约完备的基础设施、减免税收政策和金融政策吸引小企业到远郊发展。1969 年开始，纽约许多大型企业开始发展外向型服务业等第三产业部门，生产性服务业就业人数从 95 万人增至 203 万人，占就业人口的比重从 25% 上升至 62%，生产性服务业的增加值也已占到全部服务业增加值总量的 50% 以上①。20 世纪 70 年代后期，纽约经济高速发展的关键转变为国际化指向明确的强大的生产性服务业，纽约的国际金融中心、贸易中心的地位得以保持并强化。

另外，纽约州东南部的长岛地区，原先是一个人口稀少的郊区，以种植蔬菜、土豆为主。由于其属于纽约大都市区外围城郊农业带的特殊地域，长岛的种植业、捕捞业主要服务于中心城市的蔬菜供应，以农业为主，产业结构比较单一。随着中心城市的经济和人口向郊区扩散，地处纽约近郊的长岛成为疏散工业和人口的理想去处，渐渐受到城市郊区化影响，长岛纳索县和萨福克县的大片农田被改建成新的居住区和工业园区，农业在长岛经济中的地位逐渐降低，以现代工业和服务业为主的产业结构逐渐占据长岛经济的主体。正是由于产业扩散的影响，中心城市慢慢成为以金融、房地产、交通、教育等第三产业为主导的聚集地，履行指挥与控制职能。周边城镇受到中心城市经济的辐射，促使其产业向更有利的方向发展，竞争力也随之增强，逐渐发展成为城市化水平更高的地区。

2. 旧金山湾区

旧金山湾区的发展与产业结构转型升级密不可分。20 世纪 50 年代以前，旧金山湾区还是个军事电子产品的生产基地，而后来举世闻名的"硅谷"在那时还是美国著名的杏、李子等果品生产基地。20 世纪 50 年代后，得益于半导体、微处理器和基因技术的出现，高科技产业密集崛起，促进硅谷成为世界科技重镇。第一批创业公司在硅谷的诞生奠定了硅谷发展高技术产业的基础，同时吸引了众多老牌公司，如西屋、瑞森、国际商业机器公司（IBM）等在该地区建立研究中心。20 世纪 60 年代，硅谷借助美国国防部采购基金的

---

① 广东中创产业研究院. 世界三大湾区产业集群发展优势解析 [J]. 中国工业和信息化，2019（8）：38-45.

支持，逐步成立了极富创新精神的微电子公司，在 20 世纪 60 年代后期成为航天工业和电子工业中心。20 世纪 70 年代，半导体工业成为硅谷经济中规模最大且最具活力的部分，同时风险投资取代军费成为硅谷创业者的主要经费来源。硅谷的社会网络造就了自我支持的金融系统，金融业得到快速发展。20 世纪 80 年代，计算机工业超过半导体工业成为硅谷最重要的基础产业。产业的国际化进程和高新技术企业的发展步伐都在不断加快。2016 年，旧金山湾区的 GDP（CSA 统计口径①）增速达 5.4%，实际 GDP 的驱动力量从工业制造业转向服务业，主要贡献来自金融业、保险业、房地产业和租赁业的大幅增长，这里是全美增长最有活力的地区。

旧金山湾区内支柱产业功能分区成熟，差异化定位明显。旧金山以旅游、商业和金融业发展见长；东湾以重工业、金属加工和船运为核心；北湾的葡萄酒业发展良好；南湾是硅谷的所在地；连接旧金山和南湾的半岛，则房地产业发达。与产业发展相适应，高度发达的产业功能区带动了周边地区发展，旧金山湾区的城市化高度发展逐步转向城郊化发展。

3. 东京湾区

产业迁移和产业结构演进是东京湾区发展的必要条件。东京湾区经济带在产业升级背景下不断提升城市功能。随着产业结构的不断演化，东京湾区的城市功能演变呈现三个不同的阶段：城市化的起步阶段、城市化的快速发展阶段和城市化的成熟阶段。这三个发展阶段的产业带分布呈现出不同的特征。从第一个阶段工业、商业和居住区的混杂存在状态，再到第二个阶段工业化过程不断深化，第三产业大规模发展，形成了独立的工业空间和商业服务空间，最后在第三个阶段由于产业转移、商业服务空间的发展带动居住空间的变化，最终形成城市的多中心结构。

如今，东京湾区经济带形成了以东京为中心，以关东平原为腹地，包括东京、横滨、川崎、千叶、横须贺等几个大中城市，是日本最大的工业区，也是以钢铁、石油冶炼、石油化工、精密机械、商业服务为主的综合性工业

---

① 综合统计区域／综合统计都市圈（combined statistical area，CSA）。

11

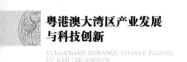

区。从时间上来看，东京都市区功能演进与东京湾经济带发展过程大致可分为三个阶段：20世纪60年代前京滨、京叶两大工业区产业聚集和企业集中的初级工业化阶段；20世纪60年代开始重化工业向外扩散阶段；20世纪80年代之后京滨、京叶两大地区重视发展知识技术密集型产业阶段。

二、科技创新是湾区转型升级的重要引擎

科学技术是第一生产力。湾区经济作为大国发展的"标配"，科技创新是湾区经济转型升级的重要引擎。世界一流湾区，不管是纽约湾区、旧金山湾区，还是东京湾区，能够成为世界级城市群和具有国际竞争力的强大滨海产业集群相交融的综合体，其发展的背后均离不开科技创新的强大力量的推动。创新理论告诉我们，创新的本质就是资源要素的重组，只有多样性的资源要素在湾区内部实现高密度配置，才能产生巨大的集聚和放大效应，进而促进湾区经济的进一步发展。

科研与教育机构以及创新型人才是湾区发展成功的基础条件。世界级大湾区必须拥有一大批科研与教育机构、创新型国际化领军人才引领，才能带动湾区的进一步发展。纽约湾区以知识技术为基础，拥有哈佛大学、麻省理工学院、康奈尔大学、耶鲁大学、普林斯顿大学等世界著名高校，吸引并培育了大批高水平、高素质的科技人才。

旧金山湾区拥有硅谷和20多所著名大学，如斯坦福大学、加利福尼亚州大学伯克利分校等多所世界一流的高等院校和丰厚的科研资源，以斯坦福大学为首的教育产业以及遍布湾区的数十所大学和研究机构，多年来注意培养面向应用和创业的优秀人才，成为湾区的人才孵化器，为湾区培养了大量的科技人才，也吸引着全世界高素质的人才源源不断地汇集到旧金山湾区。目前，旧金山湾区内世界各国的科技人员达100万人以上。除此之外，湾区内还分布着航天、能源研究中心等高端技术研发机构，引领全球20多种产业的发展潮流。

东京湾区特别是京滨工业区集聚了许多具有技术研发功能的大企业和研

究所，包括日本电气股份有限公司（NEC）、佳能、三菱电机、三菱重工、三菱化学、丰田研究所、索尼、东芝、富士通等。这些机构都是京滨工业区具有产业创新能力的机构，从而使得京滨工业区具有很强的管理和科技研发能力。京滨工业区布局的大学主要有庆应大学、武藏工业大学、横滨国立大学。京滨工业区积极促进各大学与企业开展科研合作，努力实现大学科研成果的产业化。

政府对科技创新的重视以及大力支持是湾区发展的重要动力。纽约湾区实施的开放性技术移民政策和国际项目合作，吸引了大量高层次科技人才和投资者通过留学、创业、投资等方式移民落户。纽约湾区通过依托高校和研究机构，实施"加强合作研究伙伴关系计划""全球科技创新行动计划"等国际科技合作计划，柔性引进外国科学家开展科技合作。纽约湾区通过政府与企业合作共建技术学院高中预备学校和新型职业学校，建立学生与企业人员一对一的"师徒式"教学模式，打造"高技术培训+就业直通车"的高技术实用型人才输送管道。纽约湾区以高校为主导建立紧密的产学研合作模式，推动高校科技人才创新创业，支持师生利用财政、企业、高校资助项目的科技成果进行技术转让、技术许可或技术创业。纽约湾区通过在高校下设或单独设立技术转移机构（部门）等，致力于推动高校科研成果的商业化和市场化，为高校师生科技创业提供技术支撑。

旧金山湾区通过实施普遍的科技人才激励机制，激发科技人才创新创业积极性。加利福尼亚州政府在企业振兴园区内实施普惠性的税收减免政策，不仅对园区内的创业企业设立多项税收减免政策，而且针对振兴区内企业员工实施个人所得税减免政策[1]。硅谷的科技企业大部分实施的都是员工持股激励计划，鼓励员工购买并持有科技企业股份、期权，增加科技人员的组织凝聚力，充分调动员工的创新积极性[2]。此外，旧金山市政府推出了"入驻企业

[1] 王萍，温一村，张耘. 发达国家创新型城市的科技人才发展政策 [J]. 全球科技经济瞭望，2016（1）：46-50.
[2] 罗剑钊. 国外人才政策对我国优化科技人才战略的启示 [J]. 科技创新发展战略研究，2017（2）：43-48.

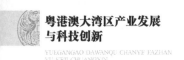

家计划"，鼓励科技人才为政府技术需求提出解决方案，最后通过政府采购解决方案支持科技人才创业。

东京湾区的京滨工业区建立了专业的产学研协作平台。为了完善相关产学研合作机制，建立更有竞争活力的创新体系，日本将原来隶属于多个部门的大学和研究所调整为独立法人机构，从而赋予大学和科研单位更大的行政权力。同时，日本把科研的主体放在企业，每年企业研发经费的投入占日本研究与开发（R&D）经费的80%左右。通过产学研体系的协调运转，日本较好地发挥了各部门联合攻关的积极性。日本还通过制定合理的产业政策和充分重视科技创新的引领功能，使得以京滨、京叶工业区为核心的东京湾沿岸成为日本经济最发达、工业最密集的区域。不仅如此，日本通过引进全球先进科技成果并消化、吸收，由区域拉动国家走向世界。仅以筑波科学城为例，日本以政府财力支持为主，在距离东京60千米的筑波山南麓兴建筑波科学城，目前该科学城已成为亚洲最大的综合性高科技产业区和全球第二大的科研基地，集聚了日本27%的国家研究机构、40%的研究人员和40%的国家研究预算，共有人口19万人，其中包括大约300家国家或私人研究机构所雇佣的1 300名科学家。

第三节　新时代背景下的粤港澳大湾区

从全球范围来看，湾区既是一个自然地理概念，也是一种区域经济现象，是成熟的大都市群体形态。粤港澳大湾区是包括我国香港特别行政区和澳门特别行政区在内的珠三角地区城市融合发展的新联盟，其发展从根本上改变了改革开放以来珠三角地区作为低端产品"世界工厂"的地位，转而升级为先进制造业和现代服务业的试验田。粤港澳大湾区上升为国家战略，将为粤港澳大湾区带来前所未有的发展机遇。我们希望粤港澳大湾区能够打破现有的地域、行政和制度壁垒，实现更为顺畅的要素流动，拥有更为开放的经济发展模式、更为理想的产业结构、更为优美的宜居环境，形成湾区城市互通互融的发展态势，激发潜在的联合效应，成为带动中国新经济发展的领头羊。

一、粤港澳大湾区概念的提出

粤港澳大湾区概念的提出，是粤港澳地区经济技术合作不断深化以及"大珠三角"城市群逐步发展融合的结果。总的来说，粤港澳大湾区概念的提出可以分为以下三个阶段。

1. 第一阶段："粤港澳大湾区"相关概念的学术探讨（1994—2004年）

一般认为，最早提出与粤港澳发展相关的"湾区"概念的学者是香港科技大学的吴家玮，他借鉴美国旧金山湾区的建设经验，于1994年首次提出了"香港湾区"的设想。1998年，吴家玮亲历了香港和内地共同携手应对亚洲金融危机的冲击，深刻认识到香港与内地不可分割的紧密关系，最后将"香港湾区"的说法改为了"港深湾区"。2003年，澳门科技大学教授黄枝连提出了"伶仃洋湾区"概念，认为如果珠海万山群岛能够加入港澳的发展系统，建立类似美国旧金山湾区那样的"伶仃洋湾区"或"华南湾区"，则可为整个区域的发展提供一个更宽广的平台。2003年，时任广东省委书记的张德江从区域经济视角巧妙地提出了"大珠三角"（珠三角+港澳）和"泛珠三角"（广东、福建、江西、湖南、广西、海南、贵州、云南、四川+港澳）概念，由此"大珠三角"成为"珠三角+港澳"的代名词。随后，还有学者陆续提出"环珠江口湾区""港珠澳湾区"等概念。

2. 第二阶段："粤港澳大湾区"相关地方政策的考量（2005—2014年）

学术界的热议持续几年之后，地方政府的相关政策也积极推进。2005年，广东省发布的《珠江三角洲城镇群协调发展规划（2004—2020）》文件中，首次提出将"湾区"（指的是环绕珠江口沿岸各市的滨海地区，大体包括珠海主城区、香洲区的唐家湾镇，中山的南朗镇、火炬开发区、三角镇和民众镇，广州的南沙经济技术开发区，东莞的沙田镇、虎门镇、长安镇，深圳南山区、宝安区的沙井镇、福永镇、西乡镇、新安街道等）作为区域产业核心和生态核心，努力建成国际级的生产性服务中心和环境优美的新兴发展区，为珠三角地区成长为世界级城市群提供有力支撑。2008 年 12 月，国务院审议通过《珠江三角洲地区改革发展规划纲要（2008—2020 年)》，规划范围以广东省的广州、深圳、珠海、佛山、江门、东莞、中山、惠州和肇庆为主体，辐射泛珠江三角洲区域，将与港澳合作的相关内容纳入规划。2009 年，《大珠三角城镇群协调发展规划研究》发布，粤港澳三方就共建优质生活圈、环珠江口宜居湾区等项目，推动和落实"大珠三角"规划开展合作。2010 年 4 月，为了落实和明确粤港两地合作，打造世界级经济区，由国务院牵头的《粤港合作框架协议》正式签署。《粤港合作框架协议》提出"环珠江口宜居湾区"的设想，努力打造区域产业核心、生态核心、交通枢纽和多元文化融合区，建设宜居湾区。为了进一步推动"环珠江口宜居湾区"的建设，2011 年 1 月，《环珠江口宜居湾区建设重点行动计划》出台实施，"环珠江口宜居湾区"成为粤港澳合作重点区域。2014 年，深圳市政府工作报告提出发展"湾区经济"。2014 年 12 月 18 日，广东与香港、澳门分别签署《广东与香港、澳门基本实现服务贸易自由化的协议》。

3. 第三阶段："粤港澳大湾区"概念被正式提出并上升到国家战略层面（2015 年至今）

2015 年 1 月，广东省政协委员谭刚提交了一份名为《构建粤港澳大湾区，推动广东经济发展新常态》的提案，第一次明确提出了"粤港澳大湾区"的概念。粤港澳大湾区概念最早在国家顶层设计文件中出现，是在 2015 年 3 月。国家发改委、外交部、商务部三部门联合发布《推动共建丝绸之路经济带和 21 世纪海上丝绸之路的愿景与行动》，提出"充分发挥深圳前海、广州南沙、珠海横琴、福建平潭等开放合作区作用，深化与港澳台合作，打造粤港澳大湾区"。2016 年 3 月，全国人大正式通过了国家"十三五"规划，规划中再次提出"推动粤港澳大湾区和跨省区重大合作平台建设"，强调"携手港澳共同打造粤港澳大湾区，建设世界级城市群"。2017 年 3 月，李克强总理在政府工作报告中明确提出"要推动内地与港澳深化合作，研究制定粤港澳大湾区城市群发展规划，发挥港澳独特优势，提升在国家经济发展和对外开放中的地位与功能"。这标志着粤港澳大湾区的设想从区域经济合作安排上升为国家战略顶层设计。2017 年 7 月 1 日,《深化粤港澳合作推进大湾区建设框架协议》签署,粤港澳三地在中央有关部门支持下,完善创新合作机制,促进互利共赢合作关系,共同将粤港澳大湾区建设成为更具活力的经济区、宜居宜业宜游的优质生活圈和内地与港澳深度合作的示范区,打造国际一流湾区和世界级城市群。2017 年 10 月,中国共产党第十九次全国代表大会提出"要支持香港、澳门融入国家发展大局,以粤港澳大湾区建设、粤港澳合作、泛珠三角区域合作等为重点,全面推进内地同香港、澳门互利合作"。2019 年 2 月 18 日,中共中央、国务院印发了《粤港澳大湾区发展规划纲要》,这份纲领性文件对粤港澳大湾区的战略定位、发展目标、空间布局等方面做了全面规划。根据该规划纲要的安排,粤港澳大湾区要建设充满活力的世界级城市群、具有全球影响力的国际科技创新中心、"一带一路"建设的重要支撑、内地与港澳深度合作示范区、宜居宜业宜游的优质生活圈,打造高质量发展的典范。

关于粤港澳大湾区的研究,经历了学术层面的探讨到地方政策的考量,进而被正式提出并逐步上升为国家战略,用了 20 多年的时间。从最初的"香港湾区""港深湾区""伶仃洋湾区""环珠江口湾区""港珠澳湾区",到最终的"粤港澳大湾区",文字表述的变化体现了对粤港澳大湾区的认识在逐渐提高。国家政策的推进也体现了概念提出、内涵和外延拓展、逐步明确发展方向的变化过程。这为粤港澳城市群未来的发展带来了新机遇,赋予了新使命。粤港澳大湾区是国家打造世界级城市群和参与全球竞争的重要空间载体。

二、粤港澳大湾区的历史及现实魅力

粤港澳大湾区是我国内部的一个特殊跨行政区域,无论是从自然地理看,还是从人文历史角度看,都是先天存在、不可分割的。早在秦朝,香港和澳门就是中国领土不可分割的部分;至清朝时,香港属于广州府新安县辖地,澳门则属香山县管辖。受全球政治、经济格局变化的影响,粤港澳之间的人文社会关系、空间关系以及价值观等都曾经发生过重大变化。16 世纪中期，葡萄牙人入侵澳门；19 世纪 40 年代，英国人抢夺香港岛，使原本同根共生的粤港澳地区逐步演变为具有不同性质的区域。虽然我国分别于 1997 年和 1999 年恢复对香港和澳门行使主权，但历史遗留的问题仍导致粤港澳大湾区存在具有一定政治、经济和法律差异的区域。与广东省的省级行政区域建制不同的是，香港和澳门是"一国两制"下的特别行政区，不仅享有高度自治权，并且是独立的关税区和货币区。因此，粤港澳大湾区是集一个国家、两种制度、三个关税区、四个核心城市于一身的东亚地区最为独特的跨境湾区。

粤港澳大湾区发展的历史渊源可以追溯到秦汉时期，那时，珠江三角洲还处在开发初期，在封建自然条件经济下，形成了以广州为单中心的发展格局，并逐渐出现一些孤立发展的城镇。宋朝时期，珠江三角洲已经被大规模开发，广州的区域政治、经济中心地位变得更加突出。同时，由于一些北方居民以家庭、家族为单位集体向南迁徙，加之政府修建了水陆交通设施，不少城镇由此应运而生，佛山也在当时崛起。明朝中叶，佛山已经发展成为珠江三角洲重要的工商业城市，虽然它是广州的外港之一，但商业繁荣程度有时超过广州，与广州一起构成了一个辐射东南数省，沟通中外的巨大贸易网络。当时，澳门作为珠江口外的一个小渔村，靠近广州，方便的地理位置和优良的建港条件，使其在珠江三角洲众多港口中处于有利地位，于是作为"番舶"交易之地已初具规模。明朝后期，殖民者闯入，澳门被葡萄牙占据，但经济发展并未因此衰落，由于"番舶"和外国移民的大量涌入，澳门发展规模不断扩大，崛起成为国际性商贸都会，因此出现了广州、澳门的双中心发展格局。清朝时期，珠江三角洲已自发形成以佛山为中心，与广州、澳门有一定分工又相互配合的复杂多样的、从密到疏分布的网络体系，成为我国较为发达的经济区之一。然而，鸦片战争的爆发，使得广州的贸易中心地位由此丧失，广州腹地被分割，在全国的商贸和交通地位被动摇、削弱，佛山也因此衰落，慢慢变为普通城镇，香港则从珠江口外小岛沦为英国殖民地。其后，经过多年发展，到 1937 年全面抗战爆发前夕，香港已经成为世界贸易巨港和远东近代工业中心，人口多达 100 万人，是珠江三角洲一个强大的经济辐射之源。然而，澳门经济则江河日下，结束了其称霸数百年的东方巨港地位的历史，并沦为香港的经济附庸，珠江三角洲经济重心转移到"穗港走廊"。1949 年后，香港经济继续高速发展，成为举世闻名的国际城市，贸易、航运、金融、旅游和工商业中心，亚洲"四小龙"之一。由于与内地制度、政策存在差异，香港仅与广州和其他少数城市发生贸易关系。澳门经济也开始逐渐有了转机，广州则由过去的商业、消费城市转变为以重工业为主的生产城市，商业、外贸、服务业发展均受到抑制，对外仅能借助广九线和珠江转口香港贸易。

　　粤港澳地区的紧密交往与合作得益于中国改革开放政策的实施，国家逐步实施以特区、沿海开放城市为代表的开放模式，珠江三角洲成为我国率先开放的地区，港澳与内地的跨境贸易合作逐步深化，20 世纪八九十年代，香港劳动密集型制造业大规模北移珠江三角洲地区，形成了由制造业迁移为主导的所谓"前店后厂"的分工格局，即香港负责接订单、构建销售市场网络、财务管理等，而加工制造则在内地特别是珠三角地区，香港已成为珠三角制造业全球供应链的管理中心①。据统计，1986 年，从香港销往内地的工业原料高达 50 亿港元（1 港元约合 0.93 元人民币，下同），比 1978 年增加了 91倍，而内地经香港转口货物，1982—1986 年年均增长率达 37%。1987 年，香港约 8 700 家工厂与内地有工业关系，占全港中小型工业企业数量的 18.4%，这些工业企业绝大部分在珠三角地区②。澳门经过多年的沉寂，于 20 世纪 70年代再次崛起并获得全面发展。1985 年，澳门从香港进口 27.15 亿澳门元（1 澳门元约合 0.91 元人民币，下同），占其进出口总额的 43.9%。同年，澳门直接转口贸易额为 5.77 亿澳门元，内地占 89.05%，居首位；香港占 8.7%，居第二位，港澳与内地的交流越来越频繁③。广州借助改革开放的东风重新发

① 薛凤旋，杨春.外资：发展中国家城市化的新动力：珠江三角洲个案研究 [J].地理学报，1997（3）：193-206.
② 司徒尚纪.珠江三角洲经济地理网络的历史变迁 [J].热带地理，1991，11（2）：113-120.
③ 司徒尚纪.珠江三角洲经济地理网络的历史变迁 [J].热带地理，1991，11（2）：113-120.

展起来，向现代工商业、贸易和交通中心的方向迈进，演变为多功能综合性经济中心。深圳、珠海两个经济特区成立后，经济获得了迅速发展。1984年，深圳、珠海两个特区成为珠江三角洲利用合同协议外资最多的城市，分别为广州的2.8倍和1.7倍。佛山作为次中心的地位逐步得到巩固，中山、东莞等相继设市。1987年，珠江三角洲成为全国城镇化水平最高的地区之一①。

20世纪90年代中期，继制造业之后，香港一些附加值较低的服务业行业（如零售贸易、休闲娱乐、银行的会计及后勤部门等）也开始向内地转移。1997年香港回归后，香港居民在内地消费、度假、定居、养老等，经济和社会联系日益加强。与此同时，内地特别是珠三角地区居民赴港旅游大幅增加，跨境人员流动日益增长，香港—深圳边境的口岸逐步成为全球最繁忙的口岸。此外，香港与内地在合作领域、方式以及机制方面都发生了明显的变化，两地经济互动与合作不再是简单的民间和企业推动，政府之间的联系与合作也日益加强，并逐渐迈向制度化合作。例如，1998年3月，粤港之间率先开始政府层面的对话，建立了粤港高层合作联席会议制度，共同解决口岸"通关"及交通"通行"等基础硬件设施建设问题，使得粤港澳经济合作关系也从早期的单向转为双向。香港特区政府与广东省政府、珠三角地区各市政府官员的互访、考察和交流也更加频繁，特别是内地协助香港渡过亚洲金融危机后，香港特区政府官员与民众逐渐意识到香港的经济发展前途与珠三角地区存在密不可分的关系。

2001年，我国加入世界贸易组织（World Trade Organization，WTO），为抢占内地庞大市场的先机，香港商界率先提出推动与内地建立自由贸易区的建议，从而建立更紧密的经贸关系。2002年2月，中央政府与香港特区政府就建立自由贸易区正式开始协商。经双方商定，自由贸易区改名为CEPA②，定位为"国家主体同其单独关税区之间的经贸安排"。2003年6月29日，中

---

① 司徒尚纪.珠江三角洲经济地理网络的历史变迁 [J].热带地理，1991，11（2）：113-120.

② CEPA（Closer Economic Partnership Arrangement）是《内地与香港关于建立更紧密经贸关系的安排》的英文简称，下同。

央政府与香港、澳门特区政府正式签署 CEPA。CEPA 主要包括商品贸易、服务贸易和投资便利化三方面内容，它的签署和实施，是内地与港澳经贸交流与合作的重要里程碑，是粤港澳经贸交流与合作的一个历史性时刻，标志着内地的跨境融合机制由市场驱动的自发性融合转变为制度化的融合，即由企业层面的合作转变为政府之间沟通的合作以及由"自下而上"的融合转变为引入中央政府参与的"自上而下"的融合在内的双轨融合模式，同时意味着粤港澳经济整合从制造业转向服务业承接①。CEPA 的开放式制度合作平台，有利于促进粤港澳生产及生活要素的流动，推动粤港澳大湾区内部经济一体化，初步形成湾区内部全方位的互联互通格局。

2014 年，广东自由贸易试验区的设立，使粤港澳合作进入以经贸制度、法律对接、技术标准一体化和离岸贸易、跨境金融、互联网经济等高端服务业和服务贸易自由化为主导的深化阶段。2015 年，随着我国走向更高层次开放型经济，粤港澳大湾区越来越受到国家重视并上升到国家战略高度。2015年 3 月，国家发改委、外交部、商务部经国务院授权发布了《推动共建丝绸之路经济带和 21 世纪海上丝绸之路的愿景与行动》，并首次提出要"深化与港澳台合作，打造粤港澳大湾区"。2016 年 3 月，国家"十三五"规划明确提出："支持港澳在泛珠三角区域合作中发挥重要作用，推动粤港澳大湾区和跨省区重大合作平台建设。"2017 年 3 月，国务院总理李克强在政府工作报告中提出："要推动内地与港澳深化合作，研究制定粤港澳大湾区城市群发展规划，发挥港澳独特优势，提升在国家经济发展和对外开放中的地位与功能。"此时的粤港澳区域发展已经上升为国家战略，粤港澳大湾区作为中国经济新引擎受到世界瞩目。2017 年 4 月，李克强在会见新当选并获中央政府任命的香港特别行政区第五任行政长官林郑月娥时表示："今年，中央政府要研究制定粤港澳大湾区发展规划。"2017 年 7 月，在国家主席习近平见证下，香港特别行政区行政长官林郑月娥、澳门特别行政区行政长官崔世安、国家发展和

① YANG C. From market-led to institution-based economic integration: The case of the pearl river delta and Hong Kong [J]. Issues & Studies, 2004, 40 (2): 79-118.

改革委员会主任何立峰、广东省省长马兴瑞共同签署了《深化粤港澳合作推进大湾区建设框架协议》（简称"协议"）。协议要求粤港澳三地在中央有关部门支持下，完善创新合作机制，密切互利共赢合作关系，共同将粤港澳大湾区建设成为更具活力的经济区、宜居宜业宜游的优质生活圈和内地与港澳深度合作的示范区，打造国际一流湾区和世界级城市群。2019年2月18日，筹备多时的《粤港澳大湾区发展规划纲要》正式公布。这份纲要是指导粤港澳大湾区未来长时期内的合作发展的纲领性文件，确立了建设粤港澳大湾区的发展原则为创新驱动、改革引领，协调发展、统筹兼顾，绿色发展、保护生态，开放合作、互利共赢，共享发展、改善民生，"一国两制"、依法办事等。可见，未来粤港澳三地协同合作将达到新高度，成为提升珠三角区域整体国际竞争力的引擎，并有望成为世界一流城市群湾区。

三、粤港澳大湾区的时代意义

自进入20世纪以来，每一次世界经济格局的大调整都会产生一个世界瞩目的大湾区。第一次世界大战后，依靠大西洋贸易通道的便利，纽约湾发展成为第一个世界级湾区；第二次世界大战后，依靠太平洋贸易通道的便利，旧金山湾发展成为第二个世界级湾区；20世纪60~90年代，趁着亚洲制造业崛起，东京湾凭借科技制造实力发展成为第三个世界级湾区。如今，在新一轮科学技术与产业革命的交汇之际，正是粤港澳大湾区强势崛起的最好时机。粤港澳大湾区经过多年的历史演进，已基本具备打造成为国际一流湾区的基础条件，具有坚实的经济基础与良好的社会环境基础，是大势所趋兼民心所向，不仅对解决粤港澳之间的合作问题具有重要意义，并且对中国融入世界、参与全球合作与治理具有重大作用。

第一，建设粤港澳大湾区是实现"两个一百年"奋斗目标与中华民族伟大复兴的中国梦的必然要求。首先，粤港澳大湾区建设肩负着丰富"一国两制"新实践、保持港澳的长期繁荣稳定的重要责任。多年的实践证明，"一国两制"是解决香港、澳门历史遗留问题，促进香港、澳门与内地共命运、同发展的保持长期繁荣稳定的最佳方案。随着新时代中国特色社会主义的不断深化，"一国两制"的内涵也不断丰富，建设粤港澳大湾区，深化粤港澳三地之间的合作，一方面有利于发挥港澳独特优势，为港澳发展注入新动能，拓展港澳发展空间；另一方面有利于辐射带动珠三角地区发展，引导城市之间取长补短，形成互补优势，促进港澳更好地融入国家发展大局。其次，粤港澳大湾区建设肩负着践行新发展理念、推动中国经济高质量发展的重要使命。正如党的十九大报告所指出的，虽然中国经济已经由高速增长阶段向高质量发展阶段转变，但是区域之间发展水平参差不齐，发展阶段、发展基础差异较大等严重制约着中国经济的高质量发展。粤港澳大湾区经济基础雄厚、创新要素高度集聚，以占据全国仅 0.6% 的国土面积在 2023 年创造出超 14 万亿元的经济总量，占比全国经济总量约 11%，在践行新发展理念、推动中国经济高质量发展的过程中起到模范作用。最后，粤港澳大湾区建设肩负着深化中国改革开放，为全国创造一个新的、可复制的经验的重大使命。1978 年的改革开放让中国在 40 多年来取得了巨大成就，在外部环境瞬息万变的当下，中国更需要进一步深化改革、扩大开放，力保在当今日趋激烈的国际竞争中赢得一席之地。粤港澳大湾区作为我国开放程度最高、经济活力最强的区域之一，有雄厚的经济基础支撑，有良好的创新创业环境保障，有能力顺应当今历史潮流，更好地发挥香港与澳门作为自由开放经济体和广东作为改革开放排头兵的引领作用。

第二，建设粤港澳大湾区是培育新动能，实现新旧动能转换，提升国家创新力和竞争力的重要途径。经过多年的发展，中国逐步摆脱贫困落后的状态，一跃成为世界第二经济大国，经济总量仅次于美国，位居世界第二。然而，从质量上看，中国经济发展质量和效益仍比较低，关键技术受制于人，创新能力不够强。随着我国经济逐步进入新常态，面临着"经济发展方式转变、产业结构优化和增长动力转换"的三大攻关期，急需推进供给侧结构性改革，实现经济发展质量变革、效率变革以及动力变革。粤港澳大湾区作为继纽约湾区、旧金山湾区以及东京湾区之后新崛起的又一国际性湾区，拥有巨大的经济体量、高密集度的经济发展条件、强大的创新能力，已基本具备世界一流湾区所需具备的基本特征，完全有条件在我国经济发展过程中扮演火车头的重要角色。同时，作为高新技术产业、高端生产服务业不断集聚创新的重要区域，粤港澳大湾区中的香港，根据 2023 年世界大学排名，共有 5 所大学位列世界 100 强，创新能力遥遥领先，珠三角地区作为国家自主创新示范区，在全球创新网络中占据重要位置。根据《粤港澳大湾区发展规划纲要》，粤港澳大湾区建设重点之一在于集聚创新资源，促进粤港澳三地的人才、资金、技术等创新资源通畅流动，深化科技创新、技术交流与合作，进一步统筹利用全球创新资源，通过创新驱动加快培育发展新动能，实现新旧动能转换，为不断增强我国经济创新力和竞争力提供支撑。

第三，建设粤港澳大湾区是打造具有全球影响力的国际科技创新中心的重大举措。中国社科院工业经济研究所区域经济研究室主任陈耀认为，打造具有全球影响力的国际科技创新中心是粤港澳大湾区建设的首要任务[1]。其主要基于以下两点考虑：一是加快传统的以要素驱动的经济增长方式向以创新驱动的经济增长方式的转变。以往，我国经济发展长期走的是依靠低成本土地、廉价劳动力等大量要素投入和技术模仿的粗放经济增长模式的道路，在早期的发展中取得较大的成效。但随着我国低成本优势的逐步丧失以及人口红利在 2012 年开始弱化，在全球化竞争逐渐激烈的格局中，我国市场各经济主体获利的空间逐渐减小、人口结构逐渐也发生了重大变化，越来越难以达到经济高质量发展的要求，急需改变传统的经济增长模式，完成依靠创新驱动经济增长方式的转变。二是争取在激烈的全球科技竞争中赢得一席之地。如今，随着第四次工业革命的兴起，科技革命与产业变革愈演愈烈，各国纷纷把科技创新作为国家发展战略，企图在新一轮的经济发展过程中抢占制高

① 中国社科院工业经济研究所区域经济研究室主任陈耀：大湾区一体化的战略意义与推进思路 [EB/OL]. (2016-08-25) [2020-09-01]. http://economy.southcn.com/e/2016-08/25/content_166149324.htm.

点。粤港澳大湾区在 2017 年上升为国家发展战略，肩负着以创新驱动带动我国经济发展的新使命。粤港澳大湾区规划指出，要打造"广州—深圳—香港—澳门"科技创新走廊、粤港澳大湾区大数据中心和国际化创新平台，明确了将建设成具有全球影响力的国际科技创新中心作为粤港澳大湾区的核心任务。

第四，建设粤港澳大湾区是推进"一带一路"建设的重要支撑。中国（深圳）综合开发研究院常务副院长郭万达指出，粤港澳大湾区作为"一带一路"建设的重要支撑，主要表现为以下四点：一是大湾区互联互通的基础设施将为"一带一路"建设提供更高效的协同服务。"一带一路"倡议尤为注重基础设施的互联互通，不单单是交通、能源电力和信息通信等方面的"硬联通"，"流空间"，如商流、物流、资金流、信息流、人才流等，"服务网络"，如资讯服务、技术服务、研发服务等方面的"软联通"更为必要。二是大湾区将成为"一带一路"建设现代产业的重要支撑点。香港作为国际金融贸易中心，澳门作为国际旅游休闲中心，均与国际商业网络接轨，香港的现代服务业和澳门的旅游业、博彩业国际化程度较高。珠三角地区作为世界制造业基地，不管是在国内市场化程度还是在对外开放程度方面都处于领先地位。粤港澳三地产业分工明确、优势互补，三者相结合，能很好地为"一带一路"建设提供支撑。三是大湾区将为"一带一路"建设提供科技创新支撑。随着"一带一路"倡议进一步推广，中国更多的企业、资本将投向海外市场，特别是亚非拉等发展中国家和地区。这些国家和地区低端产业问题突出，急需向中高端产业转型升级，而粤港澳大湾区科技创新能力较强，完全能够胜任"一带一路"建设市场创新策源地的角色。四是大湾区生产要素的自由流动将为"一带一路"建设的"五通"提供便利。"政策沟通、设施联通、贸易畅通、资金融通、民心相通"是"一带一路"建设的核心内容，粤港澳大湾区身处"一带一路"建设的枢纽地位，是"一带一路"建设进行"五通"建设的重要践行者。《粤港澳大湾区发展规划纲要》提出探索促进人流、物流、资金流、信息流、技术流等在粤港澳各地互联互通的政策举措；加强粤港澳地区基础设施建设，畅通对外联系通道，形成功能完善与运作高效的基

础设施网络；依靠香港、澳门的高度国际化作为桥梁，搭建内地与"一带一路"建设相关国家和地区的国际贸易通道，建立国际金融枢纽、国际文化交往中心，逐步解决粤港澳大湾区所面临的要素自由流动难题，为"一带一路"合作伙伴实现"五通"提供便利①。

① 郭万达："一带一路"的债务问题：智库的视角及建议 [EB/OL]. (2019-12-30) [2020-09-01].
https://www.sohu.com/a/363727956_99944477.

第二章

重要概念、理论基础与相关研究

　　湾区的发展融合了地理、人文、金融等各方面因素，是一个复杂的综合经济形态。湾区依靠产业发展和科技创新两大发展内核，引领全球技术变革，带动全球经济高速发展。因此，湾区经济研究受到了很多学者的青睐，经济学史上也出现了多个基于地域群体的理论，无论是研究不同系统间影响、竞争合作共存的协同理论和竞合理论，还是基于环境生态贸易的经济地理学，都是湾区经济形态的研究前提，也为后来学者提供了具体的研究方向和研究框架。研究掌握湾区发展的共性和内涵，一方面可以促进国家经济高速增长，另一方面也可以带动世界经济发展。

　　20世纪60年代的滨海湾区浪潮，使得国内外的大批学者都投入针对纽约湾区、旧金山湾区和东京湾区三大湾区的研究，通过对比地理、人口、教育、产值、技术、金融、创新等不同因素，找寻湾区经济发展的共性和特点。特别是近几年粤港澳大湾区大热，国内也有学者开始借助全球化和区域经济等理论基础，对粤港澳大湾区的现状进行分析，为未来粤港澳大湾区的发展提供理论性的建议。

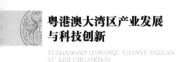

第一节　重要概念理解分析

湾区作为全球经济最发达的区域，是工业文明与科技文明、内陆文明与海洋文明相互交织和碰撞所形成的一种特殊的经济现象与经济形态。世界银行的数据显示，全球有60%的经济总量集中在入海口，75%的大城市、70%的工业资本和人口集中在距海岸100千米以内的地区[①]。湾区得天独厚的自然资源作为湾区城市发展的坚实基础，成为带动周边城市经济和社会产业发展的强有力的支柱。加之湾区后天所形成的强大的财富集聚功能、强有力的资源配置手段以及巨大的产业带动能力，我们应慢慢促使其发展成为引领全球技术变革、带动世界经济发展的重要增长极和核心动力。因此，准确把握湾区发展的内涵特征以及共性经验，对于我国加快世界一流湾区经济建设，更好地配合"一带一路"倡议，促进国家经济由高速增长向高质量发展阶段转变具有重要意义。

一、湾区及其特征

湾区经济最开始以港口贸易为雏形，最后形成港口+内陆的滨海经济体，涉及的不仅仅是贸易的变迁，还有产业的演变、科技的创新等，在分析湾区经济现状之前，了解湾区的形成和特征是十分重要且必要的。

1. 湾区

从地理学角度看，"湾区"更接近于"大都会"或"都会区"的概念，"大都会"或"都会区"又称都市带、都市群，是指某个或几个中心城市作为核心，同与其保持着密切经济联系的一系列中小城市共同组成的城市群连

---

① 中共深圳市委党校政治经济学教研部课题组. 发展湾区经济，打造海上丝绸之路桥头堡［N］.
深圳特区报，2014-12-02（05）.

绵带。与"大都会"或"都会区"不同的是，湾区是地处一国大陆与海洋接壤的边缘地区，是由面临同一海域的多个港口和城市连绵分布组成的具有较强协作功能的城市化区域。因此，比较确切地说，湾区作为一种特定的地域单元存在于海岸带地区，是一个地理的概念、空间的概念，通常包括一个或若干个海岸线向内陆凹陷的相连海湾、港湾以及与海湾或港湾接壤的陆域地区和邻近岛屿共同组成的滨海区域①。湾区是滨海城市特有的城市空间，是海岸带的重要组成部分，地理独特、区位优越、资源丰富、人文特点鲜明并富有经济价值。在国际上，"湾区"一词多被用于描述围绕沿海口岸分布的众多海港和城镇所构成的港口群。根据湾区所包围的海洋面积的大小，湾区的空间可以划分为四种不同类型的尺度。

第一类：小尺度的湾区空间。此类型的湾区，陆地所包围的海面面积较小，一般小于 5 平方千米，最大不超过 10 平方千米。

第二类：中等尺度的湾区空间。此类型的湾区，陆地所包围的海面面积宽度适中，海湾两岸有水路和陆路两种交通，通常是城市的一部分，或者隶属于某个行政区，如胶州湾、大连湾、英吉利湾等。

第三类：大尺度的湾区空间。此类型的湾区，陆地所包围的海面面积较大，这类湾区通常周围由多个城市一起构成一个城市群或经济圈，如渤海湾、东京湾、旧金山湾等。

第四类：超大尺度的湾区空间。此类型的湾区，陆地可能包围很多小型的和中型的海湾，如孟加拉湾、墨西哥湾等都是面积超过 100 万平方千米的超大尺度海湾，这类湾区通常包括多个国家②。

2. 湾区经济

"湾区经济"一词源于美国旧金山湾区。作为全球知名的人才、科技、创

---

① 中国生态文明研究与促进会. 蓝绿交汇演绎什么样的生态逻辑？关于我国重点湾区生态文明建设的报告 [J]. 中国生态文明，2016（2）：23-33.

② 苏培海. 把握政策红利，提前布局湾区经济——粤港澳大湾区深度报告 [R/OL]. (2017-07-14) [2021-01-01]. microbell.com/wap_detail.aspx？id=2129014.

业资本优质要素集聚中心，经过多年的发展，旧金山湾区形成了以硅谷为产业发展中心的湾区模式，成为国际诸多临海港口城市效仿的榜样。国内最早提出的"湾区经济"可以追溯至 1997 年前后，香港学者吴家玮、田长霖等根据旧金山湾区的经验，首次提出建设沿香港海域的"香港湾区"设想。随着对全球湾区的研究成果越来越多，"湾区经济"越来越趋向于成为一个一般化的区域经济学概念。国内学者围绕湾区经济的形成，结合对国际湾区经济发展的横向比较，揭示了一些湾区经济的属性特征，如黄枝连[1]、李红[2]、查振祥[3]、吴思康[4]、鲁志国[5]等，但是"湾区经济"的内涵和外延并未十分清晰。

一般认为，由湾区衍生而来的经济效应被称为"湾区经济"，主要是指以港口城市、滨海城市以及开阔的海洋通道为依托，以有利的湾区腹地为基础，充分发挥开放功能，集聚资源要素，影响和引领世界经济发展的重要的开放型经济形态。相比其他经济体，湾区经济的产业带动功能更强、资源配置功能更优、人才和财富集聚度更高。在世界经济版图中，湾区经济发挥了重要的作用，一些发达湾区通过对港口、城市、交通、产业和腹地进行统一布局，形成了以中心城市为核心，以周边腹地为支撑，以经济目的为导向的有机的开放型经济体系，如世界三大湾区——纽约湾区、旧金山湾区以及东京湾区。

同时，湾区经济应承载三个层次的城市规划目标（见表 2-1）。由表 2-1 可知，湾区经济集核心功能区、新兴经济区、跨界协作区于一身，对外交往网络发达，要素在区域内外流动通畅、资源配置高效，城镇布局趋于合理，生态环境优美、宜居宜业，产业集聚及外溢效应明显，产业结构不断优化。

---

① 黄枝连. 粤港澳湾区发展论 [J]. 经济导报，2009（16）：17-19.
② 李红. 跨境湾区开发的理论探索：以中越北部湾及粤港澳湾区为例 [J]. 东南亚研究，2009（5）：56-61.
③ 查振祥，等. 深圳发展湾区经济路径研究 [J]. 深圳职业技术学院学报，2014，13（4）：29-31.
④ 吴思康. 深圳发展湾区经济的几点思考 [J]. 人民论坛，2015（4）：68-70.
⑤ 鲁志国，等. 全球湾区经济比较与综合评价研究 [J]. 科技进步与对策，2015（11）：118-122.

表 2-1　湾区经济的三个层次规划目标①

层次	交通优势	城镇布局	生态环境	产业结构
核心功能区	国际性经济物流中枢	空间布局合理，要素自由流动	低碳、绿色环保	高端服务业与信息网络
新兴经济区	交通引导道路网络与跨江通道建设	新城镇规划与行政中心的调整	注意保持海岸地貌完整与地质结构平衡	港口经济圈与新兴产业集群
跨界协作区	跨界基础设施衔接	跨界地区空间合作	生态安全、水气污染监控	CEPA主导跨界协作

3. 湾区经济的特征

湾区经济是在湾区地理特征和地域分工基础上形成的。世界上以生态环境优良、自然风景秀丽而闻名于世的湾区有旧金山湾区、悉尼双水湾等八大湾区。但对世界经济版图具有重大影响的湾区经济主要是纽约湾区、旧金山湾区、东京湾区等，它们以开放性、创新性、宜居性和国际化等为重要特征，具有强劲持续的经济发展能力、优美动人的宜居宜业环境、多元包容的文化氛围和便捷高效的交通网络，对区域转型升级、高端要素配置、持续创新发展等产生了强大的引领和带动作用。

（1）高度开放。湾区经济靠港而生、依湾而兴，具有天然的开放和包容属性，开放和包容是湾区经济发展的先决条件与根本优势。最初，大陆依靠国际大港与世界相连，但随着航海技术的发展，海运逐渐成为对外交流中最主要的交通方式之一，承担了超过 2/3 的国际贸易运量。港口作为连接内陆和国际市场的重要节点，只有开放才能货畅其流。湾区经济依赖国际港口发展而蓬勃，在不断扩大的货物贸易中，港口城市成为对外开放门户，最先吸纳外商直接投资，引进国外先进技术和生产方式。湾区在发展过程中，吸引了大量外来人口，成为世界不同民族文化荟萃的窗口，形成不同于一般内陆地区的、开放包容的、多极多元的移民文化。在纽约湾区，外来居民来自世

① 李睿. 国际著名"湾区"发展经验及启示 [J]. 港口经济，2015 (9)：5-8.

界上 150 多个国家和地区，约占纽约总人口的 40%，形成了不同文化、不同文明相互融合的集合体。旧金山湾区是文化多元之地，堪称美国的"民族大熔炉"，西班牙后裔、亚裔以及其他许多族裔的混合，创造了一个多元化的高素质人才和劳动力群体。

（2）创新引领。创新引领是世界一流湾区经济的发展特点，也是湾区经济得以形成的内在动力。只有具备较强的创新能力，才能形成国内外资源的高度集聚，形成一定规模的湾区经济城市群和产业群。湾区城市在对外开放中，最先汇集了新的信息和人才资源，激发了创新活力，催生了创新机构，涌现出大批创新成果，逐步成为具有全球影响力的创新中心。同时，创新又增强了城市发展的动力，使得城市在不同阶段都保持了领先地位。在农业文明时代，也就是港口发展初期，为满足货物装卸、运输、补给等功能的需要，产生了不同于农业生产方式的专业港口运输及其服务业。工业文明时代，率先形成了依赖于大规模港口运输的临港工业，大规模制造成为港口城市新的生产形态，贸易、金融等新兴业态率先发展，逐渐成为湾区城市的主导产业。后工业化时代，湾区城市率先发展信息技术，并推动了信息服务业、新型商业模式等发展，继续依靠创新引领全球产业发展方向。

（3）区域融合。区域融合是湾区经济发展的客观要求。在经济全球化的大背景下，湾区往往是"多核"发展，是一个多层级的城市集群，区域之间会呈现出"多圈、多核、叠合、共生"的新形态。港口城市在对外开放中最先发展壮大，达到一定规模后，会对周边区域产生外溢效应，形成港口城市和湾区腹地紧密依存、共同发展的良性循环。例如，曾跻身世界第三大集装箱港口的中国台湾高雄港，虽然具备强大的运输转运能力，但由于没有广阔腹地货运量的有力支撑，逐渐被新的港口替代。同时，腹地的货物也要通过港口才能更便捷地运到海外，为谋求自身发展，周边区域也会主动承接外溢的相关产业和功能。港口城市和湾区腹地形成紧密依存、共同发展的良好关系。合理的分工协作是湾区发展的重要因素。湾区一般涉及多个行政区，不管是产业的分工合作、城市基础设施的衔接，还是生态环境的保护，都需要区域协调，这就对区域的协调合作机制提出了要求。合理的分工协作是避免城市间无序竞争、提升湾区经济竞争优势的关键，也是湾区经济是否形成的标志。发展成熟的世界级湾区，无一不有着合理的分工协作体系。

（4）宜居宜业。世界级大湾区崛起的重要功能因素，就是湾区因靠近海洋、海湾，环绕大面积水域，温差小，其独特的自然地理特征和多样化的生态系统类型，构成了优美宜人的自然生态环境。同时，港口城市往往是新兴城市，城市规划中更加注重以人为本并充分利用滨海优势打造宜居空间，形成了优美宜居的城市环境，这成为人才汇集的重要因素。湾区城市对内陆乃至世界资源产生了强大的吸引力，集聚了世界各地的投资，促进了经济的繁荣，创造了大量的工作机会，带来了大量的年轻移民，为城市发展注入了新的活力。良好的自然、生态、文化和社会环境，能充分吸引、留住高端人才，维持领先地位。旧金山湾区是美国第五大城市群和高科技产业集中地区，依然保留着多丘陵的海岸线海湾森林山脉和旷野，大量高科技产业员工选择在硅谷工作及企业选择在当地投资的重要因素之一，就是当地提供美丽的自然环境所带来的高品质生活。此外，湾区普遍具有高效的海陆空交通体系，高速公路、高速铁路、轨道交通网络体系相对发达，港口、机场和各种交通枢纽广泛分布，如旧金山湾区快速交通系统总长约167千米，设有43座车站，可有效解决湾区内旧金山、奥克兰、伯克利、戴利城等城市的城际运输问题。东京湾区则拥有14条城市地下轨道交通线以及京滨东北线、中央线、总过境铁路和各类轨道交通。

表2-2给出了2018年全球城市实力指数（GPCI）排名（只截取了排在前15位的城市）。这一指数涵盖6个方面，分别是经济、研发、文化交流、宜居、环境和可达性，这些指标从根本上反映了各个城市在开放性、创新性、宜居性和国际化等方面的特征。可以看出，排在前10位的城市中，四大湾区（纽约湾区、旧金山湾区、东京湾区和粤港澳大湾区）各占一席，分别是纽约（第2位）、东京（第3位）、香港（第9位）和旧金山（第13位）。从分项指标来看，纽约不管是在经济方面还是在研发方面都排在第1位，具有强大的经济实力和创新能力，在文化交流和可达性方面也取得了不菲的成绩，分别排在第2位和第3位，但在宜居和环境方面却远远落后，宜居宜业能力还

有待加强。东京居于纽约之后，经济、研发、文化交流和可达性方面的排名分别为第3位、第2位、第4位和第5位，均处在中上水平，宜居方面排名第9位，处于中等水平，但环境指数远远落后，后期发展应更加重视环境方面的治理。香港除经济发展比较靠前外（排在第5位），其他方面均处在中等及以下的水平，后期各方面还需共同发力。旧金山除环境指数排在第5位外，其他方面的发展也不太理想，相对同属于美国的纽约来说，仍需多加学习。

表2-2　2018年全球城市实力指数（GPCI）排名

城市	总排名	总指数	排名	经济指数	排名	研发指数	排名	文化交流指数	排名	宜居指数	排名	环境指数	排名	可达性指数
伦敦	1	1 692.2	2	351.2	3	188.3	1	371.8	11	352.8	19	176.3	2	251.8
纽约	2	1 565.3	1	358.2	1	227.1	2	276.8	28	306.4	25	167.4	3	229.4
东京	3	1 461.9	3	307.6	2	189.1	4	226.3	12	358.5	29	152.0	5	228.4
巴黎	4	1 393.8	20	228.5	9	135.1	3	255.2	12	351.3	21	169.6	1	254.1
新加坡	5	1 310.5	9	256.2	8	137.8	5	203.7	22	320.2	13	184.2	9	208.4
阿姆斯特丹	6	1 265.8	13	240.1	18	94.2	12	149.7	2	369.2	12	185.1	6	227.5
首尔	7	1 237.5	15	238.9	6	155.9	10	158.5	25	312.9	27	163.9	10	207.4
柏林	8	1 232.2	26	209.3	12	113.8	6	180.5	1	384.5	9	195.0	29	149.1
香港	9	1 204.9	5	274.9	11	118.4	15	146.5	27	306.5	32	145.4	8	213.2
悉尼	10	1 200.7	8	265.2	17	95.4	19	141.0	15	344.0	4	216.7	32	138.4
斯德哥尔摩	11	1 179.3	11	247.9	19	89.9	35	88.2	10	357.0	1	242.5	27	153.8
洛杉矶	12	1 176.8	12	241.3	4	169.6	16	145.9	29	304.9	22	168.4	30	146.7
旧金山	13	1 156.7	7	269.4	10	129.2	27	110.3	32	299.5	35	213.6	35	134.7
多伦多	14	1 145.0	10	250.3	20	88.7	30	100.3	2	369.2	16	178.6	26	157.9
法兰克福	15	1 140.4	21	225.0	28	59.3	36	78.8	6	366.1	11	191.9	7	219.3

数据来源：GPCI数据库。

二、产业发展的内涵

产业作为国民经济的重要组成部分，产业发展反映了整个国民经济的进化过程。改革开放以来，我国政府出台了很多与产业发展的相关政策措施。

这些政策措施对促进经济结构调整、供求关系调节以及拉动经济增长等方面发挥了巨大作用。当前，我国正处在转变发展方式、优化经济结构、转换增长动力的攻关期，经济下行压力加大。因此，进一步了解产业相关概念、发展过程及其发展动因，对推进供给侧结构性改革，加快产业结构转型升级具有重大意义。

1. 产业的概念

产业有广义和狭义之分。从广义上看，产业是指国民经济的各行各业，从生产到流通、服务再到文化、教育，大到部门，小到行业，都可以被称为产业。从狭义上看，产业指的是工业部门，范围相对有限。经济学中所指的产业是广义的产业概念，是介于微观经济与宏观经济之间的若干"集合"，即产业是具有某种同类属性的企业经济活动的集合或系统，产业的集合构成了整个国民经济。

2. 产业发展的界定

产业发展包括产业从产生、成长到成熟，直至最后衰退的一系列的进化过程。产业发展既包括单个产业的发展过程，也包括总体产业的发展过程，即整个国民经济的发展过程。产业在进化过程中呈现出两个巨大的特征：一是数量上的变化，包括某一产业中的企业数量、产品数量以及服务产量等变化。二是质量上的变化，包括产业结构的调整、变化、更替和产业主导位置等变化，具体表现为产业结构的合理化与高级化。因此，产业发展包括量的增加和质的飞跃，包括绝对增长和相对增长。

产业结构是指各产业的构成、各产业之间的相互关系和比例关系，具体包括某一区域内产业部门的数量、产业之间的关联、产业的发展水平、各产业产出和占总体经济的比例以及所占用劳动力和生产资源的比重等。简而言之，产业结构的主要内容包括三个方面：产业组成、产业在国民经济中的比重和产业间的技术经济联系。各产业部门的构成及相互之间的联系、比例关系不尽相同，对国民经济增长的贡献大小也不尽相同。

产业结构优化是产业发展的主要方向和最终目标。产业结构优化是产业结构合理化和产业结构高度化的演进过程，主要指依据产业关联技术经济的客观比例，来调整不协调的产业结构，促进国民经济各产业间的协调发展和遵循产业结构演化规律，或者通过创新，来加速产业结构高度化的演进。因此，产业结构优化可分为产业结构合理化和产业结构高度化两个方面。

产业结构合理化指的是在现有技术基础上所实现的产业之间的协调，涉及产业间各种关系的协调，比如产业间生产规模比例的协调、产值结构的协调、技术结构的协调、资产结构的协调、中间要素结构的协调以及产业间关联程度的提高。产业结构高度化指的是产业结构根据经济发展的历史和逻辑顺序从低级水平向高级水平变化的过程。其包括三个方面的内容：一是在整个产业结构中由第一产业占优势比重逐级向第二产业、第三产业占优势比重的演进；二是由劳动密集型产业占优势比重逐级向资本密集型产业、技术密集型产业占优势比重的演进；三是由制造低端产品向制造中高端产品的演进。产业结构合理化是产业结构高度化的基础，产业结构高度化是产业结构合理化的必然结果，推进产业结构优化是我国经济社会发展过程中的一项长期重要任务①。

3. 产业发展的动因

哈罗德-多马模型和新古典经济增长理论认为，生产要素的增加和生产要素效率的提高是经济增长的两个主要因素，生产要素的增加主要表现为资本和劳动力的增加，生产要素效率的提高包括劳动力效率提高、劳动工具革新、科学技术和管理创新等。产业作为国民经济的重要组成部分，这两大因素也是促进产业发展的重要推动力。

此外，产业作为介于宏观经济与微观经济之间的中观经济，既受到宏观经济的影响，也受到微观经济的影响，包括政治、社会、心理、市场、自然环境等多个方面，如政府政策、人口、科学技术、战争、投资变化、能源供应、自然灾害、消费和收入预期、市场供需变化等。

从单个产业的发展来看，一般会经历萌芽期、成长期、成熟期和衰退期等生命周期，产业中的主导产业通过前向效应、后向效应和旁侧效应等效应

---

① 苏东水. 产业经济学［M］. 北京：高等教育出版社，2000.

来影响其他产业的发展。主导产业的选择有政策因素，但更多地取决于市场因素、人们的消费水平和消费倾向、科学技术水平、资本和劳动力情况等。因此，影响产业发展的动因可以归结为劳动力情况、市场供给和需求关系的变化、科学技术的创新和应用、人们的心理因素等方面。

然而，劳动生产力水平随着产业发展而不断提高。或许在进入工业化社会以前，劳动生产力水平会是制约产业进一步发展的主要因素，但是在当今市场经济条件下，随着分工的深入和细化以及"边干边学""持续改进"在生产中的运用，劳动生产力水平已经与产业发展紧密地结合在一起，成为产业发展的一部分。因此，对产业发展起到约束作用的主要是科学技术的创新和应用。另外，人口、政策、外部环境、自然环境变化等外部因素主要影响市场的供给和需求，而供需的变化又会限制或推动产业的发展。投资预期、劳动就业率、消费和收入预期等可以归结为心理方面的因素，人们心理的变化和预期影响产业的发展现状与前景。最终，影响产业发展的动因主要为三个方面：一是科学技术的创新和应用；二是市场供给和需求关系的变化；三是人们的心理因素。这三个因素也是造业发展周期的重要影响因素。

三、科技创新的内涵

科技创新是现代产业升级的必要渠道，是指工业企业用于科技创新和技术开发方面的具体活动，是原创性科学研究和技术创新的总称，是指创造和应用新知识、新技术、新工艺，采用新的生产方式和经营管理模式，开发新产品，提高产品质量，提供新服务的过程。科技创新可以被分成三种类型：知识创新、技术创新和现代科技引领的管理创新。

1. 创新的界定

理解科技创新的概念首先要弄清楚什么是创新。顾名思义，创新就是创造新的事物。"创新"一词在中国很早就出现了，《广雅》："创，始也"；新，与旧相对。在西方英语中，"innovation"这个词起源于拉丁语。它有三层含义：第一，更新，就是把原本有的东西进行替换；第二，创造出新事物；第三，改变，就是对原来有的事物进行改良和发展。

从本质上来讲，创新是指在人类社会发展过程中，为了满足自身欲望，不断拓展加深对客观世界和人类自身的认识，摸清事物的发展规律，进而做出对事物更新与改变的活动。1912年，美籍奥地利经济学家约瑟夫·熊彼特将创新引入经济学当中，其最根本的观念是认为创新是在人类生产过程中内生出来的，凡是在经济生活中出现的创新和发展都不是从外部取得的，而是由内部自行促进创新和发展，强调了创新是各事物发展的本源驱动力以及核心地位。熊彼特在其著作《经济发展概论》中提出，创新是指把新的生产要素和生产条件以一种新的组合方式，生产出新的产品，开辟出新的市场，从而产生出新的价值[1]。

20世纪60年代，美国经济学家华尔特·罗斯托把创新的概念拓展为技术创新，强调了技术创新在创新中的主导地位，以技术创新在人类社会发展中的作用为视角，提出了人类社会发展的六个阶段[2]。20世纪80年代以来，我国开展了技术创新方面的研究。傅家骥先生对技术创新的定义是企业利用研究开发活动，创造新型产品、更新制造工艺、提供优质服务，并对已有生产经营、要素等条件进行优化组合，占据潜在市场份额，促使企业低能耗、高效率生产[3]。

20世纪80年代，创新理论不断深化发展，从简单的线性分析到系统分析，以弗里曼（Freeman）为代表。他认为创新实际上是社会要素之间相互作用的一个复杂过程，并非简单的线性关系，而是一种系统工程，一个社会的整体创新能力不单单是生产要素之间的相互作用，更取决于社会制度、社会环境与生产要素间的相互关系。弗里曼的理论更加科学地把制度与环境引入进来，形成一种更加合理的系统概念和系统研究方法，使得创新研究更加贴近现实，更具研究价值，从此开启了从更加系统、全面的角度来理解和研究创新。

---

[1] SCHUMPETER J. The theory of economic development [M]. Cambridge：Harvard University Press, 1912.
[2] 罗斯托. 经济成长的阶段 [M]. 国际关系研究所编译室，译. 北京：商务印书馆，1962.
[3] 傅家骥. 技术创新学 [M]. 北京：清华大学出版社，1999.

2. 科技创新的界定

科技创新的概念本身不仅包括技术发明和进步，还包括科技成果能够推向社会即商业化和产业化的过程。科技创新的概念是在技术创新的基础上，进一步深化与发展，把科学创新也加了进来。科学创新也就是基础创新，要求人们探索事物的本质，通过积累科学知识，在科学研究中不断获得新的科学技术知识来促进技术的进步。在一定程度上讲，科技创新是把科学创新和技术创新结合起来，技术创新是目的，而科学创新是技术创新的基础，技术创新离不开科学创新，没有了科学创新的技术创新就像无根之木，没有了发展之源。科技创新就是两者的融合体，两者相互作用，科学创新推动技术创新，技术创新商业化、产业化之后又反过来支撑和带动科学创新。另外，实践研究表明，科技创新不是孤立的，它的发展离不开社会背景，它需要制度创新、体制创新、组织管理创新来作为重要支撑。科技创新的落脚点是市场创新。

3. 科技创新的内容

一般说来，科技创新的内容包括知识创新、技术创新和现代科技引领的管理创新。知识创新是指提出包括新思想、新概念在内的新观点、新方法、新假设的科学研究活动，通过新的实验设计开辟新的研究领域，或者从新视角、新层面对现有理论成果进行补充和更新，重新认识已有事物，其结果是新理论、新认知的产生，提供人类认知世界的新理论、新观念，从一定程度上更新人类认识世界和改造客观环境的世界观与方法论。技术创新是指应用技术的革新，不仅包括新技术的开发，也包括现有技术的进步与创新。其结果是直接应用技术的进步与更新，提供人类改造世界的新工具与新手段，同时将知识创新的新理念、新方法转变为可实际应用的操作。管理创新不仅包括微观层面上企业在新技术应用的基础上创新产业生产成果或对已有产品进程补充完善，不断提高产业服务能力，还包括宏观层面更高层次管理制度的创新。管理创新实质上是由科技创新引领的管理变革，其结果是加强对创新成果的制度保障，激发创新主体的积极性，在一定程度上增强创新主体的活跃性，进一步均衡社会资源配置，促进社会环境和谐。

这三者之间的关系如下：知识创新是技术创新的酝酿和准备阶段，在这个过程中所形成的新理论与新方法等为技术创新和管理创新提供理论知识引导，是科技创新的基础，不管是技术创新，还是管理创新，都以知识创新和发展为前提；技术创新是科技创新的核心，是知识创新和管理创新的价值集成和转化，同时又是知识创新和管理创新的物质依据，是促进知识创新和管理创新的动力；管理创新不仅对知识创新和技术创新起了协调与整合作用，保障技术创新在良好的环境中进行，还能激发人们的创造性和利用创新产品的积极性，最终使科技创新成为推动社会进步的巨大力量。科技创新内容的这三个方面相辅相成，彼此渗透，互相促进，共同推动了科学技术的发展。

第二节　相关理论概述

湾区作为一种具有较长发展历史的经济现象和一个新的经济概念，是一个具备综合性、交叉性和复杂性的系统。从地理视角看，湾区发展依托优良港口优势基础，以重要节点城市为引领，不断吸纳相关经济资源要素集聚与扩散，向周围腹地城市辐射，促进湾区一体化发展；从经济视角看，湾区既是湾区内部相互关联产业集聚并形成具有横向与纵向关联效应的产业集群的重要场所，也是各种货物贸易周转、装载等各种经营业务的结合体，更是国际要素流动、产品交换和技术交流的重要桥梁，其发展的关键在于创新，在于同周边地区形成协作交流，通过相互学习、吸收，形成优势互补，更好地带动区域经济增长、产业结构调整、技术逐步升级，促进区域全方位、一体化发展。因此，区域协同理论、竞合理论、经济地理学和科技创新理论等是湾区发展的重要基础理论。

一、区域协同理论

协同理论是由德国著名理论物理学家哈肯（1971）创立的一门系统科学的分支理论，又称"协同学"或"协和学"。1971 年，哈肯提出了协同的概念。1976 年，哈肯系统地论述了协同理论，并出版了《协同学导论》，还著有《高等协同学》等。协同理论是研究各种不同的系统在一定外部条件下，系统内部各个子系统之间通过非线性的相互作用产生协同效应，使系统从无序状态向有序状态以及从有序状态又转化为混浊状态的机制和共同规律。哈肯通过引入序参量，描述系统有序度或宏观模式的参量，并建立方程来处理自组织问题；通过严格的数学证明了协同学中存在支配原埋，即系统中快变量受慢变量的支配，慢变量是序参量，快变量是非序参量系统在达到临界点时，慢变量迅速增长，加剧了系统的不稳定性，使系统偏离原来的稳定状态，并引导其进入新的状态，形成新的结构。协同学解释了复杂系统自组织走向有序结构的内在动力机制，即完全不同性质的子系统通过怎样的合作，在宏观尺度上形成空间、时间或功能上的有序结构。系统是从有序到无序，还是从无序到有序取决于系统组分之间的相互作用。系统的自组织过程实质上是系统内部子系统之间相互竞争、合作而产生协同效应，由此导致系统的时空或结构有序形成，所有系统的宏观有序性质都是由组成它的子系统的作用所决定的。

关于区域协同发展的内涵，学者们有以下不同的看法：

一是利益说。厉以宁（2000）认为，区域协同发展的核心是要协调利益关系。区域经济协调发展就是从不平衡发展中求得相对平衡，协调发展的核心内容就是协调地区间的产业分工关系和利益关系，建立和发展地区经济的合理分工体系。

二是相对均衡说。张可云（2001）认为，区域经济协调发展有两层含义：一是发挥各地的优势，形成合理的地域分工，促进经济整体效益的提高；二是将地区经济发展差距控制在适度的范围内，以促进经济整体协调。高志刚（2002）认为，区域经济协调发展是指在国民经济的发展过程中，既要保持国民经济的高效运转和适度增长，又要促进各区域的经济发展，使区域间的经济差异稳定在合理适度的范围内，达到各区域优势互补、共同发展和共同繁荣的一种区域经济发展模式。

三是优化说。田扬戈（2000）认为，从系统论角度看，区域经济协调发展就是要通过协调区域经济系统各子系统内部的关系，优化区域经济结构，以此实现区域经济的增长。

四是协作说。杨保军（2004）认为，区域经济协调发展包含三个含义：协作、调整、和谐。其中，最本质的含义是协作。

五是其他观点。黎鹏（2005）认为，区域经济系统协同发展是指区域内各地域单元（子区域）和经济组分之间协和共生，自成一体，形成高效和高度有序化的整合，实现区域内各地域单元和经济组分的"一体化"运作与共同发展的区域（或区域合作组织）经济发展模式。陈栋生（2005）认为，区域发展的协调性通常包括地区发展水平、收入水平、公共产品享用水平和区域分工协作的发育水平等内容。衡量是否协调，可以把区域之间在经济利益上是否同向增长，经济差距是否趋于缩小作为检验的标准。豆建民（2009）认为，区域经济发展战略是指对一定经济区域范围内的经济发展所进行的重大的、带全局性的谋划。聂华林等（2009）认为，协调发展就是区域系统中各要素和谐地、合理地、最大限度地实现系统目标的发展。他们认为，协同发展包括：第一，在自然资源和生态环境的承载能力之内区域经济应获得最大限度的发展；第二，将人口规模及增长率同经济发展相结合，并自觉将其控制在最佳环境容量与最佳资源开采量及开发方式之内；第三，合理地开发利用自然资源；第四，人的一切活动对环境的影响应在环境承载能力之内；第五，要具备良好的基础设施和保障条件。他们强调，区域系统的协调发展必然意味着结构协调、功能协调、目标协调、组织管理协调和外部环境协调。王海涛等（2010）认为，区域经济协调发展的科学内涵，即在国家宏观调控下，全国各个区域从本区域实际出发，准确把握自身在区域分工中的定位，合理确定和调整区域产业结构，形成区域间生产要素有序流动、收益分配合理、发展差距适度、相互依存、相互适应、相互促进、错位发展的状态。

基于区域协同理论，学者们针对不同区域、城市群等展开了相关研究。张玉双（2018）在研究株洲的区域协同创新体系时，从创新主体协同、创新要素协同、区际协同、创新组织协同等方面来展开论述，试图通过全域合力、优化环境、区域联动以及完善管理体制来构建株洲中国动力谷区域协同创新体系。姚龙华（2018）在打造深莞惠区域协同发展试验区的研究中指出，区域协同发展的关键在于"破墙"与"铺路"。梁宇航等（2018）对区域经济和区域科技进步之间的协同关系进行分析，得知区域科技在不断进步下能够有效带动区域经济的发展，而发展区域经济也能够为科技进步提供必要的支持。

本书研究的区域协同发展主要是指区域经济以及科技等方面的协同。区域经济系统的协同发展，是区域经济系统在一定条件下，通过调节控制各个经济要素的独立运动以及要素之间的关联运动，使经济要素之间的关联运动支配各个要素的独立发展，达到经济要素之间相互配合、相互协作的发展态势；进而主导整个区域经济系统的发展趋势，使整个区域经济系统由旧结构状态发展变化为新结构状态，从而实现经济要素合乎规律发展、区域经济系统内部与外部互惠共赢发展、区域经济社会全面协调可持续发展。区域经济系统的协同发展，既反映了区域经济系统各个经济要素之间的协同，又反映了各个经济要素之间相互作用所形成的各种联系的协同，是区域经济系统内部经济要素之间的各种竞争与合作的辩证统一。在粤港澳大湾区国家战略中，要打造大湾区国际科技创新中心，实现深圳—香港创新高地的发展，深圳与香港既要面临相互的激烈竞争，又存在合作协同发展的机遇优势。

二、竞合理论

近几十年来，竞合理论的研究在西方兴起，竞合（co-opetition）是指在一定环境条件下，两个或以上的企业组织在一些活动事务中进行合作，但同时在其他事务中展开竞争。虽然企业之间的竞合现象很早就已经发生，但竞合作为一个研究领域并引起研究者的关注是在 20 世纪 90 年代。1996 年，布兰登伯格（Brandenburger）和内勒巴夫（Nalebuff）首次提出了"竞合"的概念，并逐渐成为企业战略管理理论的研究热点之一。

随着环境动态性和消费者需求多样化趋势的日益明显，企业大多认识到进一步的发展有赖于改变传统的以竞争为中心的战略逻辑，应该通过与其他企业和组织形成各种竞合关系来实现自己的战略目标。竞合观念来源于这样一种共识：在企业间的相互依存关系中，价值创造过程及价值分享过程都会涉及一个部分一致的利益结构。在这个结构中，竞争和合作问题同时存在，并且紧密联系在一起。竞争与合作是一个矛盾的统一体，合作并不否认竞争，企业既可以在竞争中寻求合作的机会，也可以通过合作更好地展开竞争，而在合作的过程中又会产生新的竞争关系，这就是所谓的竞合。竞合观强调事物的对立统一，这种观点改变了传统上组织间关系研究常用的竞争或合作的视角，认为在组织间关系中同时存在竞争与合作，两者共同发挥作用、相互影响，并在一定条件下相互转化。

竞合理论起源于战略管理理论。周文燕（2004）认为，战略管理理论的核心问题是如何获得以及保持企业的经营优势和核心竞争力。早期的企业战略管理理论是以企业间竞争为导向的，企业间只有开展充分的竞争，才能够保证企业获得突出的竞争力。然而，企业联盟研究却对企业间竞争理论提出了强烈的批判和抨击。他们认为，竞争理论将企业间的关系作为零和博弈，竞争会导致企业为了自身利益而建立壁垒；当企业面临外部性以及产权不能有效保护时，竞争性企业寻求个体利益的倾向容易导致企业产生非最优化决策。因此，虽然企业间竞争可以使得企业取得暂时性的经营租金，但并不能保证企业获得长久的经营优势。

企业战略管理的合作理念是尼尔森（Nielsen）在1988年首先提出的。尼尔森把企业的合作战略看成与竞争战略相似的、能提升企业竞争优势的科学合理战略。企业战略的合作理论集中于合作的动机、合作的模式、合作的机制以及合作的绩效等方面。有研究者（Ring & Van de Van, 1992）认为企业间合作的动机在于技术的快速变革、竞争性的环境和企业战略的需要。虽然企业间的合作行为为企业提供了更合理的行为选择，但不能忽略的是，企业战略的合作理念统一存在一定的局限性。寇伽特（Kogut, 1988）认为，企业间合作易导致市场垄断行为发生，而且企业间合作比企业间竞争的失败率更高。

因此，对企业而言，不论是采取竞争策略还是采取合作策略，都是不全面的，因为它们都只是对企业关系的一个方面进行了关注。然而，企业之间的竞争与合作行为通常是纷繁复杂、同时发生的，企业的收益也是一部分来自企业竞争一部分来自企业合作。哈默尔等（Hamel et al., 1989）最早意识到企业之间在经营管理时可以同时开展竞争和合作。布兰登勃格等（1996）则将企业间既竞争又合作的关系定义为"竞合"，并创造出了"co-opetition"一词。它的含义是当不同企业在共同创建一个市场时，企业间运作表现为双方合作；当不同企业就市场进行分配时，企业间运作表现为竞争。

蔡宁等（2002）研究了产业集群内企业的行为特征，结果发现集群内的企业面临着竞争与合作的悖论：业务内容相似的企业不得不竞争，经营优势的获得却又离不开企业之间的合作。加西亚等（Garcia et al., 2004）认为，企业开展竞合行为的参与主体主要是指企业的竞争对手、企业上游的合作伙伴和企业下游的合作伙伴。任新建（2005）总结认为，企业的持续经营优势来自其合作竞争者（co-opetitor）——包括供应商、顾客、互补品生产者和联盟伙伴等——之间形成的默契的、难以模仿的竞合关系。刘衡等（2009）认为，竞合是指企业（或组织）之间在一些活动中进行合作，同时在另一些活动中展开竞争的现象。他们提出，尽管学者们在竞合研究领域已经取得了一定的成绩，但目前的研究仍大多停留在理论思辨层面，缺乏有说服力的实证研究。毛磊（2010）应用演化博弈理论研究了创意产业集群企业的创新竞合机制，是针对竞合机制而进行的研究。罗剑锋（2012）回顾了以竞争为导向和以合作为导向的战略管理理论，追溯了竞合思想的来源与内涵，然后从人性的利他性和竞合过程中的囚徒博弈两个方面评述了个体竞合的研究现状，从企业竞合的表现模式、参与主体、互动演化和绩效四个方面归纳评析了有关企业竞合理论的研究现状。

在粤港澳大湾区背景下，要实现深圳—香港科技创新的协同发展，离不开深圳与香港之间的竞争和合作，并且还存在和其他城市合理分工、共同发展的问题。在明确深圳和香港在粤港澳大湾区中的定位后，对于深圳—香港

科技创新发展中所存在的问题，应如何与其他城市合作，进而打造其独特的科技创新体系，值得深入思考。

三、经济地理学

经济地理学是一种结合自然地理因素和经济人文因素，研究环境、技术、经济之间的联系和区域生产力的综合学问。它在传统地理学生态、区域和空间三种观点的框架下，对自然观察与人类经济活动的相关性做出探讨。德国地理学家葛慈（Gotz，1882）正式定义了经济地理学是基于自然基础的经济学科，而经济地理学带有自然科学的性质，是介于地理学和经济学之间的边缘性科学。早期的地理经济学的相关言论十分混乱，有人将经济的区域分布格局单一地归功于自然环境。在 20 世纪 30 年代以后，甚至有人混淆了生产布局与生产关系等定论，将经济地理学错误地理解为政治经济学等。经过近30 年的混乱状态，相关领域才出现了统一论调，经济地理学在遵循区位法则的同时，也是来源于经济学的一门综合社会科学。

瑞典经济学家帕兰德（Paladner，1935）结合古典经济学资本劳动力流通的基本假定和贸易价格理论，第一次提出空间经济学这个理论。空间经济学也叫新经济地理学，是一门宽范围的科学。空间经济学在早期地理经济学的基础上将更为微观的劳动力、贸易流通等作为研究因素，泛指所有基于空间维度研究经济活动的学科，包括土地经济学、人口经济学、生态经济学、城市经济学、区域经济学等。不过这时的早期经济地理学不同派别的拥趸者还在混战中，新经济地理学并未成为主流。

早期经济地理学分为环境派、区域派、区位派，研究内容的侧重分别对应人与环境、地域差异和空间区位三个方面。从 20 世纪 50 年代起，不同学派之间的博弈一直没有停下来过。

侯辅相（1979）认为，经济地理学和环境保护研究的是一个共同客体，经济地理在研究生产力布局时，必须考虑地域组合的环境质量及生态循环效应，人们在发展和提高生产力的同时，必然依托对环境的利用与改造，由此创造财富，满足人类生存的需要。胡兆量等（1982）表示，区域是经济地理学的研究核心，他们通过对企业布局的剖析，指明生产力与生产布局属于具体工作任务，无论是经济建设发展，还是经济地理学理论发展都离不开区域性的研究，区域性是经济地理与其他经济学科间的一大区别，也是经济地理的研究基础。杨吾扬（1989）指出，区位论在发展史上包含了宏观、微观、静态分析、动态分析、区域局部均衡和精确均衡等不同阶段的发展过程，更细致全面。经济地理研究的常用到的因素，如面积、人口、经济实力等，大到全国范围内（宏观），小到省（中观）、城市（微观），由此而见，经济地理学和空间地埋学的基础理论是区位论。

不过也有越来越多的研究者提出各种在不同学派间取长补短的观点理论，努力将科学发展推向下一个节点。随着新地理经济学慢慢登上历史的舞台，在20世纪80年代以后，各派别已然出现和谐共生的趋势。在我国，伴随着长江三角洲、珠江三角洲、粤港澳大湾区等经济区的发展，新地理经济学下的城市经济学和区域经济学最受欢迎。城市经济学是通常从经济学观点出发，在城市经济结构、经济活动、资源配置、土地利用、城市财政、人力资源等城市经济学范围内，发现、描述、分析以及预测城市现象和问题的学科。虽然与城市规划有不可分割的关系，但是相对于城市规划而言，城市经济学更注重理论分析与实验，偏重社会经济层面的探讨，可以作为城市规划措施实施的基础。区域经济学研究在一定区域内的经济活动。由于经济地理学也包含地域差异和空间区位等方面的研究，因此区域经济学理论出现得较晚，但是有一部分研究内容和方向是跟早期的经济地理学重叠类似的。

21世纪初，我国的经济地理学研究已经演化出了一些新的方向，包括区域产业化空间集聚、文化转型、空间市场结构和资源综合等。张发余（2000）讨论分析了新经济地理学的两大研究方向：产业空间集聚和区域经济长期收敛。这些研究结果对传统的区位学派中的一些观点进行了直观的论述，丰富和完善了区域经济学理论，证明了经济竞争主体已经变成了区域之间的竞争。苗长虹等（2003）认为，将经济活动建立在社会文化中有助于增强经济稳定性，减少不确定性，更能增进经济交易。高斌（2003）指出，经济地理学一直以来都忽视了空间市场结构，要找到"空间"相关的突破口，必须将市场结构作为研究前提。朱华友等（2004）通过分析早期结论得出经济地理学对产业和区位的研究都会关注区位集聚机制的结论，并通过对我国现有经济发展规律梳理总结认为，我国特有的经济开发区也是空间经济集聚的一种表现形式。陈雯等（2007）将对新经济地理学的研究放在资源的综合利用上。他们认为，将空间概念运用于综合经济、社会、环境等因素的分析中，理论模拟会更接近现实。梁琦等（2012）总结了新经济地理学在中国的发展历史，并指出在中国特色社会主义环境下，下一个发展方向就是国际贸易、城市经济学、区域经济学以及发展经济学的进一步结合。孙久文（2017）结合京津冀和长江经济带发展等中国经济环境战略实践，建议以创新、开放、协同、绿色的理念引领中国区域经济学建设，融合经济地理学科模型，丰富区域经济学的研究理论。

我国自改革开放以来，设立了许多经济特区、经济开发区、保税区等，粤港澳大湾区成为近年来的发展重点之一，但是目前基于经济地理学的相关要素对粤港澳大湾区展开研究的并不多。笔者通过在知网的搜索发现，大部分的研究成果都聚集在 2018 年。关于理论研究成果，笔者能够搜索到的较少。例如，陈昭等（2018）对粤港澳大湾区市场一体化进行了研究，他们在经济地理学研究要素的框架下，通过 2001—2015 年的数据分析，得出结论：粤港澳大湾区在经济密度、通信基础设施、市场化和政府规划支出都相应增加的情况下，其市场一体化程度也在不断提高。

新经济地理学是一门以区域空间作为研究对象的学科，针对的是一定区域内，环境、生态、土地、财政、人力、生产、产业、消费等不同经济创新要素流通、分配的研究。相关研究成果在其中可扮演"规划师""设计师""论证专家"的角色。基于大湾区之间不同城市的资源产业优势及城市之间限制，在未来如何合作确定粤港澳大湾区各个城市的战略定位，新经济地理学在理论指导方面自然发挥着无可替代的作用。相信将来针对粤港澳大湾区经济发展的理论研究成果将会越来越多。

四、科技创新理论

科技创新理论最早是由美籍奥地利经济学家熊彼特（Schumpeter，1912）在他的著作《经济发展理论》（*The Theory of Economic Development*）中提出的。他认为，"创新"就是以获取潜在利润为目的，从而建立一种新的生产函数，把包含了生产要素和生产条件的崭新组合引入生产体系当中。同时，熊彼特还提出一个用来思考经济或生产率增长及其影响因素的研究框架，即"熊彼特范式"，其包括以下五个主要观点：经济或劳动生产率的增长依赖于利润驱动的创新，科技创新具有"创造性破坏"效应，科技创新可能是"前沿性创新"，科技创新是连续波动的，科技创新是经济发展的本质。

熊彼特提出创新理论之后，因为受到以20世纪30年代经济危机为时代背景的"凯恩斯革命"宏观经济学理论的影响，并没有得到广泛的重视。直到20世纪50年代，随着科学技术的发展，技术变革逐步改变着人们的命运，并对经济生活领域和社会的进步带来了极大的影响，大众和学术界在此时开始重新认识科技创新对社会发展和经济增长的作用，并对其进行了广泛的研究。索罗（Solow，1957）对技术创新理论进行了深入的探讨，指出在技术变化中包含着知识的投入，知识在被运用的过程中所带来的技术的组合与技术安排等方面的变化就是一种创新。这种创新源于人们的精神活动，如新的构想或发明一种新事物。20世纪60年代，经济学家、社会学家、历史学家以及企业家等都对科技创新进行了广泛的关注，其中林恩（Lynn）第一次从创新时序的过程方面来对技术创新进行了界定，并认为技术创新是"起始于对技术的商业潜力的认知，并结束于将这种认知完全转化为商业化、市场化的产品的整个过程"。在诸多创新中，罗斯托（Rostow，1991）在《经济增长过程》一书中指出，技术创新与经济发展的联系最为紧密，是社会生产力的直接来源和促进区域转型升级的充分条件。进入21世纪之后，学术界对于创新理论更加关注，关于创新的学术成果大量涌现。德鲁克（Drucker，2002）从宏观层面把创新细分为科技创新（包括技术创新）、制度创新、管理创新、商业模式创新等多种类型。

20世纪90年代，我国把"创新"一词引入了学术界，提出了"知识创新""科技创新"等新概念。在目前的研究中，科技创新与技术创新经常被作为同一个概念，这种观点有其适用的意义，但两者之间仍然存在一定的差别性。本书的研究界定中，科技创新既强调科学发现和科学研究对创新的促进作用，又强调新技术、新工艺等技术突破的实用性转化对创新的促进作用。刘志彪（2011）认为，创新驱动实际上是推动经济增长的动力和引擎，即从主要依靠技术的学习和模仿转向主要依靠自主设计、研究和发明以及知识的生产和创造。李琳（2013）提出技术创新基本上可以分为以下几种类型：第一种类型的创新是跟随创新。这种创新是指在其他人已经进行创新的基础上（或者在其外围），再去发展新的事物和方法。创新产品的再创新或进一步完善是一个逐渐发展的过程，对于跟随创新者而言，越快越好的模仿会使收益越高。新兴产业比传统产业的活力周期更长，因此选择新兴产业作为跟随创新的领域更能够保障跟随创新战略的长期性。第二种类型的创新是集成创新。这种创新方式是指把现有技术和工艺进行重新组合进而来实现一种新技术或新产品的创造。第三种类型的创新是原始创新。原始创新是从发明开始，就是所谓的自主创新。第四种类型的创新是管理创新。管理创新是指在一个国家或一个企业当中，通过在管理中引入新方法、新理念、新模式以及新组织形式，从而取得应取得的效果的整个过程。洪银兴（2013）认为，创新驱动发展就是利用知识、技术、制度、商业模式等创新要素对现有的有形资源进行重组，提升创新能力以实现内生性增长，其中科技创新是创新驱动的本质。

近些年也有一些学者研究、分析、对比科技创新对各个国家发展的影响。日本科技创新态势分析报告课题组（2014）介绍了日本科技发展、科技管理体制、技术转移、国际合作等情况，收集日本研发经费、研发人员、科技基础设施、论文产出、专利等领域的数据并对日本科技研发现状做了系统性的总结，重点分析日本科技、人才、技术政策的战略与规划，指出日本近期的科技创新将重点围绕改革研究、研发投入战略、基础研究以及绿色科技等进一步革新规划。张士运（2018）总结了我国自20世纪70年代以来不同阶段的科技创新政策发展情况，并对比分析了中、德、日创新政策及国际性科研、人才等创新要素，表示中国政府应借鉴德、日快速发展的经验，同时考虑自身经济发展的独特性，增加创新源头供给，提高供给"技术含量"，激发大众创新活力，推进科研领域"放管服"政策改革，优化国家科技力量布局，实施更加开放的科技政策，以吸引世界创新要素聚集。王苏生等（2018）从科技产业发展、创新载体建设、科技金融发展、科技人才建设、"深港澳"及国际科技合作等方面进行了数据收集研究，总结分析了深圳创新发展的不同阶段的历程，概括了创新要素协同、竞争、多样性的发展模式，提出了深圳未来以人工智能、脑科学、互联网等为主要创新发展方向。

　　科技创新理论的研究既从理论研究方面明确了本书研究的理论意义，又为本书的研究提供了理论支撑，有助于深入分析粤港澳大湾区中深圳—香港地区科技创新体系发展的主要作用机制及相关影响因素，总结科技创新发展的一般规律。

第三节　世界著名湾区的相关研究

　　20 世纪 60 年代，曾因美国纽约湾区、旧金山湾区和日本东京湾区先后掀起建设滨海湾区的浪潮，湾区经济逐渐形成一种独特的效应，在国内外受到政界、学界和商界的普遍关注。如今，随着经济全球化、区域一体化的逐步深入，世界经济格局产生重大调整，中国也掀起了建设粤港澳大湾区的浪潮，湾区经济再次引起各界关注。不管是政界、学界还是商界，与湾区相关的研究文献层出不穷，湾区均试图通过发展来谋求更高层次的全球竞争有利地位，进一步提升对世界经济发展的影响和控制力。笔者通过梳理相关文献，对湾区相关的研究大致概括如下：

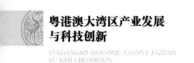

一、粤港澳大湾区角度的相关研究

事实上，粤港澳大湾区概念的提出是一个循序渐进的过程，2010年，《粤港合作框架协议》就第一次将建设环珠江口宜居湾区列为重点行动计划。2014年，深圳市政府工作报告首次提出深圳将依托毗邻香港、背靠珠三角、地处亚太主航道的优势，重点打造前海湾、深圳湾、大鹏湾、大亚湾等湾区产业集群，构建"湾区经济"，把粤港澳大湾区城市群勾连起的湾区作为一个整体规划。该报告指出，深圳市将会争取最大努力打造具备发达产业、强大功能，互动开放以及协同区域的大湾区经济，力争范围更大、层次更高地参与到全球经济的竞争与合作当中，力求实现质量更好、层级更高的发展。2015年，《推动共建丝绸之路经济带和21世纪海上丝绸之路的愿景与行动》这项顶层设计提出"打造粤港澳大湾区"。2016年，《国务院关于深化泛珠三角区域合作的指导意见》提出"携手港澳，共同打造粤港澳大湾区"。2017年，李克强总理在政府工作报告中首度提到粤港澳大湾区，提出"研究制定粤港澳大湾区城市群发展规划"，粤港澳大湾区建设提升到国家发展战略层面。同年，《深化粤港澳合作推进大湾区建设框架协议》在香港签署，明确提出打造国际一流湾区和世界级城市群。广东省政府工作报告也指出，要"携手港澳推进珠三角世界级城市群和粤港澳大湾区建设"。2017年，粤港澳大湾区的地区生产总值突破10万亿元，规模甚至超过了俄罗斯的国内生产总值，在世界各个国家和地区生产总值排行中可以排在第11位，与韩国持平，从而成为全中国经济最活跃的地区。

与此同时，学术界也开始了粤港澳大湾区的相关研究。高山（2017）提出，从深化政策协调、强化超前布局、搭建科技平台、打造创新集群、推进金融创新、促进科技服务六个方面促进粤港澳大湾区的发展。朱丽娜（2017）对香港特别行政区财政司原司长梁锦松进行了专访，梁锦松提到粤港澳大湾区的功能是纽约湾区、东京湾区、旧金山湾区三者功能的综合。人才问题是湾区经济能否成功的关键。曾志敏（2018）认为，将粤港澳大湾区打造成为全球科技创新高地，不仅可以强化我国在全球竞争体系中的创新优势，而且可以成为打破当前粤港澳协同不足局面的增量改革突破口，加快推进粤港澳大湾区的融合发展。关红玲等（2018）运用翔实的数据深入分析了粤港澳大湾区"9+2"城市在创新科技发展方面的关键因素——高级生产要素、商业环境与基础设施、需求市场、产业网络与政府投入，发现上述关键因素在大湾区内不同城市间存在优势互补。港澳在商业环境与部分高级生产要素（基础研究）方面优势明显，而内地9市则在产业网络、需求市场、政府投入以及一部分高级生产要素（企业研发）等方面优势突出。汪雨卉等（2018）利用2010—2014年的数据构建科技创新资源评价体系，使用主成分分析法对粤港澳大湾区的科技资源分布进行综合评价，对其分布特征进行描述。研究结果表明，粤港澳大湾区的科技创新资源排名由高到低分为四个层次。从时间变化来看，深圳逐渐超越广州成为科技创新资源存量最多的城市，佛山的科技创新资源在2014年超越香港，肇庆的科技创新资源在2013年开始下降，其余城市的排名基本不变或小幅波动。从空间来看，地区的科技创新资源以广州—深圳—香港为轴线向外扩散，形成了一条创新走廊，但高存量地区对于周边地区带动作用有限。陶雅（2018）从旧金山湾区与东京湾区经验指引出发，以地缘与经济共生为理论核心，运用区域地缘匹配度实证分析了城市群空间引擎增长动能，结果表明竞争多于互补，区域互联频率不高，建议粤港澳大湾区的建设需发挥制度优势、增进两岸互联互通、创新梯度层级结构建设、保护生态环境等，打造超级城市群。覃成林（2018）对粤港澳大湾区11个城市的产业结构趋同及合意性进行了分析，结果显示在三次产业层面粤港澳大湾区存在明显的产业结构趋同，这主要是珠三角地区产业结构升级的结果。因此，他提出，调整产业结构、促进城市之间形成合理的产业分工格局，是增强粤港澳大湾区发展竞争力的重要途径。杨明等（2018）对"一国两制"下的粤港澳大湾区建设做了主题报告，提出粤港澳大湾区在湾区经济发展的进程中，正处在由工业经济阶段向服务经济和创新经济迈进的过程中，形成目前"三超两强六大"的湾区的经济结构，应充分发挥粤港澳三地智库的先行作用，推动粤港澳大湾区的合作与发展。王珏等（2018）结合《深化粤港澳合作推进大湾区建设框架协议》及"一带一路"建设合作新机遇，分析湾区城市群联结、科研合作、产业协同、国际营商环境，全方位比对世界三大湾区产业布局、区位优势、经济生态圈，并针对粤港澳大湾区贸易开放新门户、国际一流科创中心、全球金融中心等发展立足点提出金融跨境合作、自贸区提质扩容、先进产业转型升级等发展建议。

彭芳梅（2019）通过对粤港澳大湾区交通系统、独有的"一国两制三关税区"制度等进行研究，结合粤港澳大湾区全要素生产率时间演变特征、生产率与产业分工关联等现象，分析发现，粤港澳大湾区 11 个城市的综合质量、联系水平分布不平衡，湾区网络联系呈现出由港深穗向周边梯度衰减的态势。彭芳梅利用空间地理、经济空间、制度空间等维度，在统筹管理、金融融合、大湾区创新生态以及人才流通渠道等领域提出了发展路径。王方方等（2019）选取原材料、能源、工业、金融四大产业，以粤港澳大湾区 11 个城市不同产业跟城市联系紧密度的实际数据为样本，对粤港澳大湾区城市中心性质及"结构洞"进行分析，指出各个城市网络间联系的紧密程度与公司分布密度正相关，粤港澳大湾区各城市的定位和作用与其在整个湾区网络中拥有的经济联系紧密度有关。其中，香港处于湾区最核心地位，广州、深圳依托资源、人才等优势而成为湾区的次核心；香港、广州、深圳、东莞之间以及珠海与澳门之间城市经济联系最紧密，其他城市经济联系相对不够紧密。在原材料产业中，深圳与多个城市往来密切，东莞、佛山和中山在原材料产业方面的资源控制和城市影响力与其自身实力相差较远。在能源产业中，除深圳和广州均具有最大的城市影响力外，佛山也是能源制造业重镇。在工业产业中，香港、深圳和广州三个城市是网络中心点。在金融产业中，广州和深圳在网络中的地位凸显，香港并未凸显其国际金融中心的强势地位。粤港澳大湾区所有城市都受到香港不同程度的限制，香港受到深圳的限制最大，但他们并未针对研究结果提出粤港澳大湾区各个城市未来发展合作的合理建议。尹海丹（2020）通过收集粤港澳大湾区各城市统计年鉴数据，对各城市创新、协调、绿色、开放、共享五大理念的评级测量并分析，得出湾区内城市地域差异较为明显，尤其是湾区中心和内陆之间存在较大的差别的结论，因此需要增强湾区城市之间优势互补与创新协同能力，并给出完善顶层设计、抓住"一带一路"建设政策机遇以及开启数字经济新产业等建议。刘子濠（2020）提出在粤港澳大湾区发展上升到国家战略层面后，深港创新圈的合作方向与深度如何调整改变的问题。他从制度、科技、产业、文化等方面分析深港创新圈合作现状与问题，在与硅谷、中关村等创新中心比较发展阶段、资源和区域特性后，提出以机制改革解决创新难题、以高等教育合作推动科技产业融合等战略层面的建议，并通过产业互补、基建互通、推广前海自贸试验区发展模式等方式引领粤港澳大湾区建设进入下一个进程。

　　总体来说，关于粤港澳大湾区的研究逐渐增多，但是在粤港澳大湾区的背景下，具体研究深圳—香港的科技创新发展的研究还十分缺乏，把深圳—香港作为一个创新集聚区域进行的整体研究更是凤毛麟角。

二、国际湾区角度的相关研究

　　围绕粤港澳大湾区进行的国际化湾区比较分析研究这几年也在逐步增多。田栋等（2017）认为，国际著名湾区具有开放的经济结构、高效的配置能力、便捷的交通系统、超强的创新能力、宜居的生活环境、包容的文化氛围、广泛的外溢效应等特点。粤港澳大湾区建设应借鉴这些特点，科学划定湾区的地理范围，制定湾区地域发展的层次性规划，引导产业规避同质竞争，打造湾区优质生活圈，并创新合作发展机制和模式。何诚颖等（2017）通过对纽约湾区、旧金山湾区、东京湾区等世界级湾区在土地面积、地区生产总值、产业结构比重、企业创新优势、金融产业基础、教育人才资源等方面的横向比较，总结出一个成熟湾区所需具备的条件，即具备相应规模的超级体量，强大的产业集群带和一定的世界影响力，强有力的经济核心区和广阔的经济腹地，一大批科研教育机构、创新性国际化领军人才。王静田（2017）在研究中根据国际三大湾区和粤港澳大湾区的基本情况对比，运用宏观环境的分析（PEST分析），从政治、经济、社会、技术视角对比分析粤港澳大湾区与世界三大湾的发展情况，基于世界湾区的发展经验，为粤港澳大湾区的规划提出可行的政策建议。张昱等（2017）构建了湾区经济开放度比较的基本体系，并据此对包括粤港澳大湾区在内的四大湾区进行比较研究。他们的研究认为，粤港澳地区已经形成发展成为世界顶级湾区的开放型经济雏形与良好的基础设施支撑，但仍存在巨大的发展空间。粤港澳大湾区的开放发展应更加强调经济效率、开放均衡性、内部协调发展等问题。邓志新（2018）也对国际三大湾区和粤港澳大湾区进行了基本情况的比较研究，归纳出粤港澳大湾区与国际湾区的差距，提出了粤港澳大湾区的发展战略建议，并建议努力打造粤港澳大湾区创新发展平台。刘彦平（2018）通过对纽约湾区、旧金山湾区、东京湾区以及粤港澳大湾区在经济、文化、创新、宜居环境、旅游、形象等领域影响力的解析，详细回顾了四大湾区偏重金融、建设品牌、打造超级产业的不同特色发展历程，还分析研究了粤港澳大湾区的优劣势与发展机遇，提出深化开放层次、寻求协调制度创新、规划高端要素集聚战略、谋划现代产业体系、提高生活优质圈五大发展提议。

近年来，针对国际湾区对比的研究有由综合性宏观方向转向具体专业微观方向的趋势。沈子奕等（2019）通过经济辐射效应、区域协同效应、配套设施等方面，对比了旧金山湾区与东京湾区的经济辐射中心量、经济辐射速率、交通物流运输以及人力资源，指出了粤港澳大湾区区域发展不协同、资源分配过于集中、产业发展差异明显等问题，并给出了结合市场手段，以政策统筹为主的发展建设方向。余碧仪等（2019）的研究专注于科技人才发展，他们通过对比三大湾区人才引进政策、产学研合作机制、人才激励和生活保障服务，提出在全球范围内扩大人才招揽范围、破除粤港澳三地人才流动障碍、打造大湾区金融服务中心等具体建议。

综上可见，关于粤港澳大湾区与国际湾区的比较研究，近年来呈增长趋势，但是大多研究都停留在基础情况的比较研究范畴，立足于某个湾区，进行深入对比的研究还较为匮乏。特别是对于前述东京湾区、全球创新高地东京—横滨地区以及横滨地区知名的京滨工业带的创新发展的研究更是凤毛麟角。广东省社会科学院国际经济研究所课题组丘杉等（2014）的研究认为，日本东京湾区创造的经济奇迹有各种原因，但高度重视科技创新是个不容忽视的重要因素。由于科技创新能力的提升，特别是京滨工业带成为东京首都圈产业研发中心，并随着研发（R&D）溢出效应再次将科技创新产业扩散，从而使京滨工业带产业研发功能得到强化。该研究认为，东京湾区经济带是城市功能演变和产业迁移的必然结果，专业分工、错位发展是东京湾区产业空间的明显特征，产业优化升级使东京湾区经济带成为日本经济最发达的区域。关于东京湾区经济带建设发展的基本经验，该研究认为，要确保东京都市圈建设有法可依，制定和完善科学、合理的发展规划，发展新型临港工业，强化高端服务功能，构建便捷完善的交通基础设施，提升港口群的整体合力。但是这一研究只是单纯从东京湾区经济带的角度出发，为粤港澳大湾区的建设提供了经验参考。针对某个城市或区域，如深圳或深圳—香港的分析研究，或者借鉴东京湾区经济带的先进经验，聚焦科技创新发展，如何发展深圳—香港的产学研机制，建设更有竞争活力的创新体系等产业政策视角的研究还是空白。

另外，在现有研究文献中，对于东京—横滨地区、京滨工业带的研究也十分匮乏，资料较少。为了研究粤港澳大湾区中深圳—香港科技创新的发展，为打造粤港澳大湾区国际科技创新中心提供战略支撑，本书将对东京—横滨地区及京滨工业带的发展历程和发展经验、科技创新政策的制定等进行探讨研究。

第三章

粤港澳大湾区产业发展
与科技创新的基础和现状

　　1997年的亚洲金融危机使得香港与内地的紧密联系更为牢固,此后借鉴旧金山湾区经验,将珠江三角洲与港澳联系在一起的"粤港澳大湾区"概念横空出世。通过结合市场调节和政府政策引导,粤港澳大湾区经过农业→工业→先进制造和现代服务业三个阶段的产业转变,正在形成具有与金融科技创新相融合的特色产业,并以深港为核心辐射周边城市的世界第四大湾区。粤港澳大湾区将推动粤港澳联手建设"一带一路"第三方市场,形成高端人才和企业集聚的世界级城市群。粤港澳大湾区综合了"一国两制"、三个关税区等具有我国特色的政策制度。粤港澳大湾区的发展不仅是对具有中国特色的社会主义市场经济体制的延伸和提升,也是我国向世界经济强国发展的重要途径。

第一节　粤港澳大湾区的形成与总体经济现状

粤港澳大湾区是指由广州、深圳、珠海、佛山、江门、东莞、中山、惠州、肇庆内地九市和香港、澳门两个特别行政区组成的区域，地处"广佛肇""深莞惠""珠中江"三大经济圈和香港、澳门两大对外窗口城市的深度融合区。粤港澳大湾区有着得天独厚的地理条件，与南海依湾相连，与东南亚隔海相望，是国际金融和贸易的核心区域之一，东向联通海峡西岸经济区，西接北部湾经济区，北与我国中部城市群实现产业对接。

粤港澳大湾区有"一国两制"方针下的香港和澳门两个特别行政区，有深圳、珠海两个经济特区，广州南沙、深圳前海蛇口和珠海横琴三个自由贸易试验片区，形成包括特别行政区、经济特区、自由贸易试验区等多重经济体的体制叠加优势和开放叠加形态。2017 年，粤港澳大湾区占地 559 万平方千米，人口 6 959 万人。粤港澳大湾区地区生产总值（地区 GDP）达 1 018 万亿元。截至 2017 年年末，粤港澳大湾区形成电子信息产业、新能源汽车产业、无人机产业、机器人产业等高端产业集群以及石油化工、服装鞋帽、玩具加工、食品饮料等中低端产业集群。粤港澳大湾区是继美国纽约湾区、美国旧金山湾区、日本东京湾区之后的世界第四大湾区，是国家建设世界级城市群和参与全球竞争的重要空间载体。

一、粤港澳大湾区城市群的形成过程

粤港澳大湾区的形成是珠三角城市群历经多年的稳扎稳打，发展并强大到可以将香港和澳门纳入其中，进而促进一体化发展的结果。可以说，粤港澳大湾区的形成是珠三角城市群融合发展到一定阶段的必然趋势和升级版。

从珠三角城市群到粤港澳大湾区，大致经历了以下三个重要的发展时期：

1. 1979—1997 年：多核弱联系城镇连绵区的形成

在改革开放后至 1997 年亚洲金融危机爆发前，珠三角地区充分利用香港、澳门的区位优势。在香港的带动下，深圳充分利用国家改革开放政策的要求，对外吸纳香港和国际市场的产业与资本，对内吸引低价劳工和技术人才，形成以外资企业和"三来一补"企业为主体的工业化发展模式，走出一条乡村工业化和城市化路径。另外，东莞、中山等城市也实现了快速工业化与城镇化，在空间上形成分散、多核的城镇连绵区。在香港带动形成的外向型经济下，区域城镇与区外的香港产业联系密切，而与广州、深圳两个区内中心城市的功能联系反而不紧密。

2. 1998—2008 年：广州、深圳强中心的形成

在 1997 年亚洲金融危机、2001 年中国加入 WTO 等事件的影响下，香港对珠三角城市发展的影响比上一阶段有所减弱。与此同时，在土地、住房制度改革的推动下，中心城市聚集资源的能力加强。由于珠三角城市群空间面积不大，城镇密集且区位邻近，在 1997 年和 2008 年两次金融危机影响下，城市群的空间组织发生调整。这个阶段各类园区、新城新区蓬勃发展，区域发展的主角转移到城市。广州依托省会城市的行政优势、深圳依托特区城市的政策优势大幅提升各自的城市地位。广州、深圳逐步成为区域内的两个强核心，并开始与周边城市产生紧密的联系。

3. 2009 年至今：以广州、深圳为中心的强联系区域形成

2008 年世界金融危机后，珠三角地区由于原来低成本、外向型的经济发展模式受阻，于是走向转型发展之路，推动了区域空间格局的重组。《珠三角改革发展规划纲要（2008—2020）》推动下的一体化和产业转型，进一步密切了广州、深圳两个中心城市与周边城市的联系，广佛肇、深莞惠、珠中江三大都市区均得到不同程度的发展。数据分析显示，珠三角地区已告别当年

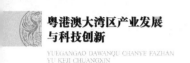

"诸侯经济"的时代，城市群在产业和城市功能方面都已产生明显分工，广州的门户城市特征明显，深圳的经济中心城市特征突出，两中心城市间及与香港、澳门的联系紧密，珠三角地区已成为多核心强联系的城市群。

总之，粤港澳大湾区城市群正是借助得天独厚的区位和历史基础，积极发展外向型经济，驱动城市群经济的飞速发展，使得核心城市之间的经济联系越来越密切。以广佛肇地区为例，广州与佛山之间联系紧密，并形成了显著的"核心—边缘"的圈层结构，明显出现都市圈化的特征。与此同时，随着高速公路、高铁和城际轨道等交通网络的完善，城市群网络化的趋势也逐渐明显，2017 年提出的广深科技创新走廊的建设更是凸显了这一趋势。强联系多核心的珠三角城市群，中部和珠江东岸已经显现出都市圈化与网络化共存的趋势。在国家出台《粤港澳大湾区发展规划纲要》的推动下，粤港澳三地在经济、贸易、产业发展等众多领域开展了深入合作与发展，极大促进了粤港澳大湾区城市群成为全球城市群。

二、粤港澳大湾区的总体经济现状

为方便后续与东京湾区相关数据进行直观对比，本部分从 GDP、人均GDP、城市产业分布、交通运输来分析粤港澳大湾区的经济现状。

1. GDP 与人均 GDP

粤港澳大湾区被认为是继纽约湾区、旧金山湾区、东京湾区三大国际湾区之后，即将崛起的世界湾区"第四极"。如上所述，粤港澳大湾区是由广东省境内的九大城市（广州、深圳、珠海、佛山、惠州、东莞、中山、江门、肇庆）和香港、澳门两个特别行政区共同组成的"9+2"超大城市群。2017 年，这片占全国面积不足 0.6%的土地，贡献了全国约 12%的生产总值。粤港澳大湾区地区生产总值（GDP）的构成及其占全国的比重如图 3-1 所示。

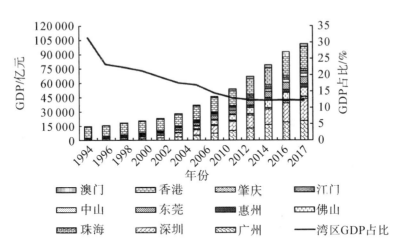

图 3-1　粤港澳大湾区 GDP 的构成及其占全国的比重

数据来源：《中国统计年鉴》《广州统计年鉴》《深圳统计年鉴》《珠海统
计年鉴》《佛山统计年鉴》《惠州统计年鉴》《东莞统计年鉴》《中山统计年
鉴》《江门统计年鉴》《肇庆统计年鉴》《香港统计年刊》和《澳门统计年
鉴》。其中，香港与澳门的相关金额数据已通过各年平均汇率折算成人民币。

　　可以看出，整体上，20 世纪 90 年代以来，虽然粤港澳大湾区 GDP 占全
国的比重呈现逐年下降的趋势，从 1994 年的占比 31.64% 下降到 2010 年的
13.25%，其后基本稳定在 13% 左右的水平，但从经济总量上看，粤港澳大湾
区 GDP 的绝对值是逐年不断上升的，从 1994 年的约 1.54 万亿元上升到 2017
年的超 10 万亿元，到 2023 年突破 14 万亿元，凭借着仅占比 0.6% 的国土面
积，贡献着约 11% 的经济总量，始终保持着较强的竞争力。

　　从湾区内部各个城市来看，2017 年各地 GDP 数值由高到低分别为香港
23 050.6 亿元、深圳 22 490.1 亿元、广州 21 503.2 亿元，为第一梯队；佛山
9 398.5 亿元、东莞 7 582.1 亿元，为第二梯队；惠州 3 830.6 亿元、中山
3 430.3 亿元、澳门 3 413.2 亿元、江门 2 690.3 亿元、珠海 2 675.2 亿元、肇
庆 2 110.0 亿元，为第三梯队。它们的 GDP 占粤港澳大湾区总 GDP 的比重分
别为 22.56%、22.01%、21.05%、9.20%、7.42%、3.75%、3.36%、3.34%、
2.63%、2.62%、2.07%。其中，广深港三地 GDP 占粤港澳大湾区总 GDP 的
比重都在 21% 以上，三地 GDP 之和占湾区总 GDP 的比重在 65% 以上，形成
了三足鼎立的竞争格局。

从人均 GDP 来看，如图 3-2 所示，1994 年以来，粤港澳大湾区人均 GDP
占全国人均 GDP 的比重呈现逐年下降的趋势，但依旧远高于全国平均水平，
2010 年及以后均稳定在全国平均值的 2 倍以上。从人均 GDP 绝对值看，粤港
澳大湾区人均 GDP 水平呈现逐年递增态势，截至 2017 年年底上升到
146 906.56 元，继续维持在全国人均 GDP 的 2.48 倍的较高水平，是带领全国
经济发展的重要增长极。2017 年，粤港澳大湾区内部人均 GDP 水平最高的城
市是澳门，为 525 910 元，其次是香港，为 311 848 元，而广东 9 市中人均
GDP 水平最高的三地为深圳 183 544 元、珠海 155 502 元、广州 150 678 元，
最低的三地为惠州 80 205 元、江门 59 089 元、肇庆 51 464 元，粤港澳大湾区
内部城市人均 GDP 差距较大，经济发展不均衡。

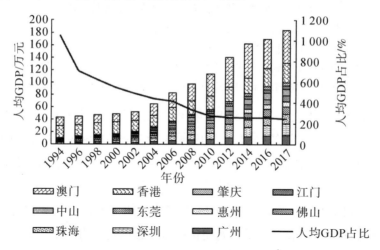

图 3-2 粤港澳大湾区人均 GDP 及其占全国的比重

数据来源：《中国统计年鉴》《广州统计年鉴》《深圳统计年鉴》《珠海统
计年鉴》《佛山统计年鉴》《惠州统计年鉴》《东莞统计年鉴》《中山统计年
鉴》《江门统计年鉴》《肇庆统计年鉴》《香港统计年刊》和《澳门统计年
鉴》。其中，香港与澳门的相关金额数据已通过各年平均汇率折算成人民币。

从粤港澳大湾区在全球经济体中的地位可见（见表 3-1），2017 年，粤港
澳大湾区 GDP 总量突破 1.5 万亿美元，在世界主要经济体中排在第 13 位，与
俄罗斯（1.58 万亿美元）和韩国（1.53 万亿美元）的经济体量相当。从四大
湾区的对比来看，粤港澳大湾区（1.3 万亿美元）与东京湾区（1.7 万亿美

元)、纽约湾区(1.4万亿美元)仍存在较大差距①。但从增速上看,粤港澳大湾区总体经济增速依然在7%以上,2016年经济增速分别是纽约湾区、东京湾区、旧金山湾区的2.26倍、2.19倍和2.93倍,处于高速发展阶段,发展潜力较大。据中国国际经济交流中心预测,粤港澳大湾区经济总量有望在10年之后(2030年)达到4.62万亿美元,超越东京湾区(3.24万亿美元)和纽约湾区(2.18万亿美元),成为GDP总量世界第一的湾区。

表3-1　2017年粤港澳大湾区GDP在全球经济体中的地位

排名	经济体	GDP总量/万亿美元
1	美国	19.39
2	中国	12.24
3	日本	4.87
4	德国	3.68
5	英国	2.62
6	印度	2.6
7	法国	2.58
8	巴西	2.06
9	意大利	1.93
10	加拿大	1.65
11	俄罗斯联邦	1.58
12	韩国	1.53
13	粤港澳大湾区	1.51
14	澳大利亚	1.32

数据来源:世界银行。

从中国三大城市群经济发展的对比看(见表3-2),粤港澳大湾区占地5.6万平方千米,人口超过6300万人,经济效益超过京津冀和长江三角洲两个国内主要经济带。另外,2017年,粤港澳大湾区城镇化率超过80%,第三产业比重超过60%,远高于长江三角洲和京津冀地区,有望成为带动中国经济发展的领头羊。

---

① 此处为2016年的数据。

表 3-2　2017 年中国三大城市群经济发展对比

项目	粤港澳大湾区	京津冀	长江三角洲
面积/万平方千米	5.6	14.6	21.1
人口/万人	6 334	11 247	12 833
GDP/万亿美元	1.5	1.3	2.6
城镇化率/%	84.50	69.80	74.80
第三产业比重/%	64.90	58.60	54.40

数据来源：国家统计局、北京市统计局、天津市统计局、河北省统计局、上海市统计局、江苏省统计局、浙江省统计局、广州市统计局、深圳市统计局、珠海市统计局、佛山市统计局、中山市统计局、东莞市统计局、惠州市统计局、江门市统计局、肇庆市统计局、澳门统计暨普查局、澳门国际机场专营股份有限公司、香港特区政府统计处、香港贸发局等。

2. 城市功能定位

粤港澳大湾区囊括深圳、香港、广州三个特大城市，东莞、佛山两个制造业重镇以及澳门、东莞、惠州、肇庆、珠海、中山、江门等共 11 个地区，湾区内各城市在功能定位上各有分工、各有侧重（见表 3-3）。

表 3-3　粤港澳大湾区各城市的功能定位

地区	功能定位
香港	国际金融、航运、贸易中心和国际航空枢纽，离岸人民币业务枢纽，国际资产管理中心及风险管理中心
澳门	世界旅游休闲中心、中葡商贸合作服务平台
广州	国际商贸中心、综合交通枢纽，科技、教育、文化中心
深圳	经济特区、全球性经济中心城市、国家创新型城市、世界创新创意之都
佛山	珠江西岸先进装备制造产业带，对接湾区产业、制造业转型升级综合改革试点
东莞	世界级先进制造业集群、港澳青年创新创业基地、战略性新兴产业研发基地
珠海	珠江西岸先进装备制造产业带，对接湾区产业、通用航空产业综合示范区
惠州	港澳青年创新创业基地、农产品质量安全示范区和"信誉农场"、绿色农产品生产供应基地
中山	对接湾区产业、港澳青年创新创业合作平台

表3-3(续)

地区	功能定位
江门	华侨华人创新产业集聚区、华侨华人文化交流合作平台、引资引智创业创新平台
肇庆	农产品质量安全示范区和"信誉农场"、绿色农副产品集散基地

资料来源：笔者结合《粤港澳大湾区发展规划纲要》整理。

香港作为全球金融中心及物流中心之一，承担着巩固和提升国际金融、航运、贸易中心和国际航空枢纽，强化全球离岸人民币业务、国际资产管理中心及风险管理中心等功能。澳门是世界旅游休闲中心之一、中国与葡萄牙语国家商贸合作服务平台，对打造中华文化，促进经济多元发展具有重要意义。广州作为国家中心城市和综合性门户城市之一，致力于全面增强国际商贸中心、综合交通枢纽功能，培育和提升科技、教育、文化中心功能。深圳作为全国性经济中心城市和国家创新型城市，不断加快建成现代化、国际化城市，为成为具有世界影响力的创新创意之都而努力。佛山作为大湾区重要节点城市，致力于开展制造业转型升级综合改革试点，打造国际产业制造中心。东莞以打造珠江东岸具有全球影响力和竞争力的电子信息产品等世界级先进制造业产业集群为目标，努力向国际制造服务中心迈进。珠海正在加快建设珠江西岸先进装备制造产业带，加强大湾区产业对接，提高协作发展水平，是促进湾区发展的桥头堡与创新高地。惠州和肇庆是"绿色城市"与大湾区的"生态担当"，打造惠州粤港澳绿色农产品生产供应基地和肇庆（怀集）绿色农副产品集散基地，对促进广东出口食品农产品质量安全示范区和"信誉农场"建设，保障内地供港澳食品安全具有重大意义。中山和江门侧重于发挥产业链齐全的优势，加强与大湾区产业对接，积极打造国家级先进制造业基地。

3. 交通运输

目前，粤港澳大湾区已经形成以口岸为节点，由轨道、公路、水运、航空等多种运输方式组成的跨界交通基础设施体系，湾区内通达率进一步提高，交通枢纽功能初步发挥（见图3-3）。

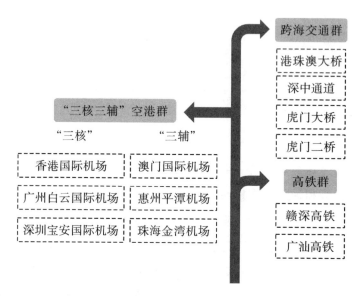

图 3-3   粤港澳大湾区基础设施互联互通

就跨海交通群来看，粤港澳大湾区交通规划已经陆续展开，重点包括城市轨道交通的互联互通以及港珠澳大桥、深中通道、虎门二桥等建设，预计这些道路到 2024 年陆续建成通车，今后多座城市将被纳入"一小时生活圈"范围内。

就空港群来看，粤港澳大湾区已经形成以香港、广州、深圳为中心的立体式交通网络，境内拥有香港国际机场、广州白云国际机场、深圳宝安国际机场为中心的三个国际化空港，配套澳门国际机场、惠州平潭机场、珠海金湾机场，形成"三核三辅"的空港体系，可以满足区域性乃至华南地区的航空运输需求。

就高铁群来看，粤港澳大湾区已经逐步建成广深港高铁和广汕高铁，赣深高铁已于 2021 年年底建成通车。粤港澳大湾区境内已经通过京九、京广等诸多铁路，形成以广州为中心，联通全国的高速铁路网络，尤其是广州至昆明的高铁开通后，进一步有力支撑了"一带一路"建设，逐步形成珠三角地区与东南亚的陆路交通网络。

就海港群来看，据英国《劳氏日报》发布的"2019 全球港口百强"排名，全球集装箱吞吐量十强港口，粤港澳大湾区占了三席，其中深圳港排名第4，广州港排名第5，香港港排名第7。仅这3个港口的集装箱吞吐量相加，就达到了5 826万标准箱，经济容量十分惊人。但粤港澳大湾区多数港口大多以集装箱运输为主，主要运输区域趋同，相互之间分工和职能定位不够明确，同质化竞争和重复投资现象严重，将会进一步制约湾区内部各城市之间的相互融合与发展。

第二节　产业发展与科技创新的演进发展

多年的发展历程，毗邻港澳的区位优势和国家的政策扶持赋予了粤港澳大湾区产业体系演变的契机，即建立和形成以轻型工业为主，高新技术产业和重型工业共同发展的体系。港澳制造业的转移、服务经济的发展、科技创新的演进，加速了粤港澳大湾区资源的整合，促进了"9+2"模式协同效应的发挥，形成珠江东岸知识密集型产业带、珠江西岸技术密集型产业带、沿海生态环保型重化产业带的产业布局。在知识密集型的珠江东岸产业带，粤港澳大湾区出现了电子信息、金融、专业服务、生物医药、新材料、新能源等新经济产业群；在技术密集型的珠江西岸产业带，粤港澳大湾区主要集中了核电、风电、金属制品、纺织等高端制造支柱产业；沿海生态环保型重化产业带出现了旅游服务、油气开采、博彩、生物医药等现代服务业和先进制造产业。从长远目标来看，粤港澳大湾区内部的生产要素可以实现完全自由流动，这无疑为粤港澳大湾区的经济增长和产业演变奠定了重要的基础。

一、产业发展的演变历程

20世纪80年代，珠三角经济区设立，经历了数次调整，目前包括广州、深圳、珠海、佛山、惠州、江门、东莞、中山以及肇庆9个城市，即粤港澳

大湾区"9+2"模式中的"9"。"2"代表的是香港特别行政区和澳门特别行政区。回顾改革开放 40 多年的发展历程,粤港澳大湾区的产业体系演变已经走过三个发展阶段(见图3-4),目前正迎来新的发展阶段。

20世纪80年代:工业化初期
阶段。经济特区政策与香港
产业助推粤港澳大湾区由农业
为主体转向工业为主体

2000年至今:后工业化
阶段。制造业和服务业
双轮驱动,形成中低端产业
和高端产业并存的局面

20世纪90年代:工业化中期阶段。
出口和外资加速工业化进程,金属制造、
电子通信等劳动密集型产业集聚

图 3-4　粤港澳大湾区产业发展的演变历程

1. 20 世纪 80 年代:工业经济初期阶段

由农业为主体转向工业为主体。20 世纪 80 年代以前,珠三角地区的经济形态以农业为主体。加之由于缺乏与外界的互通有无,粤港澳大湾区的 9 个城市脱离世界经济体系,形成了要素价格的洼地,劳动力、土地、自然资源成本极低。同时期的香港,作为"亚洲四小龙"之一,自 20 世纪 50 年代开始大力发展制造业,在纺织、成衣、电子等劳动密集型产业方面取得飞速发展。其制造业由于劳动力成本和土地成本上升以及结构调整等因素,急需要素资源的互补来实现更好的发展,因此大量向湾区内 9 个城市转移制造业。制造业的转移,给湾区产业发展带来了双赢的局面,在推进香港的第三产业迅速发展的同时,又给湾区内 9 个城市的工业化进程增添色彩。产业转移中对要素成本的需求催生了服装制造、工厂制造、纺织业的出现。1979 年,香港 GDP 达 217 亿美元,同期广州 GDP 为 31.35 亿美元,深圳 GDP 为 1.26 亿美元,香港 GDP 占粤港澳大湾区的比重达到 72%,是粤港澳大湾区工业化最重要的经济引擎力量。

特区政策优势助推工业化。1978 年召开的党的十一届三中全会标志着我国进入了改革开放和社会主义现代化建设的新时期。由于这一时期的政策力度倾向经济特区,湾区内 9 个城市的经济发展呈现不均衡状态。深圳和珠海作为经济特区城市,其发展速度远超湾区内其他 7 个城市,且深圳的发展速度居首。这一时期经济资源首先在特区集中，资金、人员的汇聚和港口的条件孕育了"特区速度"，这一时期的产业特点主要是仿制和加工的轻型工业。深圳和珠海两个经济特区的快速发展，带动着周围城市的发展，呈现由点到面的发展态势，使得珠三角地区逐步脱离以农业为主的经济形态。由于此时改革开放仍处于试点探索阶段，珠三角地区的产业基础还比较差，产业结构变化不是特别明显，更多是依靠大量劳动密集型产业的迁入，然而特区政策推动粤港澳大湾区工业化经济发展的作用不容忽视。

2. 20 世纪 90 年代：工业化中期阶段

工业化进程加速。20 世纪 80 年代末期，香港制造业向珠三角地区大、中、小城市和乡镇转移的规模越来越大，速度越来越快。1984 年 12 月 26 日，广东省委、省政府向中央报送的《关于珠三角经济开发区的初步意见》，预示着广东省由窗口试点到门户对接再到区域开放的趋势转化。农村经济改革、乡镇企业的发展伴随着廉价劳动力和低洼土地成本的吸引，香港大部分劳动密集型的出口加工业向粤港澳大湾区 9 个城市涌进。此时工业经济的主要形式是"三来一补"的外源型工业。人口、资金、资源等生产要素不断流动使得珠三角地区从一个工业基础薄弱的地区发展为以工业为主导的地区，大大地加快了粤港澳大湾区的工业化进程。

外资、外企促进工业经济发展。粤港澳大湾区 9 个城市因改革开放的推动，经济取得巨大发展，香港的经济发展尤为突出。这一时期投资来源多元化、投资规模扩大、投资行业升级，深圳在分享香港劳动密集型制造业内迁的红利的同时，在产业结构转型上发力，寻找新的内生经济增长点，利用外资着重发展电子及通信设备制造、电气机械及器材制造、金属制造业，降低传统的纺织、食品、服装及坑具业的比重，迎来了全新的局面。广州面临劳动力、土地成本上升的双重挑战，为了克服发展的阻碍，开始向周边地区转移。随着中国正式申请加入 WTO，粤港澳大湾区 9 个城市由于制造业基础实力雄厚，逐渐成为世界工厂且地位不断巩固。这个阶段粤港澳大湾区出口额占全国的比重超过 40%，仅珠三角地区出口额占全国的比重已高于 26%，充分说明引进外资、外企以及坐拥世界级港口群的优势，给粤港澳大湾区带来巨大的出口份额。

生产性服务业发达使香港成为世界级中心城市。这一阶段，内地市场的开发，蕴藏着无限的市场空间利润，加上生产成本的飞涨，使得香港同时面临危机和时机，于是大量的香港制造业企业转到珠三角地区，在带动内地制造业的发展的同时又推动香港的服务业经济发展。首先是广义贸易业，如批发、零售、进出口和酒店等超越制造业成为香港经济的最大支柱行业，之后是广义金融业，如金融保险、地产及商业服务业又超过广义贸易业。无论两者孰大孰小，生产性服务业一直都占据香港服务业中的主导地位，如会计、法律、咨询、广告、营销等行业的快速增长，适应了香港经济多功能定位和世界级中心城市的发展趋势。20世纪80年代初，香港确立了亚太区域国际金融中心的地位，并在产业结构转型过程中日益巩固地位。香港的生产性服务业发达，促使其成为湾区城市群中心乃至世界级中心城市。

3. 2000年至今：后工业化阶段

1999年以后，香港经济增速放缓，广州、深圳经济发展突飞猛进，经济贡献度占粤港澳大湾区城市群总体份额的比重不断上升。广州、深圳的发展存在着诸多共性，在大湾区几个内地城市的产业升级中领跑，在国际的舞台上发挥着不容小觑的力量，香港、广州、深圳三足鼎立，成为粤港澳大湾区的龙头城市。

产业结构不断优化，第三产业发展迅速。相比内地而言，粤港澳大湾区的制造业水平高，完全具备发展第三产业的地缘优势、知识优势、文化优势、贸易优势，因此形成了独特的以现代制造业为基础的现代服务业，包括信息服务业、租赁和商务服务业、科学研究和技术服务业。深圳在2007年大力发展战略性新兴产业，使家具、服装、钟表等传统产业向高端化、品牌化转型。2009年，深圳的第三产业产值达640.4亿美元，首次超过第二产业的产值。广州作为华南地区重要的工业城市，以汽车、石化、电子为国民体系的支柱，是制造业的典型代表。2000年，广州的第三产业产值占比高达54%，首次超过第二产业的产值。广州、深圳工业化的快速发展，改变了湾区城市群中香港一家独大的局面，三个城市的GDP逐渐接近。但是，香港的服务业发展水平依然领先于广州和深圳，且受香港的金融服务、航运服务和澳门的旅游服务、文化创意服务以及前海深港现代服务业合作区等多元力量的影响，粤港澳大湾区第三产业占比超过了80%，由此形成了粤港澳大湾区先进制造业和现代服务业双轮驱动的产业体系。在产业布局上，粤港澳大湾区既有食品饮料、服装玩具加工等中低端产业集群，又有新能源汽车、电子通信、无人机等高端产业集群。粤港澳大湾区的产业布局形成珠江东岸知识密集型产业带、珠江西岸技术密集型产业带、沿海生态环保型产业带三大产业带。

粤港澳大湾区产业体系经过三个阶段的演进，由农业形态到工业形态再到先进制造业和现代服务业共同发展，这意味着粤港澳大湾区不断进步，发展态势良好，把握时机创造新的经济增长点。2018年，粤港澳大湾区的经济总量到达10亿元，11个城市产业占比可以按照第一产业、第二产业、服务业进行分类，各城市分工明确，上下游产业链较为完备，可以实现优势互补，无论是经济体制还是资源禀赋均具有很大的合作潜力，有助于促进粤港澳大湾区产业协同发展，呈现多层次的产业体系格局。

二、科技创新政策的演进

自1840年以来，中国逐步沦为半殖民地半封建社会，内忧外患深重，没能赶上西方资本主义国家利用科技开启工业化时代的浪潮，与世界经济在科技的驱动中进入新的黄金时期失之交臂。历史原因拉开了我国科技实力与发达国家科技实力的差距。1978年改革开放后，伴随着经济的发展和科技战略的推动，我国科技体制改革不断稳步推进，科技创新的发展、科技政策的演变扮演着至关重要的角色。1978年以后，我国的科技创新政策呈现从科技政策单向推进向科技政策和经济政策协同发展，从政府导向型单向推进向政府导向和市场调节共同推进，从单项政策向政策组合转变的发展态势。粤港澳大湾区科技创新政策的演进如图3-5所示。

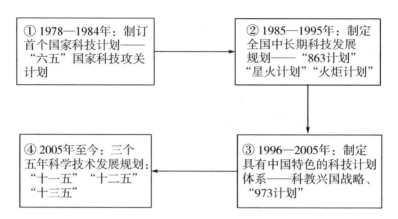

图 3-5　粤港澳大湾区科技创新政策的演进

1. 1978—1984 年：制订首个国家科技计划

1978—1984 年是科技制度探索和重建阶段，是解放思想、重点解决科学技术与经济脱节的时期。1978 年全国科学大会上，邓小平提出"科学技术是第一生产力"。根据这一科技思想的指引，相关的政策和方针也随之发生变化。1978 年，中央提出了"全面安排，突出重点"的方针，确定了重点发展领域，重点研究项目、攻关项目，制订了首个国家科技计划——"六五"国家科技攻关计划。一是一些政策的实施和《中华人民共和国发明奖励条例》的出台，解开了对知识分子的束缚，确立了科技工作者的地位。二是国家通过恢复高考制度、研究生制度建设科技队伍。三是国家出台《中华人民共和国专利法》，建立现代专利制度，启动国家科技进步奖，调动知识分子攻克研究项目的积极性。四是国家对税制进行改革。改革开放的实施意味着要解决对外征税的问题。1980 年第五届全国人大公布《中华人民共和国外国企业所得税法》《中华人民共和国中外合资经营企业所得税法》，迎合了中国对外开放初期引进外资、开展对外经济技术合作的需要，初步建立了我国的涉外税收制度。在国家与企业的分配关系上，国家通过"利改税"进行企业和城市的改革。五是国家加大科技经费的拨款力度，对事业费的管理引入合同制，为科技计划的实施提供资金支撑。

这一时期的政策和规划主要是进行探索、整顿、重建，摆脱我国科学发展长期停滞的现状，转变思想，解决束缚知识分子的问题，重塑科技体系、恢复科研能力，确保科研工作的有序开展。

2. 1985—1995 年：制定全国中长期科技发展规划

1985—1995 年，我国的科技制度改革进入了全面、系统的阶段。这一时期，国家由计划经济体制转变为市场经济体制，科技创新政策与经济政策协同发展。科技工作取得了一些成果，但是发展的弊端也浮现出来，主要表现为科研活动"大锅饭"，导致激励不足、创新与应用之间严重脱节。为缓解这一现象，我国以市场为导向，在科研内部引入竞争机制，制定全国中长期科技发展规划，包括 15 年发展规划的轮廓设想和"七五"科技发展规划。第一，1986 年出台的"863 计划"和"星火计划"的宗旨是发展自主知识产权的高技术，将科学技术运用到农业经济，引导农民发展农村经济，推动农村经济健康发展。随着"火炬计划"和"重点新产品计划"的执行，全国各大城市设立了 53 个国家级高新技术开发区，各大学举办了 62 个科技园区，吸引研究生和留学生到此独立创业。第二，"211 工程"和"技术创新工程"先后实施，重点推动产、学、研相结合。1994 年，国家开始从环境、人口、资源、经济方面提出可持续发展战略，标志着我国科技政策进一步演化。第三，在税收政策方面，国家规定，经有关部门认定的高新技术企业可减按 15% 的税率征收企业所得税，新办的高新技术企业可免征企业所得税两年，推动科技发展的创新、激发企业的活力。

这一时期主要是对科技发展中出现的一些弊端进行初步改革，让市场参与资源配置，并融入科技创新的政策当中，确立了科技在经济发展中的地位。国家探索高新产业化方式的成果是创办了深圳科技工业园和中关村科技园区，取得的技术专题成果接近国际水平，为科技发展提供了关键技术。

3. 1996—2005 年：制定具有中国特色的科技计划体系

1996—2005 年，社会的发展对科技政策提出的要求不断提高，科技创新进入调整创新阶段。1995 年，江泽民同志提出科教兴国战略，强调创建国家体系，促进科技成果转化。"985 工程"进一步推进企业和高校创新体系建设，为国家输送人才提供原动力。我国在这一阶段建立科技计划体系，将以前的纯项目计划转为将项目、人才、基地能力建设与体制机制环境建设紧密结合，制定了具有中国特色的科技计划体系，即"3+2"计划体系，即由国家高技术研究发展计划、国家科技攻关计划、国家重点基础研究发展计划3个计划，研究开发条件建设计划和科技产业化环境建设计划2个环境建设计划组成，侧重对实验室、研究中心、科技平台、科技园的建设，目的是加大对科技成果的输出。不同科技计划支持的重点产业也不同。例如，"973计划"是围绕能源、材料、健康等领域的研究，科技兴贸计划重点支持生物医药、电子和家电产业发展。

这一时期国际科技创新体系要素与外界的联系和互动增多。2001年，我国加入了WTO，在竞争激烈的国际形势之下，国家注重创新文化的建设，初步建立了国家的科技创新体系，形成了政府、企业、高校、科研院所"四位一体"的局面。

4. 2005年至今：三个五年科学技术发展规划

结合我国的国情和全球化的发展趋势，党和国家对科技政策做了诸多调整。党的十七大强调自主创新和创新型国家的建立，党的十八大强调科学发展观，注重对人的关怀，关注人民福祉，构建绿色科技。党的十九大强调着力加快科技创新，加快建设创新型国家。第一，"十一五"科技规划坚持"自主创新，重点跨越，支撑发展，引领未来"的指导方针，提出八个方面的重点任务；"十二五"科技规划以科学发展为主题，以提升自主创新能力为核心，提出九个方面的重点任务；"十三五"科技规划把创新摆在国家发展全局的核心位置，以支撑供给侧结构性改革为主线，着力推进大众创业、万众创新。三个五年科学技术发展规划层层深入调整，逐步完善我国的科技创新体系。第二，科研经费方面，国家加大对高校、企业、科研机构的政府投入和监管力度，促进产学研结合，鼓励其共同制定行业标准；发挥财政资金的引导作用，建立多元奖助体系，为科研人员创办企业和潜心研究营造良好的条件。第三，科技税收政策方面，国家为鼓励企业对自主创新成果的资本化和产业化，对新产品、新工艺、新技术等研发费用在企业应纳所得中加计扣除；加大对信息产业、新能源产业、新材料产业、文化创意产业等重点产业税收减免的力度和范畴。第四，科技与金融结合，营造市场环境。各地政府设立了创业投资母基金，支持科技型企业创业风险投资。国家通过建立"新三板"、科创板、地方股权交易所、发行中小企业集合债等方式，促进科技型企业股权融资和债券融资，推动企业创新。

改革开放之后，我国科技政策的演变从思想的转变开始，确立科学技术是第一生产力，到国家科学技术体系探索、重建、改革、调整，法律法规的不断完善，表明科技创新在国与国之间竞争中的重要性，为粤港澳大湾区的发展提供前提条件。科技创新政策与经济政策协同发展、政府导向与市场导向共同推进、单项政策向政策组合发展是我国科技创新政策的演变特点。引导社会各类资源集聚新一代信息技术、高端装备、新材料、生物医药等战略重点，这有利于优化粤港澳大湾区的产业规划和布局，创造新的经济增长点。

第三节　产业发展与科技创新的现状

粤港澳大湾区的产业结构经过了由低级向高级的转变，自 20 世纪 90 年代以来，以林、牧、渔为主的第一产业比重一直在下降，以科技服务为主的第三产业一直在高位呈现出缓慢波动的趋势。这与我国改革开放、深港合作加深以及粤港澳大湾区各经济主体寻求科技技术创新有着密不可分的关系。

一、产业发展的现状

经过多年的发展，粤港澳大湾区的产业发展总体上已经形成了"第三产业比重>第二产业比重>第一产业比重"的格局，这与后续所介绍的东京湾区的产业发展总体格局保持一致。如图 3-6 所示，1994 年，粤港澳大湾区第一产业、第二产业、第三产业占比分别为 2.10%、22.39% 和 75.51%。其后，第一产业比重呈现下降趋势，2017 年下降到 1.18%。第二产业比重和第三产业比重分别呈上升与下降趋势。具体来说，第二产业比重 1994 年时为 22.39%，在 2016 年时虽有小幅度下降，但 2017 年时已经上升为 32.99%，增幅约 47%；第三产业比重在 1994—2017 年的这段时间，降幅约 12%，其中 2016 年时有小幅度回升。下面我们分别分析各个产业中的产业结构变化。

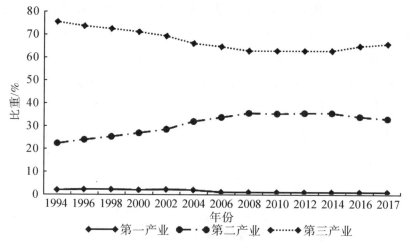

图 3-6　1994—2017 年粤港澳大湾区三次产业结构

数据来源：《广州统计年鉴》《深圳统计年鉴》《珠海统计年鉴》《佛山统计年鉴》《惠州统计年鉴》《东莞统计年鉴》《中山统计年鉴》《江门统计年鉴》《肇庆统计年鉴》《香港统计年刊》和《澳门统计年鉴》。其中，香港与澳门的相关金额数据已通过各年平均汇率折算成人民币。

1. 第一产业

1994—2017 年粤港澳大湾区第一产业比重、增加值及区域内贡献如图 3-7 所示。可以看出，粤港澳大湾区"9+2"城市在第一产业比重方面除了澳门的比重一直是 0 之外，其他各城市整体呈下降趋势。1994 年，第一产业比重占比最高的是肇庆（41.04%），之后是惠州（19.01%）与江门（16.43%），广州（6.15%）位居第 8，深圳（2.11%）位居第 9，香港（0.18%）位居第 10。23 年后的 2017 年，这个顺序略发生了改变，但是位列前三的还是肇庆（15.48%）、江门（6.96%）和惠州（4.35%），只是江门和惠州的顺序有所变化。广州、深圳、香港的比重分别下降到 1.03%、0.09%、0.07%，但是比重最低的已经不是香港，而是东莞，下降幅度约 96%，产业转型特征突出。

2017 年，粤港澳大湾区第一产业增加值（见图3-7），贡献最大的是肇庆（增加值 326.6 亿元，占比 27%），之后是广州、江门与惠州。深圳与香港的增加值分别为 19.6 亿元与 15 亿元，区域内贡献度分别为 2% 与 1%。从图 3-7 可以看出，广州第一产业比重虽然这些年呈下降趋势并在 2017 年时占比很低，但是其增加值与区域内贡献度比较高，深圳与香港第一产业比重、增加值与区域内贡献度基本相当。

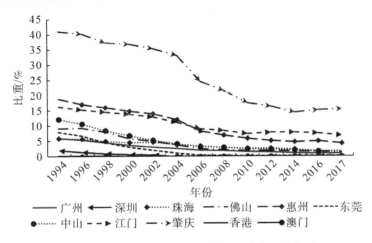

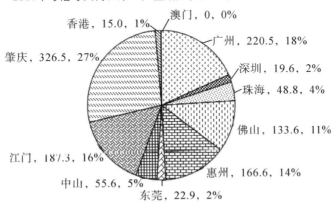

图 3-7　1994—2017 年粤港澳大湾区第一产业比重、增加值及区域内贡献

数据来源：《广州统计年鉴》《深圳统计年鉴》《珠海统计年鉴》《佛山统计年鉴》《惠州统计年鉴》《东莞统计年鉴》《中山统计年鉴》《江门统计年鉴》《肇庆统计年鉴》《香港统计年刊》和《澳门统计年鉴》。其中，香港与澳门的相关金额数据已通过各年平均汇率折算成人民币。

我们选取 2017 年第一产业比重排名第 1 与第 2 的肇庆与江门，根据统计
年鉴中针对农业的分类，来具体分析行业细分。如图 3-8 所示，肇庆的种植
业增加值从 2010 年的 130.5 亿元，已经提升到 2017 年的 232.4 亿元，涨幅约
78%；另外，林业、牧业、渔业也均有一定的涨幅。江门的种植业、林业、
牧业、渔业增加值从 2010 年开始到 2017 年为止逐年提高。其中，种植业涨
幅最大（约 79%），渔业涨幅约 60%，种植业和渔业 2017 年增加值分别达到
116.7 亿元与 127.9 亿元。

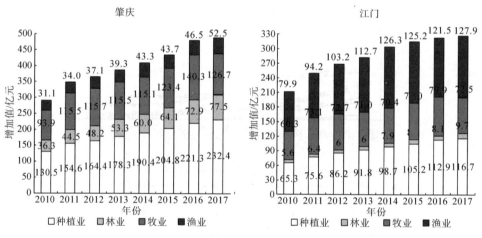

图 3-8　2010—2017 年肇庆、江门农业各行业增加值

数据来源：《肇庆统计年鉴》《江门统计年鉴》。

2. 第二产业

1994—2017 年粤港澳大湾区第二产业比重、增加值及区域内贡献如图 3-9
所示。1994 年，第二产业比重最高的是佛山（56.45%），之后是东莞、深圳、
珠海，并且这几个城市第二产业的比重都超过了 50%。香港与澳门第二产业
的比重分别为 15.28% 与 14.49%。经过 20 余年的发展，佛山、惠州、中山、
江门、肇庆第二产业的比重有不同幅度提升，其中肇庆增幅最大，约为 44%。
其他各城市第二产业的比重均有所降低。比如深圳第二产业的比重降低到
41.43%，香港与澳门第二产业的比重分别降低到 7.52% 与 5.06%，其中澳门
的降幅最大，约为 65%。2017 年，第二产业比重最高的依旧是佛山（57.72%），
之后是惠州（52.66%）与中山（50.29%）。

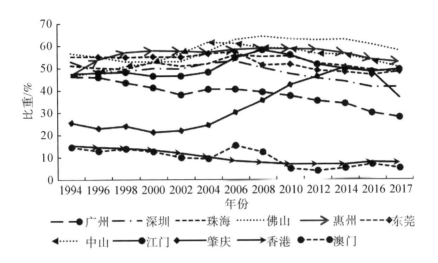

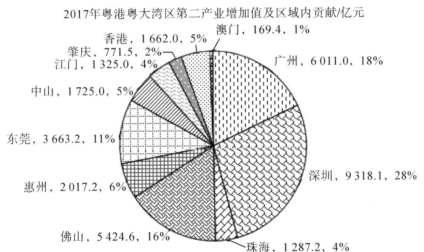

图 3-9 1994—2017 年粤港澳大湾区第二产业比重、增加值及区域内贡献

数据来源：《广州统计年鉴》《深圳统计年鉴》《珠海统计年鉴》《佛山统计年鉴》《惠州统计年鉴》《东莞统计年鉴》《中山统计年鉴》《江门统计年鉴》《肇庆统计年鉴》《香港统计年刊》和《澳门统计年鉴》。其中，香港与澳门的相关金额数据已通过各年平均汇率折算成人民币。

从图 3-9 可以看出，2017 年，粤港澳大湾区各城市第二产业增加值及区域内贡献中，深圳（9 318.1 亿元、28%）、广州（6 011.0 亿元、18%）、佛山（5 424.6亿元、16%）位列前三名，澳门的第二产业增加值及区域内贡献最低，仅有169.4亿元的增加值，区域内贡献占比仅为1%。

图3-10展示了2017年粤港澳大湾区第二产业比重最高的佛山与第二产业比重位列第2的惠州的第二产业中各行业的增加值情况。无论是佛山还是惠州，制造业均是第二产业的主力军。2017年，佛山制造业的增加值为20 312.0亿元，占全行业比约96%；惠州制造业的增加值为7 788.6亿元，占比约93%。除了制造业之外，电力、燃气及水的生产和供应业紧跟其后，之后是建筑业与采矿业。从2010—2017年的发展来看，惠州第二产业各行业整体呈增长态势，增幅均超过100%；佛山除了制造业之外，在电力、燃气及水的生产和供应业、建筑业方面增长幅度不如惠州大，并且采矿业呈下降趋势，下降幅度约34%，2017年增加值为4.3亿元。

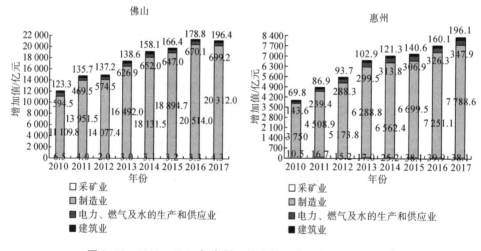

图3-10　2010—2017年惠州、佛山第二产业各行业增加值①

数据来源：《肇庆统计年鉴》《江门统计年鉴》。

3. 第三产业

1994—2017年粤港澳大湾区第三产业比重、增加值及区域内贡献如图

---

① 由于统计年鉴仅统计了规模以上工业企业分行业的数据，因此这里的采矿业、制造业、电力、燃气及水的生产和供应业的数据采自规模以上工业企业。

3-11 所示。可以看出，这 20 余年间，粤港澳大湾区"9+2"城市第三产业比重无一例外均有增长，增幅最大的是广州，增幅约为 49%，之后是肇庆（43%）、东莞（39%）、深圳（30%），澳门的增幅约 11%，香港的增幅仅为9.3%，增幅最小。

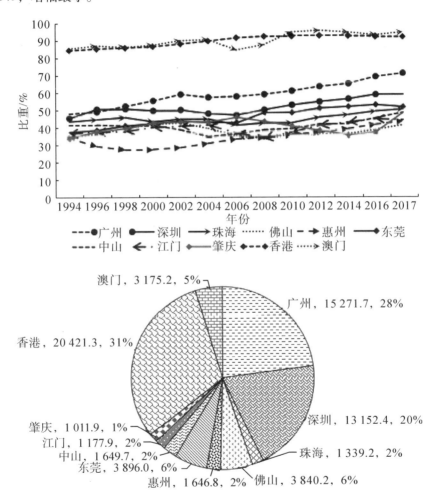

图 3-11　1994—2017 年粤港澳大湾区第三产业比重、增加值及区域内贡献

数据来源：《广州统计年鉴》《深圳统计年鉴》《珠海统计年鉴》《佛山统计年鉴》《惠州统计年鉴》《东莞统计年鉴》《中山统计年鉴》《江门统计年鉴》《肇庆统计年鉴》《香港统计年刊》和《澳门统计年鉴》。其中，香港与澳门的相关金额数据已通过各年平均汇率折算成人民币。

关于粤港澳大湾区第三产业增加值及区域内贡献的情况，2017 年，香港第三产业增加值为 20 421.3 亿元，区域内贡献占比达到 31%，位列第 1。虽然香港在这几年第三产业增加值增幅较小，但是依旧在第三产业方面占据领先地位。第三产业增加值与区域内贡献比较大的是广州（15 271.7 亿元，23%）与深圳（13 152.4 亿元，20%）。

虽然澳门第三产业增加值与区域内贡献（3 175.2 亿元，5%）均不突出，但是对于澳门自身来说，第三产业占比有绝对优势。我们以香港与澳门为例，进行第三产业各行业增加值的分析（见图 3-12）。2017 年，香港第三产业中金融及保险增加值为 4 822 亿港元，位居第 1，之后分别是公共行政、社会及

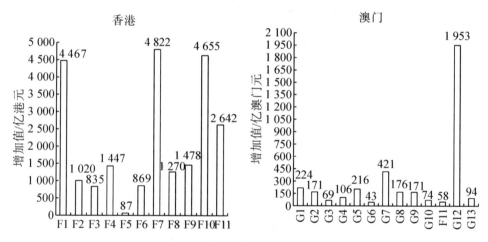

图 3-12　2017 年香港、澳门第三产业各行业增加值①

数据来源：《香港统计年刊》《澳门统计年鉴》。

---

① 此处为了方便制图，香港第三产业的不同行业分别用 F1~F11 代码表示，F1 代表进出口贸易，F2 代表批发与零售，F3 代表住宿及膳食服务，F4 代表运输及仓库，F5 代表邮政及速递服务，F6 代表资讯及通信，F7 代表金融及保险，F8 代表地产，F9 代表专业及商用服务，F10 代表公共行政、社会及个人服务，F11 代表楼宇业权；澳门第三产业的不同行业分别用 G1~G11 代码表示，G1 代表批发及零售业，G2 代表酒店业，G3 代表饮食业，G4 代表运输、仓储及通信业，G5 代表银行，G6 代表保险及退休基金，G7 代表不动产业务，G8 代表租赁及向企业提供的服务，G9 代表公共行政，G10 代表教育，G11 代表医疗卫生及社会福利，G12 代表博彩业，G13 代表其他团体、社会及个人服务与雇用佣人的家庭。

个人服务（4 655 亿港元）、进出口贸易（4 467 亿港元）、楼宇业权（2 642亿港元）。2017 年，澳门第三产业中博彩业（1 953 亿澳门元）增加值位居第 1，其他行业的增加值并不突出，不动产业务与批发及零售业的增加值虽然位于第 2 和第 3，但是增加值的金额相比博彩业还是较小。众所周知，澳门主要是靠博彩业为产业支撑，这和数据分析保持一致。

二、科技创新的现状

科技创新是指科学技术和发明创造在生产体系中创造出新价值的过程，其结果不只是知识和技术上的革新，更重要的是为社会各主体创造出价值①。一个区域内科技创新能力的直接表现形式就是科技创新成效，而科技创新成效往往是由科技创新投入和科技创新产出决定的。本书将从科技创新投入和科技创新产出两个方面对粤港澳大湾区科技创新现状进行分析。

1. 科技创新投入

科技创新投入分为人力资源投入和资金投入，其中人力资源作为科技创新的主体，是支配并运用其他科技资源创造出知识、技术，并进一步创造社会经济价值的关键，因此，科技人力资源的拥有量对于一个地区的科技创新能力和水平具有决定性的作用。本书主要从粤港澳大湾区研发人员（R&D 人员）入手来分析该区域研发活动人力资源投入现状。

（1）R&D 人员投入。R&D 人员是指直接从事研发活动的人员以及直接为研发活动提供服务的管理人员、行政人员和办事人员②，是科技创新活动的实际承担者。其数量与该区域创新水平息息相关。考虑到数据的可获取性，图3-13 只列出了 2017 年粤港澳大湾区研发人员及规模以上工业企业研发人员数量。

---

① 张来武. 科技创新驱动经济发展方式转变［J］. 中国软科学，2011（12）：1-5.
② 国家统计局社会科技和文化产业统计司、科学技术部创新发展司. 中国科技统计年鉴［M］. 北京：中国统计出版社，2017.

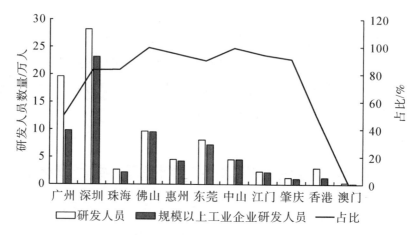

图 3-13　2017 年粤港澳大湾区研发人员及规模以上工业企业研发人员

数据来源：广东统计信息网、国研网。其中，香港和澳门的 R&D 人员
采用的是全时人员（全日制）的数据，并且使用的是企业数据来代替规模
以上工业企业。

　　可以看出，2017 年粤港澳大湾区研发人员数量已达 84 万人以上。其中，规模以上工业企业研发人员达到 65.91 万人，约占据总研发人员的 78.46%，工业企业在湾区科技创新过程中发挥着重要的作用。从湾区内部各个城市看，深圳不管是总研发人员（28.14 万人）还是规模以上工业企业研发人员（23.24 万人），都是最多的，居于湾区首位。其次是广州，总研发人员和规模以上工业企业研发人员分别为 19.57 万人和 9.79 万人。倒数两位的分别是肇庆（总研发人员和规模以上工业企业研发人员分别为 1.29 万人和 1.16 万人）和澳门（总研发人员和规模以上工业企业研发人员分别为 0.32 万人和 0.002 万人），科技创新动力有待进一步增强。2017 年，规模以上工业企业研发人员占总研发人员的比例在 80% 以上的城市有 8 个，分别是深圳（82.59%）、珠海（83.40%）、佛山（98.91%）、惠州（94.20%）、东莞（89.67%）、中山（98.96%）、江门（93.63%）和肇庆（90.25%），工业企业在科技创新中占据着主导地位。

图 3-14 展示的是 2010—2018 年粤港澳大湾区规模以上工业企业研发人员的发展状况。可以发现，2010 年以来，粤港澳大湾区规模以上工业企业研发人员整体上呈现逐年递增的态势，从 2010 年的 35.1 万人上升到 2018 年的 76.37 万人，9 年间增加了 41.27 万人，增加了 1 倍以上。从湾区内部各城市看，2010—2018 年，规模以上工业企业研发人员增加幅度最大的是深圳，9 年间增加了 12.93 万人，约占湾区规模以上工业企业研发人员总增加人数的 1/3。这主要得益于深圳之前一系列具创新性的人才吸引政策以及科技基础与应用研究的相关政策扶持。除澳门外，规模以上工业企业研发人员增加幅度最低的是香港，9 年间仅增加了约 0.23 万人，远低于湾区内其他城市（广州 4.83 万人、珠海 2.05 万人、佛山 5.24 万人、惠州 4.07 万人、东莞 7.59 万人、中山 1.60 万人、江门 2.12 万人、肇庆 0.62 万人）。

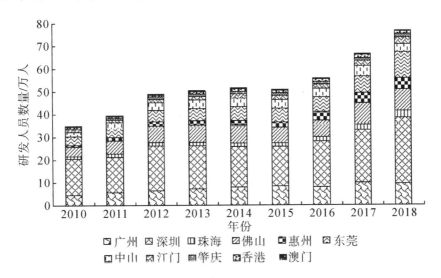

图 3-14　2010—2018 年粤港澳大湾区规模以上工业企业研发人员

数据来源：广东统计信息网、国研网。其中，香港和澳门的 R&D 人员采用的是全时人员（全日制）的数据，并且使用的是企业数据来代替规模以上工业企业。

（2）研发经费投入。科学研究与试验发展是取得科技创新的关键一环，而研发投入是科学研究与试验发展的重要基石。研发经费（R&D 经费）支出是指报告期内用于研究与发展课题活动（基础研究①、应用研究②、试验发展③）的全部实际支出。R&D 经费包括直接用于 R&D 项目（课题）活动的支出，间接用于 R&D 活动的管理费、服务费，与 R&D 有关的基本建设支出以及外协加工费④等。R&D 经费不包括生产性活动支出、归还贷款支出以及与外单位合作或委托外单位进行 R&D 活动而转拨给对方的经费支出。

图 3-15 反映的是 2010—2018 年粤港澳大湾区研发经费投入的相关情况。可以看出，2010—2018 年，粤港澳大湾区 R&D 经费投入呈现逐年上升的趋势，在全国保持着领先地位，2018 年达到 2 800.37 亿元，总量居于全国首位，远高于北京（1 870.77 亿元）、上海（1 316 亿元）等发达地区。同样，2010—2018 年，粤港澳大湾区 R&D 经费占 GDP 的比重呈现上升趋势，2018 年占比达到 2.58%，较 2017 年提高了 0.21 个百分点。就湾区内部各个城市看，深圳 R&D 经费投入遥遥领先于其他城市，从 2010 年的 333.31 亿元上升到 2018 年的 1 163.54 亿元，9 年间增加了 830.23 亿元。澳门 R&D 经费投入始终保持着较低水平，2018 年仅为 6.13 亿元，这与澳门主要发展博彩业有很大关系。其他城市除广州（600.17 亿元）外，如佛山、东莞和香港，它们 2018 年的 R&D 经费投入均在 300 亿元以下，其余城市 2018 年的 R&D 经费投入则在 100 亿元以下，粤港澳大湾区内部各城市 R&D 经费投入差距明显。

---

① 基础研究是指为了获得关于现象和可观察事实的基本原理的新知识（揭示客观事物的本质、运动规律，获得新发现、新学说）而进行的实验性或理论性研究，它不以任何专门或特定的应用或使用为目的。其成果以科学论文和科学著作作为主要形式。基础研究用来反映知识的原始创新能力。
② 应用研究是指为获得新知识而进行的创造性研究，主要针对某一特定的目的或目标，是为了确定基础研究成果可能的用途，或是为达到预定的目标探索应采取的新方法（原理性）或新途径。其成果形式以科学论文、专著、原理性模型或发明专利为主。应用研究用来反映对基础研究成果应用途径的探索。
③ 试验发展是指利用从基础研究、应用研究和实际经验所获得的现有知识，为产生新的产品、材料和装置，建立新的工艺、系统和服务以及对已产生和建立的上述各项作实质性的改进而进行的系统性工作。
④ 外协加工是指本单位因为设备或技术上的不足，独立完成某项整体制造加工任务有困难，或者达到相同质量要求所需费用更高，为了确保任务按时完成及降低成本，充分利用社会存量资源，向外地（外单位）订购或定做部分零部件或半成品。

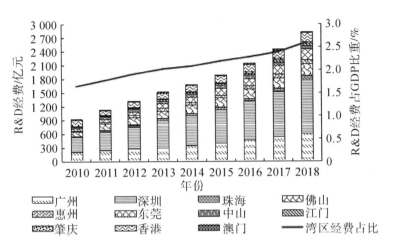

图 3-15　2010—2018 年粤港澳大湾区研发经费投入

数据来源：《广州统计年鉴》《深圳统计年鉴》《珠海统计年鉴》《佛山统计年鉴》《惠州统计年鉴》《东莞统计年鉴》《中山统计年鉴》《江门统计年鉴》《肇庆统计年鉴》《香港统计年刊》《澳门统计年鉴》及国研网。其中，香港与澳门的相关金额数据已通过各年平均汇率折算成人民币。

　　从粤港澳大湾区内部各城市的 R&D 经费投入强度来看，如图 3-16 所示，总的来说，从纵向对比，2010—2018 年，大部分城市的 R&D 经费投入强度（如广州、深圳、珠海、佛山、东莞、江门）均呈现逐年递增的趋势，小部分城市的 R&D 经费投入强度（如肇庆、香港、澳门）保持着平稳的态势，肇庆的 R&D 经费投入强度在［0.6%，1.2%］波动，香港的 R&D 经费投入强度在［0.7%，0.9%］波动，澳门的 R&D 经费投入强度始终低于 0.3%。惠州在 2010 年 R&D 经费投入强度是最大的，达到 3.14%，2011 年突然下降为 1.58%，其后均在 2.0% 左右的水平波动，中山则相反，2010—2017 年 R&D 经费投入强度呈上升趋势，2018 年突然下降为 1.68%。从横向对比，粤港澳大湾区内部各城市的 R&D 经费投入强度差距也比较大，2010—2018 年，深圳的 R&D 经费投入强度均在 3.0%，归纳为第一层次；广州、珠海、佛山、惠州、东莞、中山和江门 7 个城市的 R&D 经费投入强度均在 1.0%～3.0%，归纳为第二层次；肇庆、香港和澳门的 R&D 经费投入强度均在 1.0% 以下，归纳为第三层次。三个层次的归类反映了粤港澳大湾区内部各城市的 R&D 经费投入强度存在着明显的差距，粤港澳大湾区科技创新协同发展仍有较大困难。

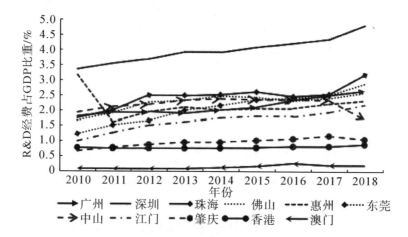

图 3-16 2010—2018 年粤港澳大湾区研发经费投入占 GDP 比重

数据来源：《广州统计年鉴》《深圳统计年鉴》《珠海统计年鉴》《佛山统计年鉴》《惠州统计年鉴》《东莞统计年鉴》《中山统计年鉴》《江门统计年鉴》《肇庆统计年鉴》《香港统计年刊》《澳门统计年鉴》及国研网。其中，香港与澳门的相关金额数据已通过各年平均汇率折算成人民币。

从粤港澳大湾区规模以上工业企业 R&D 经费投入看，如图 3-17 所示，2010—2018 年，与总 R&D 经费投入一样，粤港澳大湾区规模以上工业企业 R&D 经费投入不断增加，从 2010 年的 703.45 亿元增加到 2018 年的 2 105.36 亿元，9 年间增加了 1 401.91 亿元，占同期总 R&D 经费投入增加数值（1 914.95 亿元）的 73.21%。另外，规模以上工业企业 R&D 经费投入占粤港澳大湾区总 R&D 经费投入的比重随着时间的推移呈现倒 "V" 形的结构，比重的高峰值出现在 2014 年，尽管其后比重呈现下降趋势，但仍保持着 75% 以上的较高水平，这再次验证了工业企业在粤港澳大湾区科技创新过程中占据着无法替代的重要位置。从粤港澳大湾区内部各个城市看，2010—2018 年，深圳规模以上工业企业 R&D 经费投入远高于其他城市，2018 年占粤港澳大湾区规模以上工业企业 R&D 经费投入比重的 45.99%。同理，根据各城市规模以上工业企业 R&D 经费投入占粤港澳大湾区比重可划分为三个梯队。第一梯队为深圳，占比达到 40% 以上，远高于其他城市；第二梯队为广州和佛山，占比在 10%~20%；第三梯队为珠海、惠州、东莞、中山、江门、肇庆、香港和澳门，占比均在 10% 以下。

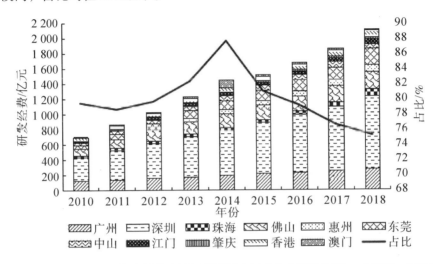

图 3-17　2010—2018 年粤港澳大湾区规模以上工业企业研发经费　（单位：亿元）

数据来源：《广州统计年鉴》《深圳统计年鉴》《珠海统计年鉴》《佛山统计年鉴》《惠州统计年鉴》《东莞统计年鉴》《中山统计年鉴》《江门统计年鉴》《肇庆统计年鉴》《香港统计年刊》《澳门统计年鉴》及国研网。其中，对香港与澳门使用企业数据来代替规模以上工业企业数据，并且相关金额已通过各年平均汇率折算成人民币。

2. 科技创新产出

科技创新产出既包括效益性产出，也包括技术性产出。效益性产出可以用新产品产值、新产品销售收入和新产品出口额等指标表示，技术性产出可以用专利和商标等指标表示。

（1）新产品。根据《中国科技统计年鉴》上的定义，新产品是指采用新技术原理和新设计构思研制、生产的全新产品，或者在结构、材质、工艺等某一方面比原有产品有明显改进，从而显著提高了产品性能或强化了使用功能的产品，既包括政府有关部门认定并在有效期内的新产品，也包括企业自行研制开发，未经政府有关部门认定，从投产之日起一年之内的新产品。新产品用来反映科技产出及对经济增长的直接贡献。考虑到香港和澳门相关指标获取的困难，表 3-4 只给出了粤港澳大湾区 9 个城市的相关数据。

表 3-4　粤港澳大湾区规模以上工业企业新产品产出情况①　单位：亿元

地区	2012 年			2015 年			2018 年		
	新产品产值	新产品销售收入	新产品出口	新产品产值	新产品销售收入	新产品出口	新产品产值	新产品销售收入	新产品出口
广州	2 238.38	2 218.45	214.37	3 319.18	3 352.43	284.45	4 840.70	4 852.22	638.61
深圳	6 222.65	6 207.68	3 998.32	8 871.95	8 713.43	4 474.03	12 842.02	12 051.22	4 721.01
珠海	727.91	734.66	221.94	1 103.52	1 029.26	215.32	1 520.50	1 418.02	459.20
佛山	1 909.29	1 851.05	411.89	2 533.05	2 478.24	634.44	4 098.19	4 040.50	866.36
惠州	1 547.51	1 546.90	359.35	1 842.66	1 839.02	433.87	3 001.45	2 854.86	1 081.60
东莞	864.38	838.59	346.67	2 474.64	2 421.56	791.75	7 958.03	9 009.68	1 441.75
中山	812.34	653.51	138.64	913.20	871.97	251.38	1 132.68	1 130.70	363.22
江门	323.75	323.27	105.74	513.77	485.22	172.67	1 125.85	1 108.44	292.48
肇庆	160.65	147.45	24.42	305.89	297.00	19.37	469.80	458.82	39.44
合计	14 806.86	14 521.56	5 821.34	21 877.86	21 488.13	7 277.07	36 989.22	36 923.86	9 903.67

数据来源：《广州统计年鉴》《深圳统计年鉴》《珠海统计年鉴》《佛山统计年鉴》《惠州统计年鉴》《东莞统计年鉴》《中山统计年鉴》《江门统计年鉴》《肇庆统计年鉴》。

可以看出，以 2012 年为基期，2015 年和 2018 年粤港澳大湾区 9 个城市新产品产值分别为 21 877.86 亿元和 36 989.22 亿元，比 2012 年分别增长了 47.75% 和 149.81%；新产品销售收入分别为 21 488.13 亿元和 36 923.86 亿元，比 2012 年分别增长了 47.97% 和 154.27%；新产品出口分别为 7 277.07 亿元和 9 903.67 亿元，比 2012 年分别增长了 25.01% 和 70.13%。总的来说，三项指标中增长最快的是新产品销售收入，说明科技创新成果能够推向社会，即市场化和商业化的能力在不断增强；三项指标中增长最慢的是新产品出口，

① 由于香港和澳门未对规模以上工业企业新产品产出情况进行公布，因此表 3-4 仅给出粤港澳大湾区中的广州、深圳、珠海、佛山、惠州、东莞、中山、江门和肇庆 9 个城市的相关数据。

说明科技创新成果推向国际市场的能力还有待进一步提升。

从粤港澳大湾区各地来看，只有东莞三项指标中增长趋势与粤港澳大湾区 9 个城市相一致，其他城市除珠海和肇庆外（2015 年较 2012 年新产品出口稍有减少），2012—2018 年新产品产值、新产品销售收入和新产品出口均有所增加，但不同指标的增长幅度差异较大。深圳新产品产值的增长最快（2015 年与 2018 年比 2012 年分别增长 42.58% 和 106.38%）；惠州和中山新产品出口的增长最快（惠州 2015 年与 2018 年比 2012 年分别增长 20.74% 和 200.99%，中山 2015 年与 2018 年比 2012 年分别增长 81.17% 和 161.99%）；广州、佛山和江门则呈现不规则的变化趋势（广州 2015 年新产品销售收入增长最快，2018 年新产品出口增长最快；佛山则与广州相反；江门 2015 年新产品销售收入增长最快，2018 年新产品产值增长最快）。

（2）专利。专利是指为了保护和鼓励发明、创造，进而推动科技和社会经济进步，在法律上赋予专利发明者一定年限内独占的权利。专利可以转化为生产力，进而为专利所属的个人或单位带来一定的经济回报；在行业内甚至社会上，能产生技术创新的氛围，推动科技创新的发展。专利指标是评价一个地区科技产出、市场竞争力的重要指标，用来衡量该地区的科技创新水平和自主创新能力。

专利是科技创新最直接的成果，是 R&D 创新投入中的应用技术研究和试验开发的直接产出。专利申请量反映了一个地区技术创新的活跃程度及专利发明者申请专利的积极性。专利授权是指知识产权局对于通过相关审查的专利，颁发专利证书，授予申请人专利权。专利授权量是指授予专利的数量。我国专利分为发明、实用新型和外观设计三种。国内专利申请是指来自中国内地和港澳台地区的专利申请。

从专利申请量占比来看，如表 3-5 所示，粤港澳大湾区中深圳的国内专利申请量的占比始终为粤港澳大湾区第 1 名，占比在 30% 以上，但是这个占比基本上在逐年递减。相反，广州的国内专利申请占比却在逐年增加，从 2006 年的 15% 增加到 2018 年的 24%。从表 3-5 可以看出，广东 9 市专利申请量占粤港澳大湾区的比重基本在 96% 以上，2018 年占比已达到 99%，香港和澳门专利申请量之和占比约 1%。

表 3-5 2006—2018 年粤港澳大湾区各城市国内专利申请量占比   单位:%

地区	时间						
	2006 年	2008 年	2010 年	2012 年	2014 年	2016 年	2018 年
香港	3	3	2	2	1	1	1
澳门	0	0	0	0	0	0	0
广州	15	15	15	16	18	23	24
深圳	35	38	36	35	33	34	32
珠海	3	2	3	3	4	4	4
佛山	23	14	13	11	12	7	12
惠州	1	1	2	5	7	6	3
东莞	12	15	16	14	11	13	13
中山	5	7	9	9	10	8	7
江门	4	4	4	4	3	3	3
肇庆	0	0	1	1	1	1	1
广东省 9 个市	97	97	98	98	99	99	99

注：由于数值设定，个别城市的专利申请量过少则显示占比为 0；因四舍五入，求和数据有偏差。
数据来源：国家统计局、国家知识产权局。

总的来说，粤港澳大湾区科技创新成效显著。如图 3-18 所示，随着时间的推移，专利申请量与专利授权量的变化趋于一致，2006 年以来两者之间的差距越来越大，这从侧面反映了我国国内专利申请的相关审查变得越来越严格，专利的质量得到了进一步的保证。

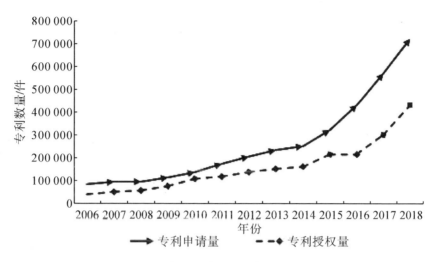

图 3-18　2006—2018 年粤港澳大湾区专利申请量与专利授权量

数据来源：国家统计局、国家知识产权局。

如表 3-6 所示，从专利申请量的三种类型看，以 2010 年为基期，2015 年和 2018 年粤港澳大湾区发明专利分别为 100 622 件和 208 972 件，比 2010 年分别增长了 1.52 倍和 4.23 倍；实用新型专利分别为 124 882 件和 340 647 件，比 2010 年分别增长了 1.76 倍和 6.53 倍；外观设计专利分别为 97 185 件和 173 464 件，比 2010 年分别增长了 84.65% 和 2.30 倍。从专利授权量的三种类型看，2015 年和 2018 年发明专利分别为 32 932 件和 52 175 件，比 2010 年分别增长了 1.42 倍和 2.83 倍；实用新型专利分别为 97 461 件和 250 736 件，比 2010 年分别增长了 1.33 倍和 5.01 倍；外观设计专利分别为 85 889 件和 129 469 件，比 2010 年分别增长了 60.42% 和 141.81%。总的来说，专利申请量中实用新型专利的增长最快，专利授权量中 2015 年为发明专利的增长最快，2018 年为实用新型专利的增长最快，这两个方面共同反映了粤港澳大湾区科技创新的数量和质量在不断提升。

表 3-6　2010 年、2015 年和 2018 年粤港澳大湾区三种专利申请量和授权量

数量单位：件

地区	专利申请量								
	2010 年			2015 年			2018 年		
	发明	实用新型	外观设计	发明	实用新型	外观设计	发明	实用新型	外观设计
粤港澳大湾区	39 932	45 259	52 631	100 622	124 882	97 185	208 972	340 647	173 464
香港	788	818	1 374	1 001	881	1 437	1 593	1 553	1 976
澳门	14	11	7	26	35	152	96	136	66
广州	6 503	7 141	7 159	20 071	24 723	18 501	50 169	79 598	43 357
深圳	23 955	15 113	10 354	40 032	41 641	23 826	69 970	100 992	57 647
珠海	847	1 765	942	4 420	5 377	1 537	13 139	15 133	2 895
佛山	2 182	6 312	9 358	11 507	16 265	12 024	29 709	40 723	18 963
惠州	823	1 352	714	4 600	5 991	10 817	5 222	11 755	4 666
东莞	3 143	7 677	10 834	11 166	17 567	9 361	24 674	56 089	16 267
中山	985	3 333	7 714	4 867	8 169	14 827	8 165	20 914	19 962
江门	531	1 403	3 911	2 438	3 098	3 988	4 089	9 648	6 011
肇庆	161	334	264	494	1 135	715	2 146	4 106	1 654
广东省 9 个市	39 130	44 430	51 250	99 595	123 966	95 596	207 283	338 958	171 422
广东省 9 个市占比/%	97.99	98.17	97.38	98.98	99.27	98.36	99.19	99.50	98.82
地区	专利授权量								
	2010 年			2015 年			2018 年		
	发明	实用新型	外观设计	发明	实用新型	外观设计	发明	实用新型	外观设计
粤港澳大湾区	13 633	41 753	53 541	32 932	97 461	85 889	52 175	250 736	129 469
香港	310	743	1 548	621	802	1 517	496	1 073	1 573
澳门	5	21	8	17	20	105	20	55	50
广州	1 990	6 152	6 949	6 619	17 266	15 949	10 797	51 307	27 722
深圳	9 611	14 265	11 076	16 957	33 107	22 055	21 310	75 543	43 353
珠海	201	1 597	970	1 240	4 021	1 529	3 452	11 174	2 464
佛山	683	5 872	10 395	2 150	13 912	11 468	5 058	30 139	15 816
惠州	44	992	592	868	4 632	4 297	1 445	9 661	3 599
东莞	442	7 529	12 426	2 795	14 074	9 951	6 716	46 519	12 750
中山	165	2 914	5 459	992	6 338	14 868	1 875	15 474	16 765
江门	151	1 383	3 884	508	2 404	3 474	712	7 219	4 342
肇庆	31	285	234	165	885	676	294	2 572	1 035
广东省 9 个市	13 318	40 989	51 985	32 294	96 639	84 267	51 659	249 608	127 846
广东省 9 个市占比/%	97.69	98.17	97.09	98.06	99.16	98.11	99.01	99.55	98.75

数据来源：国家统计局、国家知识产权局。

从粤港澳大湾区各地来看，就专利申请量和专利授权量的三种类型方面，只有广州的专利增长趋势与粤港澳大湾区总体增长趋势保持一致。在专利申请量中，除东莞外（2015 年外观设计专利较 2012 年稍有减少），其他城市 2010—2018 年发明专利、实用新型专利和外观设计专利均有所增长，但不同指标的增长幅度差异较大。深圳实用新型专利的增长最快（2015 年与 2018 年比 2010 年分别增长 1.76 倍和 5.68 倍）；绝大部分城市（如香港、珠海、佛山、中山、江门和肇庆）均是发明专利的增长最快，只有澳门在外观设计专利增长方面最快。专利授权量中，除香港、澳门、东莞和江门外（香港、东莞和江门 2015 年外观设计专利较 2010 年稍有减少；澳门 2015 年实用新型专利较 2010 年稍有减少），其他城市三种类型的专利授权量均有所增长。其中，深圳实用新型专利的增长最快（2015 年与 2018 年比 2010 年分别增长 1.32 倍和 4.30 倍）；绝大部分城市（如珠海、佛山、惠州、中山和肇庆）同样在发明专利方面增长最快。

在专利合作条约（patent cooperation treaty，PCT）国际专利申请量方面，如图 3-19 所示，2010—2018 年，粤港澳大湾区 9 个城市中 PCT 国际专利申请量呈现深圳一家独大的局面，其 PCT 国际专利申请量在 2016 年达到最大值，为 19 648 件。总体上，虽然其他城市的 PCT 国际专利申请量也在增加，次于深圳的为东莞（2018 年 PCT 国际专利申请量为 2 698 件），广州紧随其后（PCT 国际专利申请量为 1 897 件），其余城市 PCT 国际专利申请量均在 1 000 件以下，甚至某些城市仅为几十件（如肇庆，2018 年 PCT 国际专利申请量为 38 件），各城市科技创新产出差距较大。

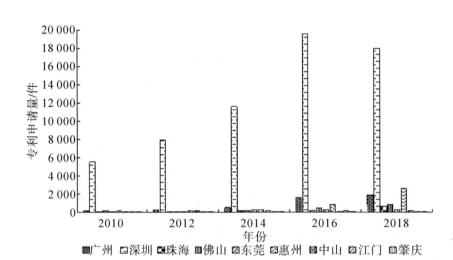

图 3-19　2010—2018 年粤港澳大湾区 PCT 国际专利申请量

数据来源：国家知识产权局。

（3）商标。商标是指区别企业之间的商品或服务的特殊标志。商标可以使用文字、图形、字母、数字、颜色、三维立体或其组合来进行表现，既可以是语音的，也可以是可视的。商品商标的实质内涵是商品或服务中的技术创新，在市场中体现为商品或服务的使用价值或社会价值，因此商标是企业将技术创新转化为市场竞争力的主要载体[①]。相比专利，商标在衡量创新方面具有很多优势，如商标的法律界定范围更清晰、所包含的创新内容更广泛、审批速度更快、与商业活动的联系更紧密等。

从总量上看，2010—2018 年，粤港澳大湾区的商标申请量、注册量与有效注册量均呈现逐年递增的趋势（见图 3-20）。粤港澳大湾区 2018 年的商标申请量是 1 430 146 件，同比增长 30.36%，相比 2010 年，增加 1 262 375 件，年平均增长率为 30.72%，表明粤港澳大湾区的市场和企业活跃度一直保持着强劲的上升趋势。粤港澳大湾区 2018 年商标注册量达到 951 222 件，同比增长 87.01%，相比 2010 年，增加 748 586 件，年平均增长率为 21.32%，表明

---

① 杨大楷，邵同尧.风险投资中的创新度量：指标、缺陷及最新进展 [J].经济问题探讨，2010（7）：62-66.

粤港澳大湾区商标申请的质量有所提升，市场和企业的创新水平进一步得到了提高。粤港澳大湾区 2018 年商标有效注册量是 3 345 815 件，同比增长 36.55%，相比 2010 年，增加 2 701 886 件，年平均增长率为 22.87%，说明 8 年来粤港澳大湾区企业科技创新的市场积累增长较快。

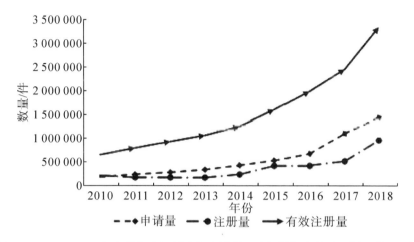

图 3-20　2010—2018 年粤港澳大湾区商标申请量、注册量与有效注册量（单位：件）

数据来源：国家知识产权局商标局。

从粤港澳大湾区各地区的比较看，如表 3-7 所示，2010—2018 年，广东省 9 个城市的商标申请量、注册量和有效注册量始终占据着粤港澳大湾区总量的 80% 以上。以 2010 年为基期，2015 年广东省 9 个城市商标申请量、注册量和有效注册量分别为 446 805 件、328 006 件、1 313 370 件，比 2010 年分别增长了 231.25%、95.85%、141.55%，2018 年分别为 1 260 918 件、804 662 件、2 829 734 件，比 2010 年分别增长了 8.35 倍、3.80 倍、4.20 倍，广东省 9 个城市不管是在商标申请量、注册量还是在有效注册量上均占有绝对优势，表明广东地区市场活跃程度较高。香港商标申请量、注册量和有效注册量占比则在 ［11.72%，19.72%］ 波动，其 2015 年三项指标数值分别为 73 756 件、80 713 件、279 920 件，比 2010 年分别增长了 1.27 倍、1.33 倍、1.85 倍，2018 年三项指标数值分别为 167 548 件、145 348 件、509 970 件，比 2010 年分别增长了 4.15 倍、3.19 倍、4.19 倍，说明香港的市场和企业在保持活跃度不断上升的同时，也保持了较高创新水平。澳门的商标申请量、注册量和有效注册量在0.10%~0.30%的水平波动，其2015年三项指标数值分别为1 050件、612件、3 510件，比2010年分别增长了182.26%、20%、86.01%，2018年三项指标数值分别为1 680件、1 212件、6 111件，比2010年分别增长了3.52倍、1.37倍、2.24倍，说明澳门近年来企业创新活跃度较高，但整体创新能力还有待进一步增强。

表3-7 2010、2015和2018年粤港澳大湾区商标申请量、注册量与有效注册量

数量单位：件

地区	2010 年			2015 年			2018 年		
	申请量	注册量	有效注册量	申请量	注册量	有效注册量	申请量	注册量	有效注册量
粤港澳大湾区	167 771	202 636	643 929	521 611	409 331	1 596 800	1 430 146	951 222	3 345 815
香港	32 515	34 651	98 307	73 756	80 713	279 920	167 548	145 348	509 970
澳门	372	510	1 887	1 050	612	3 510	1 680	1 212	6 111
广州	44 481	56 713	184 933	147 121	105 821	437 767	438 228	274 861	947 444
深圳	37 232	46 306	138 551	182 916	118 514	392 096	481 816	326 915	1 026 193
珠海	4 101	4 794	16 486	8 510	6 782	34 031	54 846	18 610	65 412
佛山	16 275	20 327	74 705	36 907	33 001	155 509	98 197	65 575	273 857
惠州	4 225	4 891	15 826	7 909	7 629	35 581	24 203	13 981	61 591
东莞	13 740	16 095	46 302	33 294	29 513	125 025	94 439	58 151	234 896
中山	9 499	11 504	42 782	18 935	17 028	83 025	42 351	27 762	135 580
江门	3 945	5 138	18 085	7 725	6 303	36 684	17 401	11 317	57 857
肇庆	1 386	1 707	6 065	3 488	3 415	13 652	9 437	7 490	26 904
广东省9个城市	134 884	167 475	543 735	446 805	328 006	1 313 370	1 260 918	804 662	2 829 734
广东省9个城市占比/%	80.40	82.65	84.44	85.66	80.13	82.25	88.17	84.59	84.58
香港占比/%	19.38	17.10	15.27	14.14	19.72	17.53	11.72	15.28	15.24
澳门占比/%	0.22	0.25	0.29	0.20	0.15	0.22	0.12	0.13	0.18

数据来源：国家知识产权局商标局。

第四章

东京湾区产业发展与科技创新的实践

东京湾区的形成与日本历史和政府引导相关。因为历史原因，日本政治中心东移，使得江户港成为日本新的经济中心，形成东京湾雏形，后因日本政府开始引导军事产业发展，东京湾区慢慢形成了"一都三县"、产业集聚的城市经济圈。这与日本的产业政策演进有着不可分割的关系。在日本五年期科学技术基本计划的指引下，日本大力发展基础科学研究，壮大科学创新研发力量，摆脱对西方社会创新技术的依赖，经历了港口、工业、服务、创新四个阶段的产业过渡。日本东京湾区已经成为世界瞩目的科技创新发源地之一，而东京圈在非营利团队和公共机关、大学、科学研究费、产学合作、专利与论文等方面的资源与投入在东京湾区城市占比排名都位列前茅，起着核心引领作用。

第一节 东京湾区的形成过程与经济现状

东京湾区是全球三大著名湾区之一，位于日本本州岛中部太平洋海岸，其形状如袋，内宽口窄，北枕日本的粮仓关东平原，东侧是千叶县的房总半岛，西侧是位于神奈川县的三浦半岛，湾底是东京的银座地区，通过两个半岛之间狭窄的浦贺水道与西郊的相模湾汇合进入太平洋，南北长约 50 千米、东西宽约 30 千米。目前，东京湾区已经形成了横滨港、东京港、千叶港、川崎港、木更津港和横须贺港六个港口首尾相连的马蹄形港口群，拥有 14 条城市地下轨道交通线以及京滨东北线、中央线、总过境铁路和各类轨道交通，坐拥羽田机场和成田机场两大国际航空港，对外辐射能力强劲。

东京湾区包括"一都三县"。"一都"是指东京都，"三县"是指神奈川县、千叶县、埼玉县，涵盖东京、横滨、川崎、船桥、千叶等 5 个特大城市，是世界上人口最多的湾区之一，也是日本最大的以钢铁、石油冶炼、石油化工、精密机械、商业服务为主的综合性工业区以及全球经济最发达、城市化水平最高的城市群之一，享有"产业湾区"的美誉。

一、东京湾区的形成过程

东京湾区开发始于江户时代，即 17 世纪初，自德川家康在江户建立德川幕府开始，便拉开了江户时代（1603—1867 年）的帷幕。随后，日本政治中心从关西地区移向关东地区，江户在日本的政治地位逐渐提升，致使大量人才、劳动力、资本和物资等各种资源向此地汇聚，江户港停泊着来自全国各地的商船，江户（东京旧称），逐渐成为日本新的经济中心。到了 18 世纪，江户已成为日本全国最大的消费市场，每天都有来自全国各地的商船在东京港停泊。当时的江户人口已达 100 多万人。

据记载，在镰仓时代（1185—1333 年），东京湾就已经是一处非常重要的水上交通要道。到战国时代（1467—1615年），东京湾则成为后北条氏水军与里见氏水军海上争霸的战场。东京湾的旧称江户湾的普及，是在德川家康以江户城为根据地的17世纪以后（确切地说是在江户时代后期）。在那以前，东京湾被称为内湾或内海。

1603年开创江户幕府的德川家康，为了建设江户，开始用神田山的沙土填埋日比谷湾头（现日比谷公园、丸之内、皇居前广场附近）。德川家康在江户建立德川幕府，但江户缺乏平坦的土地，地势为山、海所禁。平坦土地的缺乏，迫使人们向东京湾要地，从此拉开了江户时代的帷幕。

17世纪，商品经济在日本农村出现。农村经济作物的生产，促进了手工业的发展。交通建设也如火如荼，形成了以江户为中心的呈反射状的交通要道。沿海岸到京都的东海道、经信浓到京都的中山道、通往甲州（今山梨县）的甲州街道、去往奥州（今日本东北地区）的奥州街道与通往日光的日光街道被称为当时的"五街道"。江户时代，菱垣回船、樽回船等商船就以东京湾为中心进行水上运输。

江户时代后期，江户幕府奉行闭关政策，为对付外国船只，就在湾内建筑了不少炮台（台场）以作湾岸防备。虽然长时间处于锁国状态，但19世纪中叶随着美国佩里舰队的进入，日本签订《口美修好通商条约》，国门被强迫打开，东京湾区的潜力也得到彻底释放，江户港、横滨港也由此开辟。

1928年，日本在东京湾开始较大规模地填海造地，将川崎、子安、生麦等海边滩涂都填成了陆地。1940年，以培育军需产业为目的，日本内务省土木会议出台了"东京湾临海工业地带造成计划"，致使川崎地区出现了约600公顷（1公顷=0.01平方千米，下同）的造地，建设以重化工业为主的大工厂（日本钢管、昭和电工、浅野水泥等），形成了京滨工业区的中心。

现如今，依托东京湾建设而成的东京湾区，又称东京都市圈或京滨叶大都市圈，位于日本本州岛关东平原南端、太平洋西岸。东京湾区包括东京都、神奈川县、千叶县、埼玉县等"一都三县"，陆地面积13 556平方千米。东京湾西北岸的重要城市有东京、横滨、川崎，西边有横须贺市，东边有千叶市，南边由三浦（西）和房总（东）两半岛环抱，由浦贺水道进入太平洋。

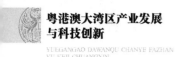

东京湾区是日本最大的工业城市群，是亚太金融中心、制造业基地、航运中心和信息中心，形成了以东京为核心的日本首都城市圈。

二、东京湾区的经济现状

由于笔者获取到的东京湾区相关数据有限，本部分将从 GDP 与人均 GDP、城市功能定位、交通运输等方面分析东京湾区"一都三县"的经济现状。

1. GDP 与人均 GDP

如上所述，东京湾区由东京都与相邻的埼玉县、千叶县和神奈川县构成。东京湾区"一都三县"的 GDP 构成及其占日本 GDP 的比重如图 4-1 所示。

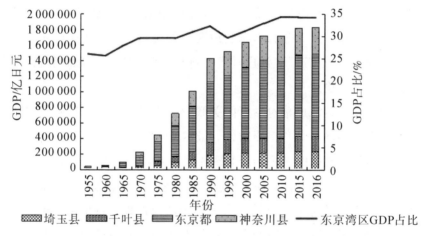

图 4-1　东京湾区"一都三县"的 GDP 构成及其占日本 GDP 的比重

注：1 亿日元约等于 590 万元人民币，下同。

数据来源：《日本统计年鉴》《东京都统计年鉴》《千叶县统计年鉴》《埼玉县统计年鉴》《神奈川县势要览》。

如图 4-1 所示，自 20 世纪 50 至 60 年代开始，东京湾区的 GDP 实现了爆发式增长，占日本 GDP 的比重从 20 世纪 50 年代的 25% 左右，经过约 30 年时间的增长，20 世纪 80 年代已上升到 30% 左右。1990—1995 年，这个比例在小幅回落后保持增长的态势，并上升到 35% 左右。东京湾区成为日本经济的最重要组成部分。

在"一都三县"中，对东京湾区 GDP 贡献由大到小的顺序依次为东京都、神奈川县、埼玉县和千叶县。截至 2016 年年底，上述"一都三县"各自 GDP 分别是 1 044 700 亿日元、346 090 亿日元、226 900 亿日元和 203 920 亿日元，占湾区 GDP 的比重分别为 57.35%、19.00%、12.46% 和 11.19%。东京湾区经济呈现高水平发展，以日本国土面积的 3.5%，创造了超过日本 1/3 的 GDP，经济效率在日本各都、道、府、县中位居前列，是带动日本经济发展的重要增长极。

从人均 GDP 来看（见图 4-2），1955—2016 年，东京湾区的人均 GDP 呈现逐年递增的趋势，2016 年达到最大值，为 501.91 万日元/人。在"一都三县"中，人均 GDP 最高的仍然是东京都，2000 年以来一直在 700 万日元/人至 800 万日元/人，远高于东京湾区的平均值，埼玉县、千叶县和神奈川县的人均 GDP 则相对较低，2016 年分别为 311 万日元/人、327 万日元/人和 378 万日元/人，不仅远低于东京都，而且比整个东京湾区的平均水平还要低。东京湾区人均 GDP 的提升很大程度上得益于东京都人均 GDP 的拉动。20 世纪 50 年代以来，东京湾区人均 GDP 占日本人均 GDP 的比重虽有所下降，但仍持续高于日本全国的人均 GDP，并且连续多年均维持在 1.2 倍左右，是日本经济发展的领头羊。

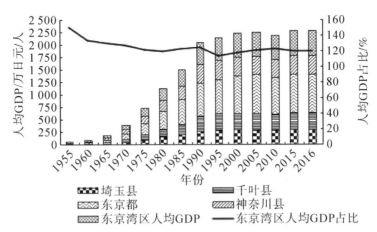

图 4-2　东京湾区人均 GDP 及其占日本人均 GDP 的比重

数据来源：《日本统计年鉴》《东京都统计年鉴》《千叶县统计年鉴》《埼玉县统计年鉴》《神奈川县势要览》。

从全球经济体以及四大湾区 GDP 的对比来看，如图 4-3 所示，作为四大
湾区之一的东京湾区，其 2016 年的名义 GDP 为 1.7 万亿美元，远高于纽约湾
区（1.4 万亿美元）、粤港澳大湾区（1.3 万亿美元）和旧金山湾区（0.84 万
亿美元），位于全球湾区之首。再与全球 GDP 总量排在前 20 位的经济体来比
较，东京湾区所处的位置也毫不逊色，其 2016 年的 GDP 排名位列全球第 10
位，东京湾区在国际上发挥着越来越重要的作用。

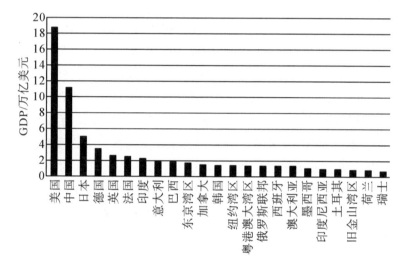

图 4-3 2016 年全球经济体及四大湾区 GDP 排名

数据来源：世界银行、联讯证券。

从日本三大都市圈的 GDP 总量以及东京圈（东京湾区）内部的对比来
看，如图 4-4 所示，东京圈（东京湾区）和东京都的一体化优势非常明显。
2016 年，东京圈（东京湾区）GDP 占三大都市圈 GDP 的比重为 57%，远高
于中京圈（占比 17%）和关西圈（占比 26%），并且大于两者之和（占比
43%），具有中京圈和关西圈无法比拟的重要优势。在"一都三县"中，东京
都的一体化优势也特别显著，东京圈（东京湾区）57%的 GDP 占比中有 33%
是来源于东京都，其余 24%的 GDP 中有 11%来源于神奈川县，居于东京都之
后，来源于埼玉县和千叶县的则相当，分别为 7%和 6%。

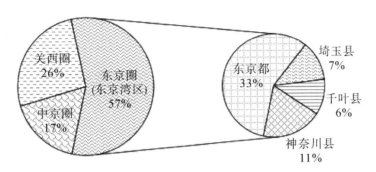

图 4-4　2016 年日本二大都市圈 GDP 构成

数据来源:《日本统计年鉴》《东京都统计年鉴》《千叶县统计年鉴》

《埼玉县统计年鉴》《神奈川县势要览》。

2. 城市功能定位

由东京都、千叶县、埼玉县和神奈川县构成的东京湾区,经过多年的探索与发展,已经形成了具有明显的多中心、多圈层城市功能体系。东京湾区各城市的功能定位如表 4-1 所示。

表 4-1　东京湾区各城市的功能定位

地区	功能定位
东京中心区 (东京都)	部门:政府机构、文化机构以及服务业部门、批发业部门、金融业部门等 职能:政治行政的国际中枢职能,金融信息、科教文化等中枢职能
多摩区域 (东京都)	部门:东京都高科技产业部门、研究开发机构、商业部门、大学 职能:接受东京中心区大学、研发机构和高新产业方面的产业转移
千叶县	部门:化工部门、电气机械部门、钢铁部门等制造业,原料输入部门,国际商贸部门 职能:国际空港、港湾,工业集聚地
埼玉县	部门:零售业等商业部门、政府机构、房地产企业等 职能:东京部分政府职能、居住职能、国际交流、国际商务
神奈川县	部门:电气机械部门、运输机械部门、化工制造业部门、国际商务部门、房地产企业等 职能:工业集聚地和国际港湾,商业和国际交流职能

资料来源:日本东京湾区"一都三县"统计年报、联讯证券。

东京湾区各城市功能定位明确，优势互补，较好地促进了湾区的发展。东京都包括东京中心区和多摩区域，两个区域分别承担着不同的职能。东京中心区承担的是全国政治、文化、金融和信息枢纽的职能，而多摩区域则主要承担着高新技术研发职能。东京都东侧的千叶县拥有成田国际机场和千叶港口，是国际知名的空港、港湾，也是钢铁、石油、机械等工业聚集地。位于东京都北侧的埼玉县，铁路、公路发达，森林资源丰富，分担部分首都行政职能，也是东京重要的"卧城"，即承担居住职能。神奈川县是重要的工业聚集地，横滨市和川崎市不仅是京滨工业带上的核心工业城市，而且分别拥有横滨港和川崎港国际港湾，同时还在不断强化国际交流和国际商务职能。

3. 交通运输

东京湾区内交通基础设施完善，交通工具齐全，包括完善的高速公路、密集的地铁轨道交通以及发达的海空立体交通网，有效地沟通了城市和港口、沿海和腹地，为东京湾区辐射日本内陆和沟通国际市场提供了重要支撑。

高速公路方面，首都高速道路都心环状线、首都高速道路中央环状线、东京外围环状道路（外环）、首都圈中央联络公路（圈央道）四条环状道路和九条放射状道路组成了"3环9射"的高速公路交通骨架，到2020年正在完善的三环状公路完成90%。内环有密集的高速公路网，市中心50千米半径范围的汽车日流量超过500万辆次①。

地铁轨道交通方面，包括东京地铁、近郊地铁以及市郊铁路等，里程超过5 500千米。东京地铁基本以东京站为中心向外辐射，超过70%的线网位于山手线以内，主要满足核心区内人口聚集地区的人员流动需求。近郊地铁和市郊铁路则主要解决市中心和郊区之间的运输问题。根据日本国土交通省2016年都市交通调查结果，东京湾区轨道交通的日运输量远超日本另外两个都市圈——近畿圈（以大阪府、京都府为核心的"二府四县"区域）和中京圈（以名古屋为核心，包括爱知县、岐阜县和三重县）。东京湾区的山手线及

---

① 刘彦平. 四大湾区影响力报告：纽约·旧金山·东京·粤港澳 [M]. 北京：中国社会科学出版社，2018.

其支线每日运输量可达 50 万人以上，远超过近畿圈 35 万人/日的输送量以及中京圈 15 万人/日的输送量。在东京湾区轨道交通中，日均运输量最大的 5 条线路分别是山手线（51.5 万人/日）、中央本线（47.9 万人/日）、京王线（43 万人/日）、总武线（39.1 万人/日）以及小田原线（38.4 万人/日）。

国际航空方面，东京湾区内拥有羽田机场和成田机场两大国际航空港，其运输能力强于日本多数机场。其中，距离市中心仅 12 千米的东京羽田国际机场在 2016 年以 13.8 万人/日的运输量居日本机场榜首，提供了超过 5 000 万个可售座位，国内年定期航线升降 9 万架次、国际 4.4 万架次，国内旅客流量 573 万人次、国际旅客流量 216 万人次，占区域总数的 67.6%①。成田国际机场国内航线升降 9 万多架次，国际航线升降 4 万多架次。完善的交通基础设施，大大促进了临海地带和高速公路沿线地带物流业的发展。

港口方面，如表 4-2 所示，东京湾区将包括东京港、横滨港、千叶港、川崎港、横须贺港、木更津港的船桥港在内的七个港口整合为"广域港湾"。东京港主营国内贸易，千叶港负责原料输入，川崎港是原材料和制成品所在地，横滨港专攻对外贸易，木更津港主要承接石化、钢铁和铁矿石等原料的进出口，横须贺港则兼军用港口和商用港口两种功能于一身。各港口虽然对内各自独立经营、分工明确，但在对外竞争中则形成一个整体，实现城市群和港口群巨大的规模经济。同时，港口城市与湾区腹地实现产业互补，从而提升了东京湾区港口群的整体竞争力②。

表4-2　东京湾区港口的职能分工

港口	职能
东京港	输入型港口 进口：服装、电机和食品，蔬菜进口量占日本的 24% 出口：可再生材料、化工品、汽车配件等

① 李睿. 国际著名"湾区"发展经验及启示 [J]. 港口经济, 2015（9）: 10-13.
② 比尔·盖茨. 未来之路 [M]. 辜正坤, 译. 北京: 北京大学出版社, 1996.

表4-2（续）

港口	职能
横滨港	国际贸易港 进口：液化气、石油等原材料 出口：汽车、化工品
千叶港	日本最大的工业港口 进口：钢铁、石油化工 出口：向中国、韩国出口石油制品、化学药品
川崎港	能源供应港口 进口：原料 出口：工业制成品
横须贺港	军用港口兼商用港口
木更津港	支持当地产业发展的重要工业港口 铁矿石进口量占日本的10%

资料来源：日本国土交通局、联讯证券。

第二节　产业发展与科技创新的演进

　　日本创造的东京湾区经济奇迹有各种原因，但高度重视产业发展和科技创新是不容忽视的重要因素。由于日本在产业政策与科技创新政策方面对东京湾区的大力支持，东京湾区产业发展已经进入了以高端制造业引导的创新经济时代。其科技创新已进入以信息技术、智能化带动的数字经济时代，特别是京滨工业区，已经成为东京首都圈重要的产业研发中心，并随着R&D溢出效应再次将科技创新产业扩散，从而使京滨工业区产业研发功能得到强化，进一步巩固其在东京湾区的领军地位。

一、产业结构的升级之路

东京湾区产业结构的演进升级过程大致可以划分为四个阶段（见图4-5），即19世纪末至20世纪50年代初步形成京滨、京叶两大工业区的港口经济阶段；20世纪60至70年代进入重化工业逐步向外扩散的工业经济阶段；20世纪80年代高附加值、高成长性的服务业和印刷业重点在东京中心城区布局，进入服务经济阶段；20世纪90年代至今，附加值相对较低的一般制造业部门被迁移至周边的横滨、川崎等城市，东京中心区逐步形成对外贸易中心、金融服务中心和高科技产业中心，由此开启了创新经济阶段。

①19世纪末至20世纪
50年代：港口经济，
初步形成京滨、京叶
两大工业区

③20世纪80年代：服务
经济，东京中心城区
重点布局高附加值、
高成长性的服务业和印刷业

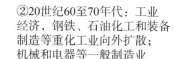

②20世纪60至70年代：工业
经济，钢铁、石油化工和装备
制造等重化工业向外扩散；
机械和电器等一般制造业
由东京迁至外围地区

④20世纪90年代至今：
创新经济，东京中心区
对外贸易、金融服务等，
外围区域高端制造业
和现代产业

图4-5　东京湾区产业结构升级与变迁

资料来源：笔者根据联讯证券资料整理。

1. 19世纪末至20世纪50年代：港口经济阶段

东京湾区的产业发展始于19世纪末，也就是日本明治维新末期，东京湾区逐步对外开放，不断学习西方先进技术和文化思想，初步依托港口发展纺织业、机械加工业和炼钢产业，建成临港工业。东京因其良好的海湾地理位置优势，为这些产业的发展提供了条件，在以海运为主要对外交通方式的时期得到重视并初步发展。随着产业现代化推进，东京湾周边不断进行移土填海，沿岸出现了一个港口联合体，包括川崎港、东京港、千叶港和木更津港，东京湾的工业沿着东京湾西岸东京和横滨之间发展，以银座为中心，向西（川崎市和神奈川县方向）发展出京滨工业带，由此成为世界上最大的工业联合体。第二次世界大战开始之前，该地区人口已经超过 600 万人，比肩纽约、伦敦等世界一流城市。第二次世界大战日本战败投降，极大地影响了东京湾区内各城市的发展，人口骤减，经济萧条。

第二次世界大战结束后，美国的资金支持以及国际贸易形势对日本经济发展极为有利，日本迅速制定了外向型经济发展战略。东京湾区以其优越的港湾地理优势，借助全球化红利，引进先进技术，开始进行大规模开发，临港经济迅速发展壮大。东京湾区经济带逐步向东（千叶县方向）扩展，形成京叶工业带。京滨与京叶两大工业带是日本的重工业和化学工业基地，集中了包括钢铁、有色冶金、炼油、石化、机械、电子、汽车、造船、现代物流等产业，成为全球最大的工业产业带，并且日本乙烯产能的 60%集中在东京湾地区。横滨港、川崎港、东京港、千叶港也不断发展，成为年吞吐量超过 5 亿吨的大规模物流港。

2. 20 世纪 60 至 70 年代：工业经济阶段

20 世纪 60 至 70 年代，东京湾区进入经济高速发展时期。东京湾区的技术不断革新，新产业、新技术陆续涌现，以家电、电子、汽车为代表的制造业得到了迅猛的发展，并陆续兴建了大批连接东京湾区内部城市和外部区域的海陆空交通设施，东京湾区开始实施"工业分散"战略，将一般制造业外迁。以机械工业为例，自 20 世纪 60 年代中期以后，机械工业就开始被分散到外围地区。这种"工业分散"战略既解决了东京大都市的过度膨胀问题，又促进了外围地区工业的发展。这些外迁的制造业主要迁移至邻近的投资环境好的京滨、京叶工业带。都市区核心产业向外迁移的情况从 20 世纪 60 至 70 年代开始，一直持续存在。

东京湾区实施"工业分散"战略之后，机械、电器等工业逐渐从东京中心地区迁移至横滨市、川崎市等城市，进而形成和发展为京滨、京叶两大产业聚集带和聚集区。京滨产业带建立起一批极具国际市场竞争力的大中型工业团地，主要产业石油、石化、运输机械和钢铁生产都居全国前列，横滨港成为日本最大港口，年吞吐量 1.1 亿吨，一次总靠泊能力 90 万吨。20 世纪 60 年代填海建设的君津大型钢铁联合企业成为世界最大钢铁企业——新日铁的骨干企业，年产钢能力 1 000 万吨，专用码头水深 19 米，可停泊 25 万吨级巨轮。企业的人均产钢量约 1 000 吨，劳动生产率领先于世界平均水平。

3. 20 世纪 80 年代：服务经济阶段

20 世纪 70 至 80 年代，由于石油危机的冲击以及日本技术立国战略的提出，产业结构开始进行方向性调整，东京湾区内产业也初步进行区域转移。20 世纪 80 年代后，东京湾区进一步推进高端制造业和高附加值服务业并举。产业结构方面，制造业向高端制造业发展，主要集中在汽车、电子制造等高端制造业。与此同时，第三产业中高附加值的服务业日益受到重视。

这一时期，东京湾区的高端制造业主要分布在东京都和神奈川县，一般制造业开始向埼玉县、千叶县转移，埼玉县和千叶县的制造业平均增长率高达 58.43% 和 96.01%，实现了从无到有的跨越。东京中心城区则强化高端服务功能，重点布局高附加值和高成长性的服务性行业、奢侈品生产和出版印刷业。金融服务业等高附加值的第三产业初步集聚。东京产业布局从传统工业化时期的以一般制造业、重化工业为主的产业格局，逐渐蜕变为以对外贸易、金融服务、精密机械、高新技术等高端产业为主。石油、化工、钢铁等重化工业全面退出东京。东京成为日本最大的金融、商业、管理、政治、文化中心，全日本 30% 以上的银行总部、50% 销售额超过 100 亿日元的大公司总部设在东京。东京湾区被认为是"纽约+华盛顿+硅谷+底特律"型的集多种功能于一身的世界大都市区。

4. 20 世纪 90 年代至今：创新经济阶段

20 世纪 80 至 90 年代，随着日本科技创新能力的逐步提升，特别是京滨地区成为东京首都圈产业研发中心，得益于 R&D 溢出效应再次将科技创新产业扩散，从而使东京湾区的产业研发功能得到强化。

东京湾区发展成为日本教育和科研机构高度密集的地区。仅东京一个市就聚集了全日本 1/5 以上的大学和 30% 的大学教员，1/4 的民间研究机构和 1/2 的顶级技术型公司。同时，京滨工业区集聚了许多具有技术研发功能的大企业和研究所，主要有日本电气股份有限公司（NEC）、佳能、三菱电机、三菱重工、三菱化学、丰田研究所、索尼、东芝、富士通等。这些机构都是京滨工业区具有产业创新能力的机构，从而使得京滨工业区具有很强的管理和科技研发能力。京滨工业区布局的大学主要有庆应大学、武藏工业大学、横滨国立大学等，借助这些科研院校的研发资源优势，京滨工业区积极促进各大学与企业开展科研合作，努力实现大学科研成果的产业化，建立了专业的产、学、研协作平台。为了完善相关产、学、研合作机制，建立更有竞争活力的创新体系，日本将原来隶属于多个省厅的大学和研究所调整为独立法人机构，从而赋予大学和科研单位更大的行政权力。同时，日本把科研的主体放在企业，每年企业研发经费的投入占日本 R&D 经费的 80% 左右。通过产、学、研体系的协调运转，各部门联合攻关的积极性得到较好激发，这对于提高东京湾区的科技创新水平具有重要的促进作用和意义。

二、科技创新政策的演进

日本科技创新政策的演进主要经历了四个阶段（见图 4-6）。20 世纪 50 至 60 年代，日本主要以购买外国专利并根据国内市场情况加以吸收、消化、改进来推进产业进步，拉动国内的经济增长。这种吸收外来技术并转移促进的创新形式在 20 世纪 70 至 80 年代帮助日本提高了在世界上的经济地位。当时的日本中央研究所等大企业的研究开发机构起到了很大作用。一方面，大企业的研究开发机构研究如何使欧美的先进技术能够更好地应用于本公司的生产；另一方面，大企业的研究开发机构通过民间主导的基础研究的积累，实现了科学技术水平的提高。然而日本"泡沫经济"崩溃之后，日本民间研究不再活跃、与欧美技术水平差距缩小以及欧美实行知识产权保护等多种因素导致日本必须转变以往的经济发展方式，日本由此开始了政府主导的创新政策。日本在 1996 年开始进行科技体制变革，推出《科学技术基本法》，实施"第一期科学技术基本计划"，以法律为依据，加大基础研究的科研投入，重视人才培养、激发科研人员积极性，加强大学、政府、国家实验室等不同部门之间的合作。这次科技创新方面的多方位变革成为日本科技发展史上的一个重要的里程碑。目前，日本已经推出 5 个 5 年期科学技术基本计划，下面逐一进行介绍。

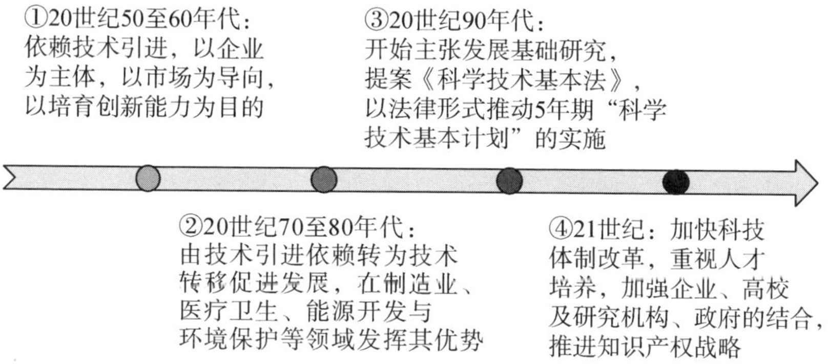

①20世纪50至60年代：
依赖技术引进，以企业
为主体，以市场为导向，
以培育创新能力为目的

③20世纪90年代：
开始主张发展基础研究，
提案《科学技术基本法》，
以法律形式推动5年期"科学
技术基本计划"的实施

②20世纪70至80年代：
由技术引进依赖转为技术
转移促进发展，在制造业、
医疗卫生、能源开发与
环境保护等领域发挥其优势

④21世纪：加快科技
体制改革，重视人才
培养，加强企业、高校
及研究机构、政府的结合，
推进知识产权战略

图 4-6　日本科技创新政策的演变

1. 1996—2000 年：第一期科学技术基本计划

1996 年，日本开始实施第一期科学技术基本计划，以科学技术立国为目标，以推动世界科学技术发展和人类社会可持续发展为宗旨，探究人类与自然的和谐共存。日本支持因人口大幅增长导致的环境、粮食、能源、资源紧缺等相关问题的科学技术研究与开发，旨在推动经济社会发展，丰富人类活动，增进人类健康，预防疾病、灾害，构建富足、和谐的社会。同时，日本开展对宇宙现象、生命现象未知领域的预测、发现与理论创建等基础研究，为进一步解决可持续发展问题奠定基础。此外，日本重点加强大学、政府、国家实验室、公共团体等机构之间的合作交流，助力科技发展。

第一期科学技术基本计划中特别提出"博士后等 1 万人支援计划"，以此解决博士就业问题，改善博士基本待遇以及为优秀人才提供奖学金等人才支持政策。日本为改善研究设施设备老化等问题，构建信息数据库，实现科研技术信息化，并通过加强科研财政补助和加大科研投入的方式，吸引私立大学及民间研发部门参与民众性较强的研究。日本鼓励以提高居民生活水平为目标的带有地区特性的研究，还强化课题支援及研究制度，促进人才及信息交流。除了加大人才支持力度与保障基础研究之外，日本还将需要国际合作的宇宙空间站相关领域研究及深海挖掘等计划项目列为大型科学研究项目，进一步推动国际共同研究开发。

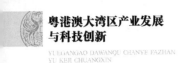

2. 2001—2005 年：第二期科学技术基本计划

2001—2005 年是日本第二期科学技术基本计划实施期间。在此期间，日本旨在通过物质根源、宇宙探索以及生命自然资源等未知领域发现的新现象、新法则以及创建的新理论，创造新的知识技术，解决各种世界共性问题并分享以获得国际关注和全世界的信赖。日本通过克服社会经济困难、创造高附加值的工作岗位、保证就业以提高国民生活水平，实现持续发展，提升国际竞争力；通过提高治疗和预防疾病水平、降低自然灾害受灾程度、解决粮食能源等稳定供给问题以满足高质量生活需求。日本调整产业经济活动，推动经济发展，保持稳定的国际关系。

第二期科学技术基本计划有侧重地、战略性地推动科学技术发展的重要政策，在重点领域推动研究资金的投入，进行积极的战略性投资，增加知识资产，提升产业技术能力，创造新产业及就业岗位，提高国民健康水平和生活质量等。第二期科学技术基本计划重点扶持疾病预防、治疗以及食物问题的生命科学领域，信息社会构筑及相关信息通信领域，保护人类生存基础的环境领域，纳米技术及材料领域。日本为进行科学技术体系改革，增加竞争性资金，引进间接经费，使研究经费大大增加。间接经费将用于改善研究机构环境及强化研究机构功能。获得多种竞争经费的研究机构可以整合相关经费，从而灵活使用。日本加大研究机构之间的竞争，增强政府在相关领域的引导性。

3. 2006—2010 年：第三期科学技术基本计划

第三期科学技术基本计划聚焦创造人类智慧、创造提升国力源泉、守护健康与安全三大理念，设定了指示飞跃性发现发明积累、突破科学技术界限、环境与经济兼顾、创新日本、健康活跃生活、安全国家六大目标，继续第二期科学技术基本计划中探究新原理、新现象、创造知识的方针，改善基础研究环境，用高水平项目引导国际科学技术发展，持续关注人与自然共存，克服全球变暖、能源、环境等问题，加快推进国内经济、产业的信息化网络化进程，形成世界领先的产业竞争力，建设世界领先制造大国，通过细胞、分子级别的生命科学，从食品安全、疾病防治、自然灾害应对和处置等方面提高国民健康指标，确保国土安全，满足高质量的生活需求。

在推动科学技术领域发展的同时，日本进行环境构建和人才培养，重点对生命科学、信息通信、环境、纳米技术及材料四个方面进行重点资源分配。日本重点研究推进能源开发、制造业技术、社会基础前沿等领域，加固国家生存之本，深化科学技术体系改革。为建设具有国际竞争力的大学，形成健康有序的竞争环境，日本重点投资建立世界顶级研究教育基地组织，在国内大学中建立对研究研发活动具有发言权的世界级评价指标顶级研究教育基地。

4. 2011—2015 年：第四期科学技术基本计划

"3·11 日本地震"后，第四期科学技术基本计划除了凸显能源稳定供给等相关的科学技术重要课题外，也明确了国家未来发展的方向，要求集中资源和力量解决现存问题，完成灾后重建复兴，重点保护国民的生命及财产安全，使其不受自然灾害和重大事故的破坏；充分利用积累的经验和实绩，成为解决大规模自然灾害等地球性问题的世界领先国家，进一步推动相关基础科学技术发展；将科学技术及研发活动、相关人员、研究机构以及相关的研究环境打造包装成日本特有的文化，在文化氛围里持续增加国民乃至世界关注度，提高科研人员、科研机构的社会资源关注度，创造多样且独特的先进知识资产。

第四期科学技术基本计划在创新政策方面弥补了前三期科学技术基本计划中未通过创新把科学技术用于创造新价值的短板，整体推进科学技术研究成果的创新应用，投资基础设施建设，加强大学及公共研究机构等对人才的支持，充分发挥优秀人才的能力。日本通过可再生能源研究和事故模拟处理以促进绿色创新，通过细胞领域研究和疾病早期研究治疗以促进生活创新，通过设立科学技术创新战略协商会议、技术转移机构制度（technology licensing organization，TLO）、引进美国的中小企业技术革新（small business innovation research，SBIR）制度等促进科学技术创新。在科学技术创新方面，日本从总体上对大学、研究机构、资金分配机构、产业界规划参与机构以及其他相关方进行调整以为重要课题在基础研究、应用、开发、产业化、实用化等各个阶段提供支持。日本利用 TLO 制度促进大学特有专利广泛开发产业化，利用 SBIR 制度促进中小企业科研成果适应市场需求，获得社会广泛应用。这一整套的科技创新制度针对不同机构和科研成果转向社会创新价值的不同阶段都给予了支持，全方位加强了企业、研究机构、政府的合作。

5. 2016—2020 年：第五期科学技术基本计划

第五期科学技术基本计划是日本意识到信息通信技术成为社会变革主流后实施的计划。为了适应将信息、金融、物流融合在一起的社会生活方式变化，该期计划提出了"超智能社会"的新概念。日本《先行开发综合战略2015》制定了解决经济和社会问题的 11 个系统①，通过升级其中各个系统，阶段性地推进联合协调。日本在分别开发 11 个系统的同时，在多个系统间推进联合协调，分阶段地构筑一个能够灵活运用包括当前尚未出现的新服务在内的各种服务的共通平台，特别从与多个系统联合以及提升产业竞争力的层面出发，把高速道路交通系统、能源价值链的优化系统以及新的制造业系统作为核心系统进行重点开发，尽早实现与地区综合护理系统、智能食品链系统以及智能生产系统等其他系统的联合协调，在经济与社会发展方面创造出新的价值。

为实现第五期科学技术基本计划提出的"超智能社会建设"，日本不仅要构建必要的开发环境，也需要提升竞争力，加强基础技术开发与应用。这里所说的竞争力是指研究开发领域的竞争力。日本要在信息通信及物联网领域进行开发，建立世界性研究开发基地。为了实现这一目标，日本先行推进知识产权化战略和国际标准化战略，对研究开发成果的产权进行隐匿，适当区分使用的开放和封闭战略（open and close 战略）的重要性。为了提升产业竞争力以及推动科学技术的发展，进一步提高知识产权管理的质量，企业不仅要利用自己掌握的知识产权和技术资产，还应该在自己的商业模式中引进其他人的知识产权。形成包括国际标准化及知识产权隐匿在内的，可创造最大价值的知识产权战略是非常重要的。

---

① 能源价值链的优化系统、地球环境信息平台的搭建系统、高效且有效的基础设施维护管理与更新系统、能够有力应对自然灾害的社会系统、高速道路交通系统、新的制造业系统、综合型材料开发系统、地区综合护理系统、服务系统、智能食品链系统、智能生产系统。

第五期科学技术基本计划中追加了地方发展任务。地方发展是科学技术基本计划的一个全新角度，这也是第五期科学技术基本计划的特征之一。地方发展与之前开展的利用地方特色建立研究开发基地（集群策略）的观点不同，是指通过创造集群，在人口老龄化以及人口减少的同时激发地方都市的活力。此前，日本实施了以地区大学为技术种子以及以各地区特性的集群战略为核心的地区政策，但这些政策往往局限于地区内部，不利于对区域外资源的利用。由于这是全国统一实施的政策，并不能完全激发地区活力；缺乏持续扎根于地区的举措，因此日本采取了支持地区主导的科学技术创新政策，推动地方发展。

第三节　产业发展与科技创新的现状

经过多年的工业发展，日本的产业结构由最初的封闭式转向了如今的出口导向，各大城市的第三产业比重逐渐加大。日本第五期科学技术基本计划将地域性作为新的发展亮点，由地方结合自身特色资源与活动，主导科学技术创新。研究开发、产学研合作、知识产权比重等不同创新指数都以地域为单位提高。

一、产业发展的现状

产业发展是指产业的产生、成长和进化过程，也是了解整个国民经济的进化过程的渠道。本部分将通过东京湾区三次产业演变及日本各都县的产业结构变化，来介绍东京湾区的产业发展现状。

1. 东京湾区整体产业结构演变

关于产业结构的演变规律，我们可以从不同的角度进行分析。从工业发展阶段来看，产业结构演变可以分为前工业时期、工业化初期和工业化中期三个时期；从资源结构看，产业结构演变可以分为劳动密集型、资本密集型和知识密集型演变；从市场导向看，产业结构演变沿着封闭性到进口替代型、出口导向型，之后向市场全球化的路径发展演变；从三次产业的内部变动来看，三次产业内部结构由低级向高级演变。

本书采用最后一个角度，即从三次产业的内在变动来看（见图4-7），自20世纪50年代，东京湾区的产业发展总体上已经形成了"第三产业比重>第二产业比重>第一产业比重"的格局，即1955年，东京湾区第一产业、第二产业、第三产业占比分别为5.88%、38.19%和55.93%。其后，第一产业比重继续呈现下降的趋势，2016年占比不到0.3%；而第二产业比重和第三产业比重则发生了比较微小的波动。1955—1970年，第二产业比重呈现上升的趋势，第三产业则有小幅度的下降。20世纪70年代以后，第二产业比重开始大幅下降，2005年左右降到最低点，为18.29%，其后基本保持在18%左右的波动幅度。第三产业比重实现爆发式增长，从1970年的占比54.16%上升到2005年的最高点，为81.44%，其后保持相对稳定，比重基本围绕在81%左右。以下我们分别分析各个产业中的产业结构变化。

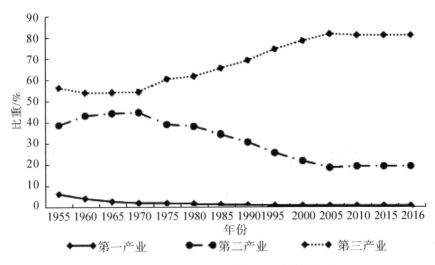

图4-7　1955—2016年东京湾区三次产业结构

数据来源：《东京都统计年鉴》《千叶县统计年鉴》《埼玉县统计年鉴》《神奈川县势要览》。

2. 东京湾区"一都三县"产业结构变化

（1）第一产业。1955—2016 年东京湾区"一都三县"第一产业比重、增加值及区域内贡献如图 4-8 所示。1955—2016 年，东京湾区"一都三县"中第一产业的比重最高的是千叶县，占比达到 32.31%；其次是埼玉县，占比达到 23.16%；之后是神奈川县和东京都，占比分别为 6.6% 和 1.47%。直至 2016 年，虽然"一都三县"第一产业比重逐步下降，但是这个次序并没有发生改变。如图 4-8 所示，2016 年，千叶县第一产业增加值达到 2 541.2 亿日元，区域内贡献占比达到 54%。东京都第一产业区域内贡献占比为 10%。可以看出，第一产业的增加值①与第一产业的占比高低顺序一致。

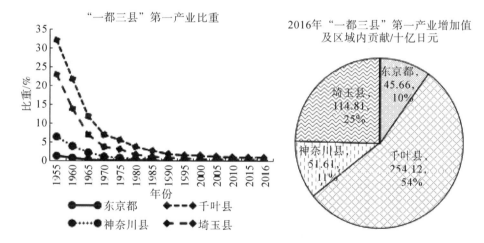

图 4-8　1955—2016 年东京湾区"一都三县"第一产业比重、增加值及区域内贡献

数据来源：《东京都统计年鉴》《千叶县统计年鉴》《埼玉县统计年鉴》《神奈川县势要览》。

2010—2016 年东京湾区"一都三县"第一产业各个行业增加值如图 4-9 所示。在农业方面，2010—2016 年，千叶县的农业增加值分别高于埼玉县、神奈川县、东京都。千叶县农业产值占东京湾区农业产值的比重也从 2010 年的 53.3% 提高到 2016 年的 56.8%，千叶县农业产值依然占据领先位置。

---

① 增加值表示企业（或部门）在一定时期（通常为一年）内生产的产品或提供的劳务的货币总额中减去消耗的产品或提供的劳务的货币额后的余额，是反映经营活动成果和计算国内生产总值的主要指标。

在林业方面，2010—2016 年，增加值最多的是东京都，之后是埼玉县、千叶县和神奈川县。2016 年，东京都林业产值占东京湾区林业产值的比重也从 2010 年的 34.6% 提高到 38%，东京都林业产值处于第 1 的位置。

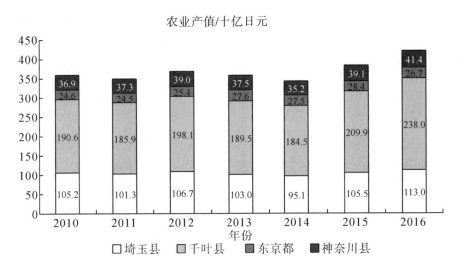

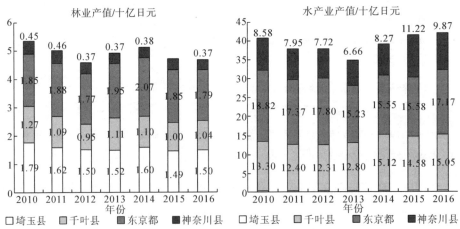

图 4-9　2010—2016 年东京湾区"一都三县"第一产业各行业增加值

数据来源：《东京都统计年鉴》《千叶县统计年鉴》《埼玉县统计年鉴》《神奈县势要览》。

在水产业方面，2010 年，增加值最多的是东京都，之后是千叶县、神奈川县、埼玉县，但是千叶县与东京都的差距并不大，而埼玉县的产值非常低，相对于东京都的 188.2 亿日元的增加值，埼玉县的增加值只有 3.2 亿日元。直到 2016 年，格局依然没有变化。

可以看出，在第一产业占比、增加值与区域内贡献方面由高到低是千叶县、埼玉县、神奈川县、东京都的顺序，但并不是千叶县一直占主导地位，千叶县主要是以农业为其第一产业的主要支柱，水产业方面也占据一定优势，但在林业和水产业方面，东京都的增加值与占比均位列第 1 名。埼玉县在林业方面的优势大于农业，在水产业方面增加值非常低，几乎可以忽略不计。神奈川县表现平平，如果考虑相对优势，那么在水产业方面有一定发展基础。

（2）第二产业。1955—2016 年东京湾区"一都三县"第二产业比重、增加值及区域内贡献如图 4-10 所示。1955 年，"一都三县"第二产业比重中，神奈川县以 43.08% 的比重位居第 1 名，之后是东京都、埼玉县、千叶县，占比分别为 40.11%、28.50%、17.99%。埼玉县一直追赶，不断拉近与神奈川县的差距，直到 2005 年以 28.75% 的比重反超神奈川县 25.74% 的比重，并位居第 1 名直到 2016 年。

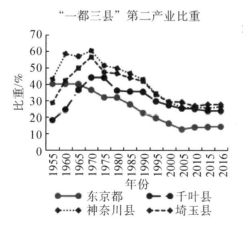

图 4-10　1955—2016 年东京湾区"一都三县"第二产业比重、增加值及区域内贡献

数据来源：《东京都统计年鉴》《千叶县统计年鉴》《埼玉县统计年鉴》《神奈川县势要览》。

千叶县与神奈川县的差距逐步减小，2016 年以 23.64% 的比重位居第 3 名，次于埼玉县 27.14% 的比重与神奈川县 26.20% 的比重，而东京都第二产业的比重已经降低到了 14.39%，位居第 4 名。从图 4-10 可以看出，东京都第二产业比重虽然最低，但是在第二产业增加值及区域内贡献内方面，以 43% 的比重位于第 1 名，而埼玉县第二产业比重虽然第一，但是区域内贡献较低，仅略高于千叶县。

2010—2016 年东京湾区"一都三县"第二产业各行业增加值如图 4-11 所示。在采矿业方面，2010—2016 年，东京都的增加值分别从 537.7 亿日元提高到 632.6 亿日元，位居第 1 名；千叶县 2016 年的采矿业增加值达到 118.0 亿日元，位居第 2 名；埼玉县与神奈川县分别位居第 3 名和第 4 名，差距并不明显。

在制造业方面，"一都三县" 2010—2016 年，发展比较均衡，各都县的排序并没有发生大的变化。2016 年，东京都、神奈川县、埼玉县、千叶县分别以 92 360 亿日元、73 380 亿日元、49 390 亿日元、37 090 亿日元的产值保持第 1 名至第 4 名的顺序。

在建筑业方面，东京都占据明显优势，由 2010 年的 48 280 亿日元增加值到 2016 年的 57 220 亿日元，增加值一直处于第 1 名；其他三县表现平平，2016 年，神奈川县以 16 760 亿日元的增加值位于第 2 名，埼玉县与千叶县分别位于第 3 名和第 4 名。

总的来说，在第二产业比重方面由高到低是埼玉县、神奈川县、千叶县、东京都的顺序，但是在第二产业增加值与区域内贡献方面由高到低是东京都、神奈川县、埼玉县、千叶县的顺序。虽然东京都第二产业占比较低，但是无论是采矿业还是制造业、建筑业方面，增加值与区域内贡献均最高。神奈川县的第二产业占比、增加值与区域内贡献基本保持同步，埼玉县与千叶县表现并不突出，这与这两个县主要以第一产业为优势产业显著相关。

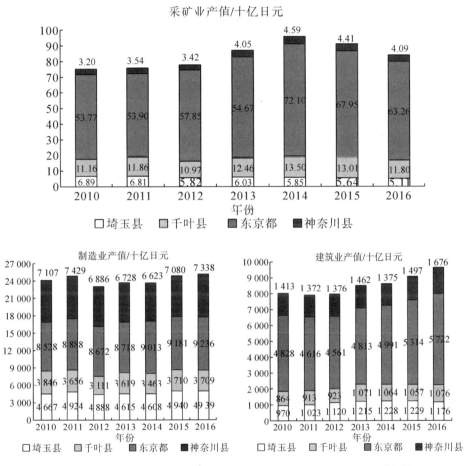

图 4-11　2010—2016 年东京湾区"一都三县"第二产业各行业增加值

数据来源:《东京都统计年鉴》《千叶县统计年鉴》《埼玉县统计年鉴》《神奈川县势要览》。

（3）第三产业。1955—2016 年东京湾区"一都三县"第三产业比重、增加值及区域内贡献如图 4-12 所示。东京都以 893 043.8 亿日元的增加值与 61% 的区域内贡献比重位居第 1 名。之后是神奈川县、埼玉县与千叶县。千叶县的第三产业比重不低，但是主要贡献来源于第一产业，因此第三产业的增加值及区域内贡献并不突出。如图 4-12 所示，1955 年，第三产业方面，东京都以 58.42% 的占比位居第 1 名，之后是神奈川县 50.31%，千叶县 49.71%，埼玉县 48.34%。千叶县不断追赶，第三产业比重除个别年份低于神奈川县外，大多数年份高于神奈川县，位居第 2 名。2016 年，千叶县、神奈川县、埼玉县第三产业比重的差距已经不大，分别以 75.10%、73.65% 以及 72.35% 的比重位于第 2 名至第 4 名，东京都以 85.56% 的比重位居第 1 名。

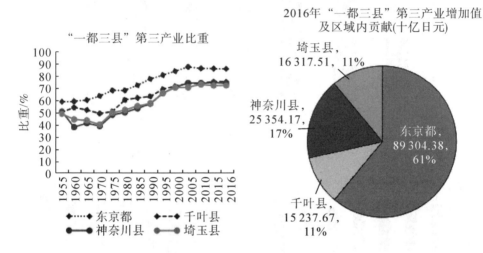

图 4-12　1955—2016 年东京湾区"一都三县"第三产业比重、增加值及区域内贡献

数据来源：《东京都统计年鉴》《千叶县统计年鉴》《埼玉县统计年鉴》《神奈川县势要览》。

2016 年东京湾区"一都三县"第三产业各行业增加值如图 4-13 所示。第三产业不同于第一产业和第二产业，所涵盖的行业比较多，共有 12 个行业。

从图 4-13 可以看出，埼玉县与千叶县在 H7 房地产业、H2 批发零售业、H11 保健卫生和社会事业的增加值分别位居前 3 名，H4 住宿和餐饮服务业的增加值最低。神奈川县略有不同，除了增加值位居前 2 名以及增加值最低的行业与上述两县没有差异之外，H8 专业、科学技术、商业支持服务业超过 H11 保健卫生和社会行业位于第 3 名，这与横滨市是神奈川县的行政与经济中心不无关系。

东京都与其他三县不同，增加值最多的是 H2 批发零售业，达到 208 090 亿日元；之后是 H7 房地产业和 H8 专业、科学技术、商业支持服务业，分别位于第 2 名和第 3 名；增加值最低是 H1 电力、煤气、水和废物处理业，这与东京都发展定位息息相关。但是，东京都的 H4 住宿和餐饮服务业的增加值并不高。

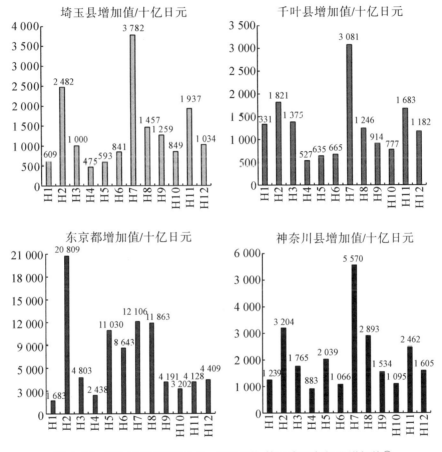

图 4-13　2016 年东京湾区"一都三县"第三产业各行业增加值①

数据来源：《东京都统计年鉴》《千叶县统计年鉴》《埼玉县统计年鉴》《神奈川县势要览》。

总的来说，在第三产业比重方面由高到低是东京都、千叶县、神奈川县、埼玉县的顺序，2016 年第三产业增加值与区域内贡献方面由高到低是东京都、

---

① 此处为了方便制图，第三产业的不同行业分别用 H1～H12 代码表示，H1 代表电力、煤气、水和废物处理业，H2 代表批发零售业，H3 代表运输邮政业，H4 代表住宿和餐饮服务业，H5 代表信息通信业，H6 代表金融保险业，H7 代表房地产业，H8 代表专业、科学技术、商业支持服务业，H9 代表公务，H10 代表教育，H11 代表保健卫生和社会事业，H12 代表其他服务业。

神奈川县、埼玉县与千叶县的顺序。另外，在第三产业细分行业增加值对比方面可以发现，东京都的细分行业与其他三县不同，是以批发零售业为主，而其他三县均是以房地产为第 1 名，批发零售业为第 2 名。在专业、科学技术、商业支持服务业方面，东京都的贡献最大，达到 118 630 亿日元，其次是神奈川县 28 930 亿日元，再次是埼玉县 14 570 亿日元，最后是千叶县 12 460 亿日元。东京都与神奈川县在这个细分行业的增加值总计达到 147 560 亿日元，促进了后续将介绍的东京—横滨圈在科技产业方面的发展。

二、科技创新的现状

如上节所介绍的，2016 年开始的日本第五期科学技术基本计划中地域发展是一个显著特征，基于地方所发生的创新，由地方所主导的科学技术创新的支援与推进是非常必要的。为了实现这一目的，地方必须清楚地认识到自身的特色，分析优劣势才可以实现进一步发展。基于此，日本文部科学省科学技术学术政策研究所开展了一系列调查研究，并出版了《地域科学技术指标 2018》。为了把握科学技术的资源与活动的现状，其主要从企业、非营利团队和公共机关、大学、自治体（科学技术关联预算）、科学研究费助成事业（科研费）、产学合作、专利与论文 8 个方面进行了分析。本书主要从研究开发人才、研究开发费、产学合作、专利与论文、PCT 国际专利等方面进行整理分析。

1. 研究开发人才

图 4-14 展示了 2016 年日本都道府县研究者人数与每千人就业者中的研究者人数的情况。从研究者人数来看，东京都最多，达到 339 143 人，占比达到 37%；之后是大阪府（85 952 人）、爱知县（8 490 人）、神奈川县（58 381 人），总体而言集中在三大都市圈的都道府县。埼玉县与千叶县的研究者人数分别位于第 9 位、第 13 位。

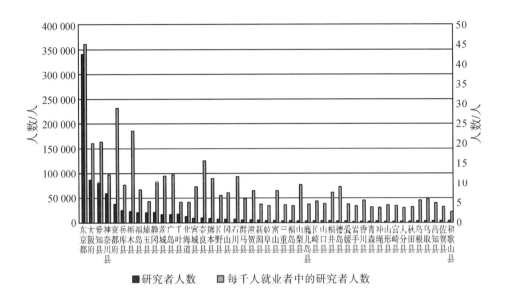

图 4-14　2016 年日本都道府县研究者人数与每千人就业者中的研究者人数

注：关于企业的研究者人数是推算值。

数据来源：根据日本总务省《科学技术研究调查》数据用 NISTEP 分析的结果。

　　从每千人就业者中的研究者人数来看，也是东京都最多，每千人中大约有 45 人从事研究工作，其次是京都府（29 人）、栃木县（23 人）、爱知县（21 人）、大阪府（20 人）。除了东京都外，其他三县的排名并不靠前。

　　2012—2016 年日本都道府县研究者人数大都市圈与地方圈构成比推移如表 4-3 所示。2012—2016 年，三大都市圈的占比变化不大，到 2016 年下降了 2%，主要是因为东京圈内神奈川县、埼玉县、千叶县的总和降低了 2% 所产生的影响。

表4-3　2012—2016年日本都道府县研究者人数大都市圈与地方圈构成比推移

单位:%

年份		2012 年	2013 年	2014 年	2015 年	2016 年
三大都市圈		77	77	78	77	75
	东京圈	50	50	49	49	47
	东京都	37	37	37	37	37
	埼玉县					
	千叶县					
	神奈川县	13	13	12	12	10
	中京圈	9	9	10	10	10
	爱知县	8	8	9	9	9
	岐阜县					
	三重县	1	1	1	1	1
	关西圈	18	18	18	18	18
	京都府	4	4	4	4	4
	大阪府	9	9	9	9	9
	滋贺县					
	兵库县					
	奈良县					
	和歌山县	5	5	5	5	5
地方圈		23	23	23	23	23

注: 神奈川县的数据是与埼玉县、千叶县的数据汇总。

和歌山县的数据是与滋贺县、兵库县、奈良县的数据汇总。

数据来源: 根据日本总务省《科学技术研究调查》数据用 NISTEP 分析的结果。

　　2016 年日本都道府县研究者组成情况如图 4-15 所示。栃木县（80%）、静冈县（79%）、爱知县（77%）、东京都（70%）企业研究者占比较高，达到 70% 以上。非营利团体和公共机关、大学研究者占比较高的都道府县并没有东京圈内的都县。

　　2016 年日本都道府县企业中研究者人数如图 4-16 所示。东京都以 236 681 人位居第 1 位，爱知县（61 908 人）与大阪府（59 483 人）分别位居第 2 位、第 3 位。这个顺序与 2016 年日本都道府县研究者人数的排序略有不同，比如

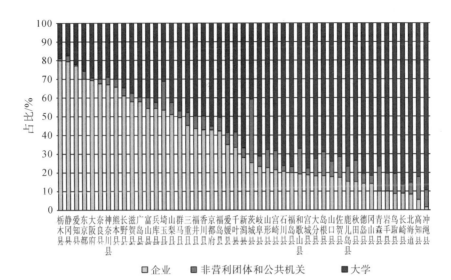

图 4-15　2016 年日本都道府县研究者组成情况

注：关于企业的研究者人数是推算值。

数据来源：根据日本总务省《科学技术研究调查》数据用 NISTEP 分析的结果。

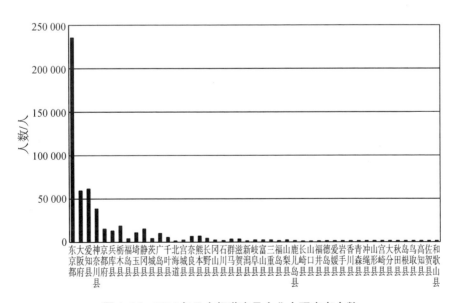

图 4-16　2016 年日本都道府县企业中研究者人数

注：关于企业的研究者人数是推算值。

数据来源：根据日本总务省《科学技术研究调查》数据用 NISTEP 分析的结果。

爱知县研究者人数位列第 3 位，但是在企业中工作的研究者人数要多于大阪
府在企业中工作的研究者人数。神奈川县以 39 207 人位居第 4 位，埼玉县
（10 969 人）位居第 9 位，千叶县位居第 13 位。

2. 研究开发费

2016 年日本都道府县研究开发费（全体）与占 GDP 的比重如图 4-17 所
示。从都道府县类别来看，东京都研究开发费最多，达到 7.5 万亿日元，爱
知县、大阪府、神奈川县研究开发费都在 1 万亿日元以上，栃木县与京都府
研究开发费都在 5 000 亿日元以上。东京圈中埼玉县与千叶县研究开发费分别
达到 4 051 亿日元与 2 783 亿日元，位列第 10 位与第 11 位。关于日本都道府
县研究开发费（全体）占 GDP 的比重，栃木县以 8.90% 的占比超过了东京都
（占比 7.20%），这是因为栃木县 GDP 较少（位居日本第 15 位），但是企业的
研究开发费比较高（位居日本第 5 位）。神奈川县以 4.10% 的占比仍旧位于第
4 位，和东京都都属于知识集约型的地域，而埼玉县与千叶县的占比分别达到
1.80% 与 1.40%。

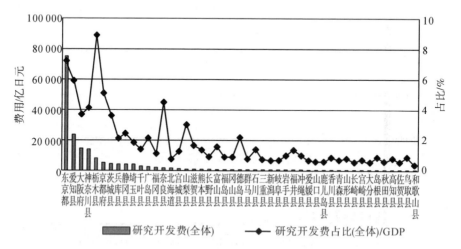

图 4-17　2016 年日本都道府县研究开发费（全体）与占 GDP 的比重

注：关于企业的研究开发费是推算值。

数据来源：根据日本总务省《科学技术研究调查》数据用 NISTEP 分析的结果。

　　2012—2016 年日本研究开发费大都市圈与地方圈构成比推移如表 4-4 所示。三大都市圈的占比自 2012 年的 83% 降低到 2016 年的 80%，地方圈的占比略有提高，但是依然不占优势性地位。东京圈研究开发费占比略有降低，主要是因为神奈川县、埼玉县、千叶县的总和在 2016 年降低了 4%，东京都并没有明显下降。

表 4-4　2012—2016 年日本研究开发费大都市圈与地方圈构成比推移

单位：%

年份			2012 年	2013 年	2014 年	2015 年	2016 年
三大都市圈			83	83	84	84	80
	东京圈		57	57	57	57	52
		东京都	42	42	42	42	41
		埼玉县					
		千叶县					
		神奈川县	15	15	15	15	11
	中京圈		12	12	13	13	13
		爱知县	11	11	12	12	12
		岐阜县					
		三重县	1	1	1	1	1
	关西圈		14	14	14	14	15
		京都府	3	3	3	3	3
		大阪府	7	7	7	7	8
		滋贺县					
		兵库县					
		奈良县					
		和歌山县	4	4	4	4	4
地方圈			17	17	16	16	20

　　注：神奈川县的数据是与埼玉县、千叶县的数据汇总。

　　和歌山县的数据是与滋贺县、兵库县、奈良县的数据汇总。

　　数据来源：根据日本总务省《科学技术研究调查》数据用 NISTEP 分析的结果。

　　如果把日本都道府县研究开发费根据企业、非营利团体和公共机关、大学三个组织进行分类（见图 4-18），可以看出，企业研究开发费占比达到

70%以上的有栃木县、爱知县、静冈县、大阪府、山梨县、神奈川县、东京
都、滋贺县，除了栃木县、静冈县与山梨县之外，其他都是企业集聚的三大
都市圈。其中，东京圈的企业研发费主要是东京都与神奈川县做出了贡献，
这也是一目了然的。

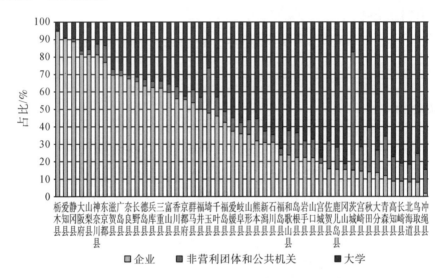

图4-18　2016年日本都道府县研究开发费组成情况

注：关于企业的研究开发费是推算值。

数据来源：根据日本总务省《科学技术研究调查》数据用 NISTEP 分析的结果。

　　研究开发费主要分为基础研究、应用研究以及一定比例的试验研发费。
在研究开发费构成中企业研究开发费占比较低的话，试验研发费也占比较低，
企业研究开发费占比与试验研发费占比具有一定的正相关关系。在区域发展
方面，如果想在研究开发中有更多的科技创新，关键是试验研发费。

　　我们从8个主要产业领域研究开发费的数额对日本47个都道府县进行排
名，结果如表4-5所示。8个主要产业领域中，有6个产业领域东京都位于第
1位，分别是生命科学、信息通信、物质材料、纳米科技、能源和太空探索。
在环境领域，位于第1位的是汽车产业发达的爱知县；在海洋开发领域，拥
有海洋研究开发机构的神奈川县位于第1位。另外，在生命科学、纳米科技
领域，神奈川县也拥有不错的排名。总研究开发费排名第1位的东京都与排

名第 4 位的神奈川县强强联合使东京圈在研究开发费以及主要产业领域具有不可替代的地位与优势。

表 4-5　2016 年 8 个主要产业领域研究开发费前 10 位的都道府县

排名	总研究开发费	生命科学	信息通信	环境	物质材料	纳米技术	能源	太空探索	海洋开发
1	东京都	东京都	东京都	爱知县	东京都	东京都	东京都	东京都	神奈川县
2	爱知县	大阪府	爱知县	东京都	爱知县	神奈川县	爱知县	宫城县	东京都
3	大阪府	神奈川县	京都府	栃木县	兵库县	京都府	茨城县	大阪府	千叶县
4	神奈川县	爱知县	神奈川县	广岛县	大阪府	大阪府	栃木县	北海道	北海道
5	栃木县	埼玉县	大阪府	静冈县	千叶县	千叶县	广岛县	爱知县	冲绳县
6	茨城县	京都府	奈良县	神奈川县	滋贺县	茨城县	静冈县	神奈川县	静冈县
7	京都府	茨城县	埼玉县	茨城县	茨城县	宫城县	大阪府	兵库县	鹿儿岛县
8	兵库县	兵库县	千叶县	大阪府	京都府	爱知县	神奈川县	京都府	长崎县
9	千叶县	千叶县	福岛县	兵库县	神奈川县	滋贺县	京都府	福井县	兵库县
10	埼玉县	北海道	静冈县	埼玉县	宫城县	埼玉县	千叶县	福冈县	大阪府

注：关于企业的研究开发费是推算值。

数据来源：根据日本总务省《科学技术研究调查》数据用 NISTEP 分析的结果。

2016 年日本研究开发费各项目大都市圈与地方圈构成比如表 4-6 所示。东京都的比率达到 41%，接近一半。如果从组织构成来看，企业方面三大都市圈占比达到 85%，地方圈只有 15%，形成了较大的差距，而东京圈对三大都市圈的占比达到 50% 以上，东京都与东京圈内其他三县的占比分别达到了 44% 与 11%。

在大学方面，三大都市圈占比达到 65%，地方圈为 35%。可以看出，在大学方面，地方圈具有比较强的"存在感"。东京都与东京圈内其他三县的占比分别为 27% 与 11%，遥遥领先于其他府县。

表 4-6 2016 年日本研究开发费各项目大都市圈与地方圈构成比

单位:%

			研究开发费				大学（外部资金）		科研费	自治体预算
			全体	企业	非营利性团体公共机关	大学	总体	本国		
三大都市圈			80	85	69	65	64	72	65	41
	东京圈		52	54	64	39	35	45	36	17
		东京都	41	44	49	27	27	34	29	11
		埼玉县								
		千叶县								
		神奈川县	11	11	15	12	8	11	7	6
	中京圈		13	16	1	7	7	6	8	9
		爱知县	12	16	1	6	6	5	7	7
		岐阜县								
		三重县	1	0	0	1	1	1	1	2
	关西圈		15	15	4	19	22	21	21	15
		京都府	3	3	1	6	9	9	9	4
		大阪府	8	9	2	7	8	7	8	3
		滋贺县								
		兵库县								
		奈良县								
		和歌山县	4	3	2	6	4	6	4	8
地方圈			20	15	31	35	36	28	36	59

注:关于企业的研究开发费是推算值。

神奈川县的数据是与埼玉县、千叶县的数据汇总。

和歌山县的数据是与滋贺县、兵库县、奈良县的数据汇总。

数据来源:根据日本总务省《科学技术研究调查》数据用 NISTEP 分析的结果。

科研费方面，三大都市圈与地方圈的占比分别为 64% 与 36%，这与大学外部资金总体的研究开发费构成比例基本一致。其中，东京都的占比为 29%，依旧最高。

3. 产学合作、专利与论文

2016 年日本都道府县大学与企业合作金额与件数如图 4-19 所示。在大学与企业合作金额方面，东京都最多，达到 189 亿日元，之后依次是京都府（62 亿日元）、大阪府（60 亿日元）、爱知县（45 亿日元）、宫城县（34 亿日元）、福冈县（33 亿日元），这些地方是大学比较多的区域。神奈川县达到 12.64 亿日元，位居第 10 位，千叶县达到约 8.86 亿日元，埼玉县达到约 4.95 亿日元，表现并不是十分突出。

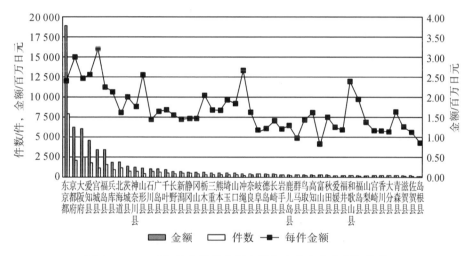

图 4-19　2016 年日本都道府县大学与企业合作金额与件数

注：关于企业的合作金额与件数是推算值。

数据来源：根据日本总务省《科学技术研究调查》数据用 NISTEP 分析的结果。

从合作件数来看，最多的是东京都 7 882 件，之后依次是大阪府（2 435 件）、京都府（2 079 件）、爱知县（1 771 件）、福冈县（1 507 件），神奈川县、千叶县、埼玉县分别为 726 件、523 件与 258 件。

从每件金额来看，最多的是宫城县（320 万日元），之后依次是京都府、冲绳县、爱知县、山形县等。东京都达到 240 万日元，但并没有位列前茅。可以说，东京圈内的"一都三县"的单件产学合作金额总体偏低。

2016 年日本都道府县专利发明者人数、论文与大学专利申请情况如图 4-20 所示。专利发明者人数可以看出最多的是东京都（243 023 人），之后依次是爱知县（70 098 人）、大阪府（69 651 人）、神奈川县（58 602 人）。

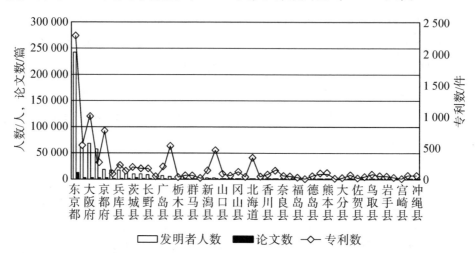

图4-20 2016 年日本都道府县专利发明者人数、论文与大学专利申请情况

数据来源：根据日本总务省《科学技术研究调查》数据用 NISTEP 分析的结果。

从学术论文（自然科学）这个指标来看，2016 年最多的是东京都（13 101
篇），之后依次是大阪府（4 486 篇）、神奈川县（4 199 篇）、爱知县（3 688
篇）、京都府（3 663 篇）。

从日本各都道府县所在大学的专利申请件数来看，2016 年最多的依旧是
东京都，达到 2 276 件，占比达到 24%。之后依次是大阪府、京都府、爱知
县、福冈县、宫城县、北海道这些大学相对集聚的地区。其中，大阪府是
1 021 件，其他府县都低于 1 000 件，比如神奈川县为 265 件，千叶县为 172
件，埼玉县为 91 件。

2016 年日本产学合作、专利、论文大都市圈与地方圈的构成比如表4-7
所示。在产学合作方面，三大都市圈在金额上占比 65%，在件数上占比 58%，
地方圈在金额与件数上的占比分别为 35% 与 42%，可以看出在产学合作金额
和件数方面，三大都市圈的占比都比地方圈高。如此计算，东京圈的单件金
额最低，最高的是关西圈。

表 4-7　2016 年日本产学合作、专利、论文大都市圈与地方圈的构成比

单位:%

			产学合作		专利			论文
			金额	件数	专利	大学专利	发明者	
三大都市圈			65	58	89	60	83	60
	东京圈		34	31	58	30	52	34
		东京都	30	26	50	24	38	21
		埼玉县						
		千叶县						
		神奈川县	4	5	8	6	14	13
	中京圈		8	8	12	7	12	8
		爱知县	7	6	11	6	11	6
		岐阜县						
		三重县	1	2	1	1	1	2
	关西圈		23	19	19	23	19	18
		京都府	10	7	4	8	3	6
		大阪府	9	8	12	11	11	7
		滋贺县						
		兵库县						
		奈良县						
		和歌山县	4	4	3	4	5	5
地方圈			35	42	11	40	17	40

数据来源:笔者根据日本文部科学省《产学合作实施状况调查》、日本特许厅《特许行政年次报告书》、日本《科学技术指标 2018》数据整理获得。

在专利方面,三大都市圈占比为 89%,拥有很大的领先优势,其中企业集聚的东京圈占比为 58%。在大学专利方面,三大都市圈占比 60%,地方圈占比 40%,可以看出这个方面地方圈发挥了重要的作用。

在论文方面,三大都市圈与地方圈的比例与大学专利方面一致,其中东京圈占比最高达到 34%,东京都占比 21%。

4. PCT 国际专利

PCT 是"patent cooperation treaty"（专利合作条约）的英文缩写，是有关专利的国际条约。根据 PCT 的规定，专利申请人可以通过 PCT 途径在国际上申请专利，向多个国家申请专利。

日本都道府县国际专利件数统计如表 4-8 所示。2014—2018 年，东京都、神奈川县、爱知县、京都府、大阪府、兵库县的国际专利申请数超过了 1 000 件。东京都每年的申请件数更是超过了 22 000 件，占各都道府县的大多数。大阪府每年的申请件数都超过了 6 000 件，神奈川县、爱知县的国际专利申请件数在 2 500 件上下。同时，东京都、京都府、爱知县、大阪府国际专利申请件数呈逐年递增的趋势。京都府增幅最大，由 2014 年的 1 840 件上升到了 2018 年的 3 277 件。神奈川县 2015 年、2016 年连续两年下滑，2017 年、2018 年连续两年增长。兵库县专利申请件数虽然呈逐年上升趋势，但是增幅较小，年申请量还在 2 000 件以下。

表 4-8　日本都道府县国际专利件数统计　　　　单位：件

地区	年份					地区	年份				
	2014	2015	2016	2017	2018		2014	2015	2016	2017	2018
北海道	82	68	80	94	97	大阪府	6 151	6 187	6 192	6 504	6 778
青森县	8	12	4	7	13	兵库县	1 053	1 024	1 063	1 172	1197
岩手县	11	11	15	9	9	奈良县	28	39	53	49	44
宫城县	81	86	104	137	118	和歌山县	23	29	24	14	15
秋田县	11	13	8	15	13	鸟取县	7	9	12	14	9
山形县	23	14	26	33	61	岛根县	6	3	10	7	9
福岛县	56	64	46	31	35	冈山县	204	224	192	222	254
茨城县	444	453	616	680	782	广岛县	238	258	290	347	299
栃木县	114	109	126	115	80	山口县	183	205	185	205	211
群马县	123	149	131	196	213	德岛县	39	23	35	31	43
埼玉县	551	546	542	659	629	香川县	42	54	69	73	61
千叶县	160	161	143	203	175	爱媛县	262	306	338	277	259
东京都	22 117	23 822	24 269	25 124	25 331	高知县	4	15	23	9	20

表4-8（续）

地区	年份					地区	年份				
	2014	2015	2016	2017	2018		2014	2015	2016	2017	2018
神奈川县	2 258	2 013	1 950	2 213	2 531	福冈县	291	266	203	213	257
新潟县	94	107	127	142	160	佐贺县	29	22	132	95	51
富山县	47	48	43	62	59	长崎县	18	18	18	18	11
石川县	70	68	84	103	94	熊本县	27	23	22	37	43
福井县	45	59	54	50	56	大分县	11	9	19	7	13
山梨县	34	41	38	46	47	宫崎县	38	21	27	22	34
长野县	183	259	225	257	295	鹿儿岛县	28	24	23	23	14
岐阜县	131	112	58	64	99	冲绳县	18	27	25	28	21
静冈县	468	579	635	808	759	国内总计	40 805	42 836	44 246	47 124	48 280
爱知县	2 772	2 845	2 890	3 094	2 952	美国	242	85	90	132	190
三重县	267	346	609	607	504	其他国家	245	176	159	169	160
滋贺县	115	143	214	263	248	国外总计	487	261	249	301	350
京都府	1 840	1 922	2 254	2 745	3 277	总计	41 292	43 097	44 495	47 425	48 630

数据来源：日本专利申请科国际申请室。

第五章
粤港澳大湾区与东京湾区产业发展和科技创新的比较

　　进入 21 世纪以来，东京湾区和其他两大湾区的产业已经慢慢转向服务经济和创新经济，第三产业比重均超过 80%。与此同时，全球第四次工业革命和能源革命为正在寻求经济发展突破口的粤港澳大湾区提供了历史机遇。中国借着以物联网、大数据为代表的数字技术已经慢慢跟上了发达经济体的脚步，物联网、大数据等基于数字经济的技术产业正在引领推动世界产业结构的变革转型。粤港澳大湾区产业链丰富、市场活跃，产业结构因为技术创新的崛起开始了初步调整，新一代信息、智能制造、新材料等产业被列为战略性新兴产业，粤港澳大湾区有潜力成为下一个吸引产业、科技、市场、企业等资源主体聚集的世界级策源地。

第一节　产业发展方面的比较

　　湾区的形成依赖于自身的资源和港口位置优势，但是其发展更是靠抓住了世界工业革命的历史机遇。工业革命在引起生产组织关系变化、促进交通工具发展和商贸往来、改变世界资本格局的同时，也成为三大湾区实现产业升级、加速成长的契机。

一、产业结构的比较

　　东京湾区的京滨、京叶两大工业带支撑起了石油化工、钢铁、现代物流、装备制造等发达产业，纽约湾区引领着世界金融风向，这两大湾区都与第二次世界工业革命息息相关，第三次世界工业革命则是给予了旧金山湾区引领全球信息技术创新的机遇。由此可见，在世界级技术革新的浪潮下，湾区的发展将是世界瞩目的。人类社会即将迎来以数字化、智能化等高新技术产业集聚为主要特征的第四次工业革命，粤港澳大湾区急需实现制造业转型。对于粤港澳大湾区而言，抓住此次机遇，串联起湾区城市群创新要素，构建高科技产业布局尤为重要。

　　粤港澳大湾区与东京湾区在经济体量方面不相上下，2016 年的 GDP 总体量①分别是 1.2 万亿美元和 1.6 万亿美元。粤港澳大湾区城市的 GDP 对标世界知名城市的 GDP 也可谓不相上下。两大湾区在城市集群与产业分布方面也有相同处，东京湾区的东京—横滨创新圈加上千叶县，成为经济主力城市，拉动新兴产业资源和企业集聚湾区，该区域的世界 500 强企业数量达 60 家，深圳—香港创新圈拉动着粤港澳大湾区整体创新经济，推动创新发展。

---

① 2016 年 GDP 数据是日本内阁府公开发表的数据中最新的，发表日期为 2019 年 11 月。

1. 粤港澳大湾区

与东京湾区一样，粤港澳大湾区同样经过了以第二产业为主导向以第三产业为主导转变的历程，但是目前粤港澳大湾区第三产业比重不到60%。两个湾区服务业种类有所不同，科技创新实力和金融产业基础也不尽相同。粤港澳大湾区拥有以香港为龙头的金融核心圈，以深圳为主的高新技术加速地，依托珠三角城市的新兴科技创新能力和深厚的制造业基础，产业体系主要由科技和金融双轮驱动。

粤港澳大湾区除了拥有高新技术产业链外，还有许多不同的传统制造业，这为人工智能、智能制造、机器人、新材料、云计算、工业互联网、新一代信息技术等先进技术与传统工业相结合奠定了基础。与此同时，粤港澳大湾区制造业发达、产业体系健全，这为研发、物流、金融、信息技术、商务、节能环保等生产性服务业的发展提供了广阔的空间。粤港澳大湾区拥有300多个各具特色的产业集群，产业结构以先进制造业和现代服务业为主，区域内产业分工较为完善。其中，港澳地区现代服务业占主导，有较强的辐射力，金融、医疗、旅游、贸易、物流、法律、会计、商业管理、餐饮、博彩等行业发达。

粤港澳大湾区各个城市发展差异度很大，珠江两岸产业发展不平衡，主导产业不突出。粤港澳大湾区内制造业、高科技产业、金融业等各个城市都有，但是尚没有一个特别突出，高端制造业、现代服务业和新经济是当前经济变革下新的产业机遇。粤港澳大湾区存在两种制度、三个关税区的特殊制度，下一步发展需要思考如何将制造业和服务业联动，如何平衡高科技产业和传统产业良性合作，各城市如何进一步打破区域规划与管理体制的藩篱。

2. 东京湾区

庞大的港口群成为东京湾区经济发展的奠基石，横滨港、东京港、千叶港、川崎港、木更津港、横须贺港6个港口年吞吐量超过5亿吨。东京湾区聚集了日本总人口1/3，其经济总量占日本的2/3，工业产值占日本的3/4，三菱、丰田、索尼等年销售额超过100亿元的龙头企业都聚集在东京湾区。东京湾区中心城市东京的主导产业为金融保险业、专业服务业以及批发零售业，东京与纽约、伦敦并称为"世界级城市"，现在显然已经进入后工业化时

代，产业由以第二产业为主导慢慢往以第三产业为主导转变，服务业拉动的
GDP 比重在 80%以上，制造业拉动的 GDP 比重则在 15%左右，产业结构稳定。

港口群的地理优势带来的经济红利一直伴随着东京湾区的产业变迁，其
服务业最早发迹于港口贸易服务及货运代理等方面。在港口经济慢慢成熟时，
对外贸易扩大完善，大量生产性专业服务机构逐渐汇集在作为核心城市的东
京，并辐射和蔓延至周边城市。例如，港口物流、信息服务、金融保险、广
告设计等。信息时代的到来使得产业融合与创新经济登上了历史的主舞台，
专业服务行业又向网络服务、创新金融、供应链管理等信息咨询服务领域延
伸。这种不断完善革新的新业态，强化了东京创新策源地的职能。

3. 产业生态

区域内多个互补产业集群是纽约湾区、旧金山湾区和东京湾区三大世界
级湾区的共性。这些互补的产业集群催生了区域内自给互惠、共享综合竞争
优势的大企业。湾区内部企业的不同分布，也提高了湾区一体化的程度。东
京湾区独特的圈层结构得益于东京湾区产业和人口的集聚与迁移。按照距离
看，东京湾区的圈层结构大致可分为核心区、内环和外环三个圈层。核心区
就是核心城市东京的中央商务区（CBD），主要发展服务业、批发零售业、金
融保险业以及出版印刷业；内环包括东京都其他 20 个区，主要发展服务业、
批发零售业、出版印刷业、金属制品及一般机械器具制造业；外环主要是指
多摩地区，重点发展电气机械设备业、农业、高科技工业等。

粤港澳大湾区中珠三角地区九大城市[①]产业体系完备，且逐渐向先进制造
业升级。随着科技含量的提升，加之金融、信息、物流、商务、科技等高端
服务业的高速发展，珠三角地区九大城市已经形成了先进制造业和现代服务
业并进的发展势头。目前，深圳已在科技创新、新兴产业、生态环境等方面
卓有成效，并正在向创新经济迈进。广州作为国际产业服务中心和全球物流
枢纽，拥有科研资源丰富、交通便利、产业链完整等优势。珠三角地区九大
城市还有其他特色的产业集群，如陶瓷、纺织、石化、灯饰、服装等。

---

① 广州市、深圳市、佛山市、东莞市、中山市、惠州市、珠海市、江门市、肇庆市。

从产业结构来看，粤港澳大湾区内上下游产业供应链完备，不同产业集群之间存在梯度，可以借鉴东京湾区产业集群发展经验，发挥互补优势，实现错位发展。近年来，虽然珠三角地区生产成本上升，但大部分企业对珠三角地区的依赖性够强，仍选择将生产线留在珠三角地区，并寻求在自动化生产及高产值提升方面取得进步，以弥补生产成本提高的劣势。这主要得益于珠三角地区在全面配套、物流和产业结构方面存在的综合优势。

二、产业布局的比较

产业布局是指在某一特定区域内，产业的空间分布和组合的现象，同时也是形成产业的各要素流通、演变、转移或重新组合的外在显示结果。一般形成产业的要素包括产业相关部门、各种资源、各种企业等。产业要素的流通不仅有自然资源的天然驱使，也包括政府部门的引导。

1. 粤港澳大湾区

粤港澳大湾区产业分布为多元产业层次呈梯形分布，高新技术业、高端制造业、现代服务业等产业发展较均衡，加上粤港澳大湾区内广阔经济腹地的优势加持，粤港澳大湾区有望在 5 年后成为全球第一大湾区，成为引导我国经济崛起的重要力量。

如图 5-1 所示，纵观粤港澳大湾区产业布局，"9+2"城市集群除了有以金融创新交叉融合的深港创新圈，还有可以联通香港、澳门和广州的深莞惠经济圈、珠中江经济圈以及广佛肇经济圈。粤港澳大湾区 11 个地区产业体系完备，城市分工各有千秋，已经形成了具有国际竞争力的城市群雏形。具体来看，各经济圈产业分布有不同的特征。

深莞惠经济圈的特点是以电子信息制造业为主。其中，深圳形成了以电子信息产业为主导、生物医药以及新能源和新材料产业为辅的高新技术产业集群，产业水平以及自主创新能力可圈可点；东莞是最大的制造业基地之一，拥有电子信息、电气机械、纺织服装等八大产业的现代化工业体系；惠州的四大支柱产业分别为电子信息产业、石化产业、汽车产业以及现代服务业。

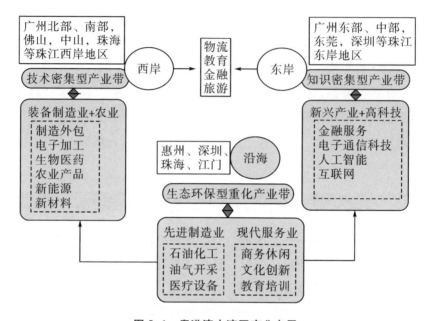

图5-1 粤港澳大湾区产业布局

资料来源：笔者根据网络信息整理制图。

广佛肇经济圈的特点是地域差异大。近年来，广州汽车制造业、重大装备制造业的高端产业发展迅速，食品加工、纺织服装、造船等传统优势产业的发展依旧稳健；佛山发挥电气机械制造业和陶瓷业等传统产业的优势；肇庆与广州、佛山产业结构不同，农业比重相对较高、工业比重较低。

珠中江经济圈的特点是以装备制造业为主，各城市差异较小。珠海因为拥有电子信息、石油化工、精密机械制造等主导产业，所以经济发展质量较高；中山的产业集群实现升级，形成电子电器、五金家电等具有较强竞争力的特色产业集群；江门在交通及海洋装备、石油化工、电子信息、现代农业等方面拥有较好的基础，发展空间巨大。

香港是全球金融中心之一，贸易及物流业、金融服务业、专业及工商支援服务业、旅游业并列为香港四大支柱产业；澳门以博彩旅游、出口加工、建筑地产和金融服务作为四大支柱产业。

日本的科技创新经过半个多世纪的历程，从最开始的依赖出口到如今的创新资源引领全球，其发展趋势与我国十分相似。目前，我国科技创新已经慢慢步入"并跑"和"领跑"并存的新阶段，发挥各城市产业优势，实现互补互惠，是发展的重中之重。香港、澳门拥有多所优质高校，科研力量储备雄厚，香港还是世界金融中心，能为科技创新研发提供多方位的融资渠道及管理服务；深圳、广州、东莞、珠海等拥有高素质产业劳动力、完善的配套设施、良好的工业基础。加强区域内城市联动创新协同，探索体制创新，打破机制壁垒，加速创新资源流通、信息人才流通、资金产业流通，通过"科研在港澳、转化在内地"的模式，促进科技成果的快速转化和应用，可以将粤港澳大湾区打造成国际科技创新中心，推动我国创新科技产业发展。

2. 东京湾区

东京湾区产业布局除了受经济环境发展及产业自身需求的影响外，也得益于政府的推动调整。第二次世界大战后，日本重化工业相关资源开始逐渐向东京集聚，日本太平洋沿岸的工业化和城市化的脚步加快，东京与其周边城镇的联系慢慢紧密起来，东京都市圈初具规模。1968 年，日本政府正式规划"一都七县"作为都市圈范围，调整带动东京周边产业的规模性发展，将重化工业迁至郊外，中心区开始促进商务科研、精密仪器、金融软件等高端产业的发展。同时，日本加速国际贸易和金融活动，推动东京成为国际金融中心。20 世纪 80 年代末，房价的升高带动了产业布局的又一次调整。大部分企业迁出中心区的时候，为获取信息、资本、技术的企业不顾高房价而进一步向中心商务区（CBD）集中，形成如今的圈层结构（见图 5-2）。

东京湾区产业布局，同样也是梯形结构特点突出。东京都中心区主要分布的是生产性服务业、批发零售业、金融保险业以及出版印刷业；内环以制造业为主，除了中心区的相关产业延伸外还有一定比例的运输机械设备、食品、精密仪器等；外环（多摩地区）则主要分布的是电气机械设备业、农业、新兴高科技产业以及面向个人生活的服务业等。由此可见，东京都服务产业是高度集聚的，其产值占整个东京总产值的50%以上。

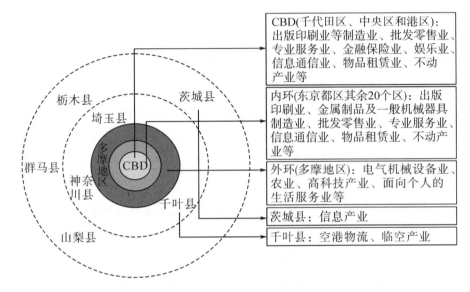

图 5-2　东京产业（制造业和服务业）布局图

资料来源：笔者根据网络信息整理制图。

　　单看制造业，由于东京圈层经济的历史发展原因，东京的制造业在东京
的各个圈层都有分布，只是呈现出不同的特点，中心区主要分布的是轻型工
业，如出版印刷业及相关产业，而内环制造业主要门类也是出版印刷业以及
部分金属制品及机械器具，但是内环是东京制造业的核心区域，产值占东京
制造业总产值的 42%，比外环高出近 1 万亿日元，从业人口是中心区的 6 倍、
外环的 2 倍，可以说是人口高度集聚区了。外环由于低地价及环境资源优势，
由原来的以电气机械设备和农业为主导的产业，开始转变为高科技产业的集
聚地。此外，茨城县南部以及多摩地区已经成为信息产业、研发机构以及大
学的主要集聚区。

　　再看服务业，很明显，东京的服务业高度集聚在中心区及内环，中心区
主要以批发服务业为主，具有辐射带动能力；内环主要发展以本地服务需求
为主的批发零售业，其虽然在金融保险领域有涉及，但是与中心区差异较大；
外环以面向个人的生活服务业为主。从整体的布局门类看，中心区主要是以
企业的专业服务和其他事业服务为主来发展相关第三产业，包括批发零售业、

专业服务业、金融保险业、信息通信业、娱乐业、物品租赁业、不动产业等。

3. 世界 500 强公司布局

根据财富中文网发布的 2019 年相关数据，世界 500 强企业中，中国共有129 家企业上榜。统计数据显示（见表 5-1 和表 5-2），世界 500 强企业位于东京湾区的有 39 家，涉及金融、通信与信息技术等高新科技、车辆与零部件、贸易、电子电气设备、零售、炼油、金属等行业。世界 500 强企业位于粤港澳大湾区的有 20 家，涉及金融、多元化、房地产、通信与信息技术等高新科技、零售、家电等行业。

表 5-1　2019 年东京湾区世界 500 强企业行业分布

上榜企业总数：39 家	
行业	数量/家
金融	9
通信与信息技术等高新科技	6
车辆与零部件	5
贸易	4
电子电气设备	4
零售	3
炼油	2
金属	2
铁路运输	1
化学品	1
公用设施	1
工业机械	1

表 5-2　2019 年粤港澳大湾区世界 500 强企业行业分布

上榜企业总数：20 家	
行业	数量/家
金融	4
多元化	3
房地产	3
通信与信息技术等高新科技	3
零售	2
家电	2
汽车制造	1
电力	1
有色金属	1

我们通过对上榜企业的数量排名、行业分布等数据指标进行对比分析发现，粤港澳大湾区 2019 年入围世界 500 强企业数量与 2018 年持平，但排名较之前明显上升，产业协同高质量发展趋势明显。

如表 5-3 所示，相比于 2018 年的数据，除了格力电器是新上榜企业，华为、中国华润、恒大集团、碧桂园、招商银行、广汽集团等 10 多家企业排名上升，其中恒大集团、碧桂园、腾讯、招商局、万科集团、雪松控股 6 家企业排名上升超过 30 位。2018 年新上榜的雪松控股 2019 年排第 301 位，上升了 60 位。碧桂园上升最快，上升了 176 位，从 2018 年的第 353 位上升至 2019 年的第 177 位，跻身前 200 强。2019 年，腾讯排名上升了 94 位。友邦保险集团从 2018 年的第 295 位下降到 2019 年的第 388 位，下降了 93 位。下降最多的是中国太平保险集团，从 2018 年的第 220 位下降到了 2018 年的第 451 位，下降了 231 位。

表 5-3　粤港澳大湾区 2019 年《财富》500 强企业一览表

序号	企业名称	总部所在城市	排名	2018 年排名
1	平安保险	深圳	29	29
2	华为	深圳	61	72

表5-3（续）

序号	企业名称	总部所在城市	排名	2018年排名
3	中国华润	香港	80	86
4	南方电网	广州	111	110
5	正威国际	深圳	119	111
6	恒大集团	深圳	138	230
7	碧桂园	佛山	177	353
8	招商银行	深圳	188	213
9	广汽集团	广州	189	202
10	联想	香港	212	240
11	腾讯	深圳	237	331
12	招商局	香港	244	280
13	万科集团	深圳	254	332
14	怡和集团	香港	280	283
15	雪松控股	广州	301	361
16	美的集团	佛山	312	323
17	长江和记实业	香港	352	374
18	友邦保险集团	香港	388	295
19	珠海格力电器	珠海	414	—
20	中国太平保险集团	香港	451	220

数据来源：笔者根据财富中文网相关数据整理。

东京湾区2019年《财富》500强企业一览表如表5-4所示。从企业排名来看，其中丰田汽车公司、本田汽车、日产汽车、日立、日本永旺集团、丸红株式会社、日本三井住友金融集团、三菱电机股份有限公司等20多家企业排名下跌，在全球四大湾区中企业排名下跌情况最为严重。其中，斯巴鲁公司降幅最大，从2018年的第384位下降到了2019年第440位，下降了56位；紧接着是东芝，下降了45位；降幅超过30位（含30位）的还有富士通和损保控股有限公司。东京湾区也有排名升幅抢眼的，东日本旅客铁道株式会社的排名从2018年的第443位上升了285位，上升到2019年的第158位；三菱

商事株式会社的排名上升了 96 位，从 2018 年的第 129 位上升到了 2019 年的
第 33 位；三井物产株式会社从 2018 年的第 246 位上升到了 2019 年的第 157
位，上升了 89 位。

表 5-4　东京湾区 2019 年《财富》500 强企业一览表

序号	企业名称	总部所在城市	排名	2018 年排名
1	丰田汽车公司	东京	10	6
2	三菱商事株式会社	东京	33	129
3	本田汽车	东京	34	30
4	日本邮政控股公司	东京	52	45
5	日本电报电话公司	东京	64	55
6	日产汽车	东京	66	54
7	软银集团	东京	98	85
8	日立	东京	102	79
9	JXTG 控股有限公司	东京	105	99
10	索尼	东京	116	97
11	日本永旺集团	千叶	118	103
12	丸红株式会社	东京	147	130
13	第一生命控股有限公司	东京	153	145
14	三井物产株式会社	东京	157	246
15	Seven & I 控股公司	东京	159	179
16	三菱日联金融集团	东京	166	177
17	东京电力公司	东京	178	186
18	日本制铁集团公司	东京	186	198
19	日本三井住友金融集团	东京	209	192
20	MS & AD 保险集团控股有限公司	东京	222	221
21	东京海上日动火灾保险公司	东京	224	209
22	住友商事	东京	231	250
23	日本 KDDI 电信公司	东京	245	236
24	三菱电机股份有限公司	东京	300	279
25	日本明治安田生命保险公司	东京	324	309

表5-4(续)

序号	企业名称	总部所在城市	排名	2018 年排名
26	日本三菱重工业股份有限公司	东京	334	311
27	佳能	东京	345	317
28	富士通	东京	349	313
29	日本瑞穗金融集团	东京	350	367
30	三菱化学控股	东京	351	352
31	日本出光兴产株式会社	东京	354	398
32	日本钢铁工程控股公司	东京	356	358
33	东芝	东京	371	326
34	普利司通	东京	374	365
35	损保控股有限公司	东京	377	347
36	Medipal 控股公司	东京	436	418
37	斯巴鲁公司	东京	440	384
38	东日本旅客铁道株式会社	东京	158	443
39	日本电气公司	东京	470	463

数据来源：笔者根据财富中文网相关数据整理。

对比东京湾区可以看出，粤港澳大湾区产业结构优化和战略性新兴产业带动性的优势使得入围企业排名大幅度提升。目前，粤港澳大湾区在生命健康、娱乐、食品等领域缺乏龙头带动企业，但在互联网、高技术制造领域等新科技产业的国际竞争优势正逐步显现。粤港澳大湾区在其出口产业结构上有着高新技术产品份额高的优势，同时也存在着出口附加值较低、加工贸易比重仍然较高的发展劣势。由于生产要素成本上升，企业开始向其他地区迁移，粤港澳大湾区面临着产业结构急需调整的压力。

三、产业政策的比较

产业政策是由国家相关部门制定的，主要以引导产业发展方向、推动产业结构升级、促使国民经济健康可持续发展为目的。自 2003 年开始，国家就对粤港澳大湾区制定了相关贸易往来的规划，之后更是正式提出粤港澳大湾区的发展理念，出台了针对该地区的科技创新、产业规划等规划纲要。日本没有专门针对东京湾区的相关政策，但是自第二次世界大战以来日本政府为调整和引导产业发展而制定的法律也影响着东京湾区的形成和变化。本部分重点讨论中国粤港澳大湾区的产业政策和日本产业政策变迁。

1. 中国粤港澳大湾区的产业政策

自20世纪以来，粤港澳大湾区针对人工智能、新材料、电子信息、先进制造、新材料、医疗健康等产业都有支持发展的政策。

（1）人工智能。当前，我国的人工智能产业处于爆发式增长阶段，自2017年国务院发布《新一代人工智能发展规划》将人工智能产业提升到国家发展战略层面后，广东省及部分城市也都发布了相应政策予以响应（见表5-5）。

表5-5　粤港澳大湾区人工智能产业相关政策

区域	发布时间	政策名称	具体内容
广东省	2018年8月	《广东省新一代人工智能发展规划》	提出了"三步走"的发展目标，到2030年，人工智能产业成为引领国家科技产业创新中心和粤港澳大湾区建设的重要引擎
广州市	2018年6月	《广州南沙人工智能产业发展三年行动计划（2018—2020年）》	在芯片及传感器等重点技术方向进行攻关，将人工智能技术应用到智能医疗、智能服务机器人等领域。到2020年，区内人工智能案例实现推广复制，形成人工智能产业规模
东莞市	2018年6月	《东莞市支持新一代人工智能产业发展的若干政策措施》	鼓励集聚化发展，同时在加强项目落地方面进行支持，并对企业进行引进与培育；通过搭建公共服务平台，加强交流合作
广州市	2018年3月	《广州市加快IAB产业发展五年行动计划（2018—2022年）》	以推动互联网、人工智能、大数据和实体经济深度融合为主线，以构建现代化产业体系、推动经济高质量发展为目标，全面部署未来五年IAB产业（新一代信息技术、人工智能、生物医药）的发展
香港特别行政区	2018年2月	《财政预算案》	拨款超过500亿港元，用于加快香港的创科发展。人工智能正是四大聚焦科技范畴之一。香港科学园将建设两个世界级科技创新平台，其中一个专门研发人工智能及机器人技术

表5-5(续)

区域	发布时间	政策名称	具体内容
东莞市	2018 年 1 月	《东莞市建设国家自主创新示范区实施方案（2017—2020 年）》	东莞将重点发展智能机器人等新兴领域，推进智能装备产业的核心技术攻关
香港特别行政区	2017 年 12 月	《香港智慧城市蓝图》	鼓励各个政府部门带头善用人工智能，利用创科改善公共服务和城市管理。创新及科技局于 2020 年建立新的大数据分析平台，令部门与部门之间能够实时分享数据，提高政府内部运作效率
澳门特别行政区	2017 年 8 月	《构建智慧城市战略合作框架协议》	应用阿里巴巴云计算和人工智能技术，在交通管理、旅游、医疗服务、城市综合管理、人才培训等方面展开合作，为澳门构建城市治理的人工智能中枢，助力澳门发展成一个"以数字引领科技，智能服务民生"的智慧城市
深圳市	2014 年 11 月	《深圳市机器人、可穿戴设备和智能装备产业发展政策》	设立专项资金支持，具体涵盖实验室、科研中心、国家科技支撑计划、技术服务平台、产业化项目、展会等

资料来源：笔者根据相关网站资料整理。

我国的人工智能相关产业规模、投融资规模以及企业数量均位居世界前列，粤港澳大湾区对此保持着相当高的投资热度，投融资数量也整体呈逐年上升的趋势。2020 年，我国人工智能核心产业规模超过 1 500 亿元；预计到 2025 年，人工智能核心产业规模将超过 4 000 亿元，带动相关产业规模超过 5 万亿元。

（2）新材料。国家高度重视新材料产业，我国新材料产业发展势头也很强劲，金融资本不断涌入也是由于国家陆续推出一系列利好政策，鼓励支持新材料领域的发展，如表 5-6 所示。

表 5-6　国家新材料产业相关政策汇总

时间	发布单位	政策文件
2018 年 4 月	工信部、财政部	《国家新材料产业资源共享平台建设方案》
2017 年 1 月	工信部、国家发展改革委、科技部、财政部	《新材料产业发展指南》
2016 年 12 月	国务院	《国务院办公厅关于成立国家新材料产业发展领导小组的通知》
2016 年 12 月	国务院	《"十三五"国家战略性新兴产业发展规划》
2016 年 10 月	工信部	《有色金属工业发展规划（2016—2020 年)》
2016 年 10 月	工信部	《稀土行业发展规划（2016—2020 年)》
2015 年 9 月	国家制造强国建设战略咨询委员会	《中国制造 2025》重点领域技术路线图
2015 年 5 月	国务院	《中国制造 2025》
2014 年 10 月	国家发展改革委、财政部、工信部	《关键材料升级换代工程实施方案》
2012 年 7 月	国务院	《"十二五"国家战略性新兴产业发展规划》
2007 年 5 月	国家发展改革委	《高技术产业发展"十一五"规划》

资料来源：笔者根据相关网站信息整理。

　　粤港澳大湾区是制造业的大本营，基础深厚，对供应链上游的材料配套有直接需求，进而推动粤港澳大湾区新材料产业的发展，对粤港澳大湾区内的科研力量起到了有力的推动作用。2018 年成立的粤港澳大湾区新材料产业联盟，是搭建专注新材料发展、推动新材料相关产业共同创新进步、发展的平台，也是国内首家集投资、技术、服务等于一体的行业联盟。如图 5-3 所示，新材料企业的分布不均，深圳的新材料企业占比为 39%，占比最大，之后是占比为 16% 的东莞、占比为 12% 的广州、占比为 11% 的佛山，其他 7 个城市的占比均未超过 10%。

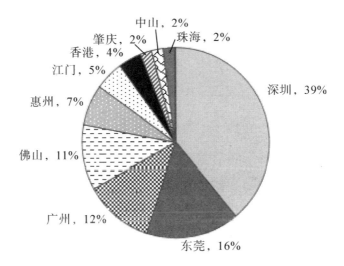

中山，2%
珠海，2%
肇庆，2%
香港，4%
江门，5%
惠州，7%
深圳，39%
佛山，11%
广州，12%
东莞，16%

图5-3　2017—2019年粤港澳大湾区新材料领域企业地区分布情况

数据来源：投中数据（CVsource）。

在国家利好政策的支持下，广州和深圳都成为新材料产业领域的发展高地。广州形成了一批在国内具有垄断性质的骨干企业及独创性新材料产品，其作为核心区的新材料国家高新技术产业基地建立了高分子材料、金属材料、电子信息材料等优势产业集群。深圳的高新技术产业具备一定规模，其高新技术的三大领域包括电子信息、生物医药以及新能源和新材料产业。在新材料方面，深圳产业链完整，着重发展电子信息材料、新能源材料、生物材料、建筑节能材料、石墨烯纳米材料、超材料等重点领域。

（3）电子信息、先进制造、医疗健康。电子信息产业在粤港澳大湾区的发展势头来源于创投环境与产业基础的结合。近年来，粤港澳大湾区内各城市也跟进出台相关鼓励创业投资的利好政策。2017—2019年，《广东省加快促进创业投资持续健康发展的实施方案》《广州市鼓励创业投资促进创新创业发展若干政策规定》《关于进一步促进科技创新的若干政策措施》《关于加强港澳青年创新创业基地建设的实施方案》等文件相继出台，有助于推动国内外各类人才的聚集，吸引各初创企业的落地。得益于珠三角地区传统制造业的积累，"世界工厂"的大名使得粤港澳大湾区具备雄厚的产业经济基础。

自 2017 年粤港澳大湾区战略正式提出以来，制造业的创新和转型成为粤港澳大湾区建设工作的重点。广州、深圳等核心城市，正在面临着产业升级，即由传统工业向高端制造业的转型。该转型具有产业体系完备、制造业基础雄厚的先天优势，而粤港澳大湾区"9+2"城市群协同发展吸引的资本将为高端制造业的发展提更多支持，进一步将粤港澳大湾区打造成为国际高技术产业制造中心。

此外，鉴于粤港澳大湾区自身区位、产业、制度等优势，医疗健康也处于领先地位，国务院、国家卫健委等部门也相继发布 30 余项政策法规。这些政策法规的出台，给医疗行业带来了巨大的影响和变动，助力粤港澳大湾区甚至全国医疗健康领域的蓬勃发展。

2. 日本产业政策变迁

日本在经济高速发展时代和"泡沫经济"以后通过地域经济得以找回"失去的 20 年"，努力发展。

第二次世界大战结束到 20 世纪 60 年代，日本政府制定《企业合理化促进法》《国民所得倍增计划》《全国综合开发计划》等，恢复铁路、建设港湾、确保用地用水、完善基础建设，研究太平洋工业带构想；为缩小大城市圈与其他地方的差距，制定《新产业城市建设促进法》（《新产法》）《工业整备特别地域整备促进法》（《工特法》）等，通过鼓励不同城市利用资源联合发展产业，推动靠近大城市圈的其他区域的发展，通过日益完善的基础设施来吸引企业大规模兴办工厂。这一切主要依靠这个时间段日本中央政府主导实施的政策。

20 世纪 70 年代至 90 年代中期，日本迎来了工业再布局、高技术集聚的平安增长期。由于农耕问题，劳动人口向内陆转移，日本政府发布了《工业再布局促进法》。后来，日本政府想借鉴美国的经验，在内陆建设完善的工业基地，带动人口迁徙建设城市，制定了《高度技术积聚城市地域开发促进法》。同时，日本政府提出产业布局需要从重工业转变到高技术高附加值产业，政策开始鼓励结合学术研究机构和产业支援机构来促使高科技产业集聚，通过产学研加生活舒适圈来推进高度技术集聚的城市化进程。

20 世纪 90 年代后期，日本经济在经历了"泡沫经济"后处于长期停滞期，日本政府意识到完善企业运营环境、灵活运用不同区域资源的重要性，政策制定思路从"产业布局政策"转变为"地域产业政策"。日本政府于 1997 年、1998 年分别制定了《关于特定产业集聚的活性化的临时措施法》（《产业集聚活性化法》）《关于中心市区的活性化法律》，防止大城市区域孤立或"空洞化"。1999 年，日本政府又出台了一系列支持中小企业创新活动的制度和支援措施。例如，《新事业创出促进法》《产业活力再生特别措施法》《中小企业经营革新支援法》。

21 世纪初，日本国内组织体制大改革，开始探讨产业集群政策。20 多年来，为提升综合竞争力，并形成具有国际竞争力的产业集群，日本政府出台了相关法律，督促社会各机构加强创新技术联合研发，鼓励不同行业中小企业协同合作，完善产业发展软硬件设施及网络环境，培养人才，提供项目支持。例如，2005 年出台的《关于中小企业的新事业活动促进的法律》（《中小企业新事业活动促进法》）、2007 年出台的《关于促进中小企业利用地域产业资源的事业活动的法律》（《中小企业地域资源活用促进法》）和《关于以促进企业布局在地域里形成且振兴产业集聚的法律》（《企业布局促进法》）、2008 年出台的《关于促进由中小企业和农业、水产业的合作的事业活动的法律》（《农商工协作促进法》）。

第二节　科技创新方面的比较

科技创新涉及政府、企业、科研院所、高等院校、国际组织、中介服务机构、社会公众等多个主体，包括人才、资金、科技基础、知识产权、制度建设、创新氛围等多个要素，是各创新主体、创新要素交互复杂作用下的一

种现象。本节在前文的分析基础下就日本和中国不同的研究角度对创新主体、创新政策和创新能力进行对比讨论。

<h2>一、科技创新主体的比较</h2>

科技创新主体是承载科技创新具体项目的机构和单位，为了把握日本各都道府县的情况，日本总务省针对科研费、论文、专利和产学合作，对企业、非营利团队和公共机关、大学、自治体等机构做了相关数据的收集和分析，以掌握日本国内的创新发展现状。中国的创新主体主要以高校、企业、工程实验室、孵化器为主。

1. 粤港澳大湾区科技创新情况

由于研究角度的不同，国内并没有与日本分析模式对应的相关数据。笔者对以高校为主的科技创新承载体做了相关分析，有关其他企业、工程实验室、创新孵化器的相关数据和分析将在本书第七章详细讨论。

如表 5-7 所示，粤港澳大湾区 9 个城市共有 75 所"211 工程"建设、省部共建高等学校，参与负责教学与科研的人员总数达 53 366 人，包括 49 310 位科学家与工程师，其中有高级职称的科研人员有 19 747 位；参与负责研究与发展的人员总数达 20 944 人，包括 19 888 位科学家与工程师，其中有高级职称的科研人员有 15 160 位。广州、深圳、东莞的教学与科研人员总数及高级职称人数都排前三位，其中位于广州的高校有 45 所，使得广州的教学与科研人员总数最多，成为粤港澳大湾区之最。深圳的"211 工程"建设、省部共建高校只有 4 所，教学与科研人员和研究与发展人员总人数为 4 687 人，只有广州的 8.2%，获得高级职称的人数也只有广州的 9.2%，虽然在粤港澳大湾区 9 个城市中排第 2 位，但是与广州差距很大。其余城市高校数量最少的是江门，只有 2 所高校，教学与科研人员总数最少的是也是江门，为 648 人，但是教学与科研人员中拥有高级职称人数最少的是惠州，为 173 人，研究与发展人员总数最少的是中山，为 155 人。

表 5-7　粤港澳大湾区（9 个城市）"211 工程"建设、省部共建高等学校
研发人员情况

城市	教学与科研人员/人			研究与发展人员/人			全时当量人员
	合计	其中：科学家与工程师		合计	其中：科学家与工程师		
		小计	其中：高级职称		小计	其中：高级职称	
东莞	3 313	3 185	1 156	920	865	741	744
佛山	1 792	1 693	1 372	505	497	415	403
广州	40 513	37 099	14 469	16 969	16 026	11 078	13 570
惠州	725	685	173	177	174	1 037	141
江门	648	581	247	294	294	242	235
深圳	3 176	3 120	1 381	1 511	1 502	1 208	1 208
肇庆	1 293	1 198	379	236	221	189	188
中山	816	772	242	155	149	115	123
珠海	1 090	977	328	177	160	135	142

数据来源：广东省科技厅。

　　如表 5-8 所示，粤港澳大湾区 9 个城市中广州的高校众多，每年投入的科研经费总额最高，超过 106 亿元，其中政府拨入资金超过 75 亿元，占总科研经费金额的 71%，企事业单位委托拨入资金超过 12 亿元，占总金额的 12%，其他拨入资金的占比约为 17%。科研经费投入排第 2 位的是深圳，总额约为 14 亿元，只有广州的约为 13.2%，其中政府拨入资金超过 12 亿元，占总科研经费金额的 86%，企事业单位委托拨入资金超过 1 亿元，占总科研经费金额的 12%，其他拨入资金的占比约为 2%。科研经费投入最少的是中山（2 085 万元），而中山的政府拨入资金却不是 9 个城市中最少的，但是中山的企事业单位委托拨入和其他拨入的科研经费是最少的。政府拨入研发经费最少的是惠州（923.4 万元）。

表 5-8　粤港澳大湾区（9 个城市）"211 工程"建设、省部共建高等学校
科研经费情况

城市	科研经费/万元					
	合计	当年拨入				当年内部支出
		小计	政府拨入资金	企事业单位委托拨入	其他	
东莞	44 597.6	44 560.6	32 079.8	8 738.4	3 742.4	44 308.1
佛山	26 708.2	26 708.2	21 633.6	3 465.4	1 609.2	22 894.2
广州	1 065 193.7	989 699.1	756 690.9	127 924.9	105 094.3	775 384.0
惠州	2 287.9	2 287.9	923.4	462.1	902.4	2 039.7
江门	9 471.5	9 471.5	2 070.0	5 529.3	1 874.0	6 810.4
深圳	141 079.5	141 079.5	121 309.2	1 6751.6	3 018.7	114 773.6
肇庆	4 971.9	4 971.9	2 167.5	1 518.5	1 285.9	4 265.7
中山	2 085.7	2 085.7	5 483.7	372.0	230.0	1 498.4
珠海	2 234.2	2 234.2	1 184.8	454.1	595.3	2 251.6

数据来源：广东省科技厅。

如表 5-9 所示，广州依托高校众多的优势，在科技成果及技术转让方面
也是遥遥领先于其他 8 个城市，出版的专著数量为 128 部，字数超过 2 000 万
字，发表学术论文 46 044 篇，鉴定成果 44 项，依靠技术转让获得的收入超过
1.2 亿元。深圳出版的专著数量为 8 部，发表学术论文 2 233 篇，鉴定成果
10 项（不到广州的 1/4），依靠技术转让获得的收入只有广州的约 1%。其他
7 个城市科技成果及技术转让水平更低，其中惠州、江门、肇庆、珠海没有专
著，惠州、江门、中山、珠海发表的学术论文篇数不足 500 篇，惠州、中山
的科研鉴定成果数为 0。

表5-9　粤港澳大湾区（9个城市）"211工程"建设、省部共建高等学校
科技成果及技术转让情况

城市	科技成果及技术转让						
	专著		学术论文/篇		鉴定成果数/项	技术转让	
	数量/部	字数/千字	合计	其中：在国外及全国性刊物发表		签订合同数/项	当年实际收入/万元
东莞	8	1 421	1 361	282	9	2	17
佛山	3	850	613	66	7	13	4.7
广州	128	22 680	46 044	18 506	44	314	12 041
惠州	0	0	303	38	0	0	0
江门	0	0	368	90	1	2	8
深圳	8	3 335	3 188	2 233	10	22	145.2
肇庆	0	0	761	81	4	2	55
中山	3	630	295	19	0	2	5.3
珠海	0	0	337	78	4	1	4

数据来源：广东省科技厅。

夸夸雷利·西蒙兹（Quacquarelli Symonds，QS）世界大学排名数据显示（见表5-10），在电气与电子工程学、计算机科学与信息技术、数学、化学工程学、化学、医学、物理及天文学等学科，世界排名前50位乃至前100位的学校都聚集在香港，香港科技大学的电气与电子工程学、计算机科学与信息技术、数学、化学工程学、化学5个学科排名世界前50位，香港大学的电气与电子工程学、计算机科学与信息技术、数学、化学、医学5个学科排名世界前50位，香港中文大学只有计算机科学与信息技术、数学、医学3个学科排名世界前50位。除香港的学校之外，粤港澳大湾区其他地区的学校在表5-10所示的几个学科分类中均排在100名之后，并且只有中山大学的部分学科排在101～200名。澳门只有澳门大学的电气与电子工程学、计算机科学与信息系统两个学科上榜，但都排在300名之后。由此可见，香港是粤港澳大湾区的科研创新力量核心辐射地。

表 5-10　2019 年粤港澳大湾区内大学部分学科 QS 排名

学科	香港	粤港澳大湾区其他地区
电气与电子工程学	香港科技大学（22）、香港大学（30）、香港城市大学（51～100）、香港中文大学（51～100）、香港理工大学（51～100）	中山大学（201～250）、华南理工大学（251～300）、澳门大学（301～350）
计算机科学与信息系统	香港科技大学（26）、香港大学（33）、香港中文大学（36）、香港城市大学（51～100）、香港理工大学（51～100）、香港浸会大学（351～400）	中山大学（101～150）、澳门大学（301～350）、华南理工大学（451～500）
数学	香港中文大学（28）、香港科技大学（36）、香港大学（45）、香港城市大学（51～100）、香港理工大学（51～100）、香港浸会大学（201～250）	中山大学（101～150）
化学工程学	香港科技大学（34）、香港大学（51～100）、香港中文大学（101～150）、香港理工大学（151～200）	中山大学（101～150）、华南理工大学（201～250）
化学	香港科技大学（22）、香港大学（34）、香港中文大学（51～100）、香港城市大学（101～150）、香港理工大学（101～150）、香港浸会大学（251～300）	中山大学（101～150）、华南理工大学（201～250）
医学	香港大学（29）、香港中文大学（45）、香港城市大学（351～400）	中山大学（101～150）
物理及天文学	香港科技大学（51～100）、香港大学（51～100）、香港城市大学（101～150）、香港中文大学（101～150）、香港理工大学（201～250）、香港浸会大学（551～600）	中山大学（151～200）、华南理工大学（401～450）

数据来源：QS 世界大学排名。

2. 日本"一都三县"科技创新情况

为了把握日本各都道府县的情况，日本总务省《科学技术研究调查》课题组将企业、非营利团队和公共机关、大学、自治体、科研费、论文、专利、产学合作 8 个领域的数据根据偏差值进行指数化处理，并按照偏差值的高低进行了 8 个阶段的分类。偏差值低于 40 的设定为 1，偏差值在 40～44（含44）、44～48（含48）、48～50（含50）、50～52（含52）、52～56（含56）、56～60（含60）以及大于 60 区间的分别设定为 2～8，5 以上的意味着位于平均值以上，4 以下的意味着低于平均值，这样通过雷达图的形式可以很直观地看出各地区的科学技术强弱与不同的特征。

图 5-4 至图 5-7 分别是 2016 年东京都、埼玉县、千叶县、神奈川县科学技术关联项目雷达图，左边是实数值，右边是比例值。从图 5-4 可以看出，东京都在企业、非营利团队和公共机关、大学、自治体、科研费、论文、专利、产学合作 8 个领域，根据偏差值而计算的指数、实数值均是最高的 8，说明东京都科学技术整体实力最强。从比例值来看，除了自治体中每人所平均下来的预算额与根据企业、非营利团队和公共机关、大学所平均下来的论文数量指数分别为 3 和 2，都低于平均值之外，其他领域指数均高于平均值。这说明东京都无论在实数还是在比例值方面，科学技术整体实力都处于领先地位。

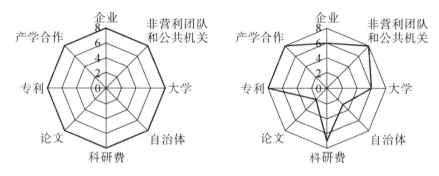

图 5-4　2016 年东京都科学技术关联值雷达图（实数与比例值）

数据来源：笔者根据日本文部科学省《地域科学技术指标 2018》数据制图。

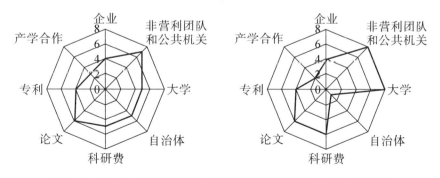

图 5-5　2016 年埼玉县科学技术关联项目雷达图（实数与比例值）

数据来源：笔者根据日本文部科学省《地域科学技术指标 2018》数据制图。

从图 5-5 可以看出，在实数方面，埼玉县在非营利团体和公共机关所使用的研究开发费与进行科研工作的研究者方面，指数最高为 7，产学合作的金额与件数指数最低为 3，并低于平均值。除了产学合作外，其他指数均刚达到或高于平均值。在比例值方面，在非营利团体和公共机关、大学中每一位研究者所使用的研究开发费指数最高为 8；产学合作、自治体指数分别为 2 与 1。关于企业所使用的研究开发费还有从事科研工作的研究者，无论是实数值还是比例值，指数均为 4，刚刚达到平均线，这与东京都有一定差距。

从图 5-6 可以看出，在实数方面，千叶县自治体的预算额与专利的申请数指数都为 3，低于平均值，其他 6 项指标均达到或高于平均值，但是没有达到指数为 6 以上的指标。从比例值来看，在非营利团体和公共机关、大学中每一位研究者所发表的论文数指数最高为 8，自治体中每人所平均下来的预算额，在非营利团体和公共机关、大学中每一位研究者所获得的科研费，产学合作方面每一位大学理工科研究者所合作的件数与金额四个指数分别为 1、2、1、2，均低于平均值。从企业所使用的研究开发费还有从事科研工作的研究者指数来看，实数值虽然为 4，表现平平，但是比例值为 6，与东京都一致。

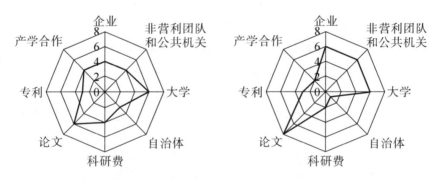

图 5-6　2016 年千叶县科学技术关联项目雷达图（实数与比例值）

数据来源：笔者根据日本文部科学省《地域科学技术指标 2018》数据制图。

从图 5-7 可以看出，在实数方面，神奈川县与东京都一样，整体实力较强，8 个领域指数中没有低于平均值的。从论文发表的数量来看，指数最高为 8，与东京都一致；从在企业与大学中从事科研工作的研究者与所使用的研究开发费来看，指数也较高，都为 7，仅次于东京都。产学合作的金额与自治体预算额刚达到平均线，不占优势。

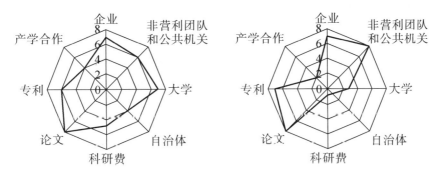

图 5-7　2016 年神奈川县科学技术关联项目雷达图（实数与比例值）

数据来源：笔者根据日本文部科学省《地域科学技术指标 2018》数据制图。

从比例值来看，自治体中每人所平均下来的预算额，在非营利团体和公共机关、大学中每一位研究者所获得的科研费，产学合作方面每一位大学理工科研究者所合作的件数与金额四个指数分别为 1、1、2、1，均低于平均值，这和上述的千叶县的情况比较接近。在非营利团体和公共机关、企业中从事科研工作的研究者平均每一位所使用的研究开发费指数分别为 8 和 7。另外，在非营利团体和公共机关、大学中工作的研究者所发表的论文指数也达到最高，为 8；每百家事务所所申请的专利数量指数也达 7，这个指标与东京都持平，远高于埼玉县与千叶县。

如图 5-8 所示，东京湾区"一都三县"机构研究开发费中，企业占比最高的是东京都，占比达 78%，之后依次是千叶县（58%）、神奈川县（57%）、埼玉县（25%）。东京都正是日本企业集中度最高的地区，而埼玉县企业占比仅为 25%。从图 5-8 可以看出，除了埼玉县是非营利团体和公共机关>大学>企业的顺序外，东京都、千叶县、神奈川县均是企业的占比最高，其中千叶县大学的占比高于非营利团体和公共机关。

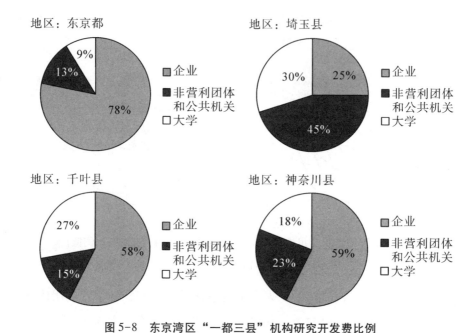

图5-8　东京湾区"一都三县"机构研究开发费比例

数据来源：笔者根据日本文部科学省《地域科学技术指标2018》数据制图。

非营利团体和公共机关占比最高的是埼玉县（45%），之后依次是神奈川县（23%）、千叶县（15%）与东京都（13%）。大学占比最高的是埼玉县（30%），之后依次是千叶县（27%）、神奈川县（18%）与东京都（9%）。

下面我们从8个行业对"一都三县"研究开发费进行分析。首先，关于东京都，在8个细分行业中，生命科学领域中所使用的研究开发费占比最高，达38%，其次是信息通信，占比33%，这2个行业占比总计达到71%。从图5-9可以看出，大学对于生命科学行业所使用的研究开发费最多，占比达到71%，对信息通信领域研究开发费的使用比例为9%；企业所使用的研究开发费主要集中在信息通信与生命科学行业，分别占比39%与36%；非营利团体和公共机关所使用的研究开发费在太空探索领域占比最高，达47%，另外在生命科学领域的占比也达到20%。

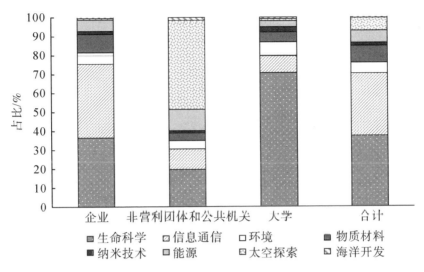

图 5-9　东京都 8 个行业研究开发费比例

数据来源：笔者根据日本文部科学省《地域科学技术指标 2018》数据制图。

其次，关于埼玉县，在 8 个细分行业领域中生命科学行业所使用的研究开发费占比最高，达到 53%，其次是信息通信，占比 24%，合计比例达到 77%，高于东京都。从图 5-10 可以看出，大学所使用的研究开发费在生命科学行业领域最多，达到 93%；非营利团体和公共机关所使用的研究开发费也是主要用于生命科学（48%）与信息通信（33%）行业；企业所使用的研究开发费的行业次序是信息通信（33%）、环境（23%）、物质材料（18%）、生命科学（14%）。

再次，关于千叶县，在 8 个细分行业领域中生命科学行业所使用的研究开发费占比最高，达到 30%，其次是信息通信，占比 23%，合计比例达到 53%，这是低于埼玉县与东京都的。物质材料行业的占比高于信息通信，达到 25%。从图 5-11 可以看出，大学所使用的研究开发费主要用于生命科学（49%）、物质材料（18%）、环境（11%）与海洋开发（9%）行业领域；非营利团体和公共机关所使用的研究开发费也主要用于生命科学，占比达到 96%。我们可以看出，埼玉县生命科学行业的研究开发费主要由大学所使用，而在千叶县主要由非营利团体和公共机关所使用。企业所使用的研究开发费

主要用于信息通信（37%）、物质材料（36%）、能源（12%），生命科学的占
比较低，只有2%。

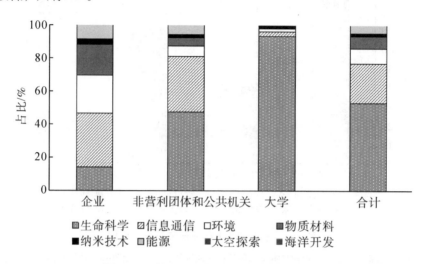

图5-10　埼玉县8个行业研究开发费比例

数据来源：笔者根据日本文部科学省《地域科学技术指标2018》数据制图。

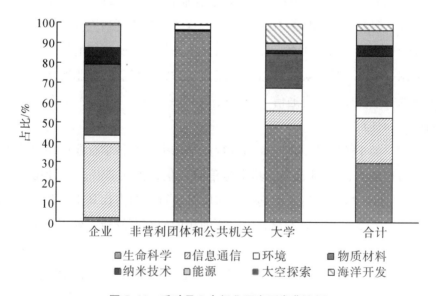

图5-11　千叶县8个行业研究开发费比例

数据来源：笔者根据日本文部科学省《地域科学技术指标2018》数据制图。

最后，关于神奈川县，在 8 个细分行业领域中信息通信行业所使用的研究开发费占比最高，达到 35%，其次是生命科学，占比 23%，合计比例达到 58%。我们可以看出，生命科学与信息通信这 2 个行业是"一都三县"主打行业，总占比由高到低依次是埼玉县（77%）、东京都（71%）、神奈川县（58%）、千叶县（53%）。其中，除了神奈川县以信息通信行业为主导之外，东京都、埼玉县、千叶县都以生命科学行业为主导。

从企业、非营利团体和公共机关、大学所使用的研究开发费类别来看，如图 5-12 所示，大学所使用的研究开发费集中在生命科学（70%）行业，之后是物质材料（11%）行业；非营利团体和公共机关所使用的研究开发费主要集中在海洋开发（68%）行业，之后是环境（16%）、生命科学（13%）行业；企业所使用的研究开发费主要集中在信息通信（57%）行业，之后是生命科学（13%）、纳米技术（10%）行业。综上所述，"一都三县"中，企业所使用的研究开发费都集中在信息通信行业，企业对于这个行业的发展做出的贡献也是最大的。

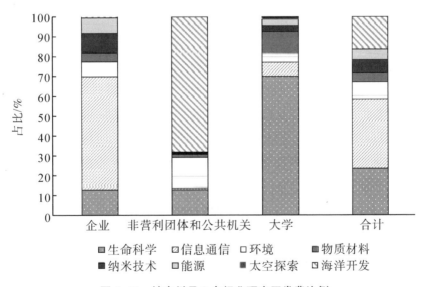

图 5-12　神奈川县 8 个行业研究开发费比例

数据来源：笔者根据日本文部科学省《地域科学技术指标 2018》数据制图。

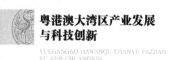
二、科技创新政策的比较

日本与我国在科技创新相关政策的制定思路和模式是十分相似的，针对国情做出长期规划以及适时调整。日本自 1996 年开始制定实施第一期五年科学技术基本计划，2020 年是日本第五期科学技术基本计划的完结年。我国自1953 年开始实施第一个五年计划，1996 年我国实施第九个五年计划，2020 年是我国第十三个五年规划的完成之年。1996—2005 年，我国更是制定了具有中国特色的科教兴国战略、国家重点基础研究发展计划（"973 计划"）等。

1. 粤港澳大湾区

随着我国粤港澳大湾区的建立和不断发展，国家及各地为推动粤港澳大湾区的发展制定了一系列政策措施。粤港澳大湾区的目标定位是打造国际一流湾区及世界级城市群，香港和澳门开始推动研究中心与实验室的建立，内地 9 个城市在加紧增建创新主体，同时各个城市在吸引高端人才来粤港澳大湾区创新创业方面制定了相关推动政策，为粤港澳大湾区未来的发展奠定了坚实人才储备基础。

（1）香港和澳门。为吸引人才入境，香港特区政府于 2018 年 5 月 8 日出台的《科技人才入境计划》，就是针对持有科学、科技、工程或数学等学科学位且在特定行业任职（其中持有硕士或博士学位者无需任职经历）的人才。早在 2017 年，香港特区行政长官林郑月娥上任后的首份施政报告就以大篇幅论述创新及科技和创意产业发展，并提出了一系列具体可行的措施。香港早在 2000 年就成立了创新科技署，并于 2006 年成立了 5 个研究中心，其后又建立了 16 个国家重点实验室以及 6 个国家工程技术研究中心香港分中心，且均由创新及科技基金资助。2017 年，澳门特区施政报告也在"培育新兴产业发展，推动经济适度多元"中，提出要加强粤澳中医药科技产业投入，完善科研基础设施建设，以此吸引更多人才入境。

（2）粤港澳大湾区内地 9 个城市。广州、深圳、珠海、佛山、惠州、东莞、中山、江门、肇庆分别根据《国家创新驱动发展战略纲要》和国家"十三五"规划的战略任务以及各市"十三五"规划，制定了各自的科技创新

"十三五"规划。《国家创新驱动发展战略纲要》提出发展新一代信息技术、智能制造技术（先进装备）、新材料、新能源、生命科学与生物技术、航天航空、海洋科技、节能环保。深圳 2017 年 1 月开始实施"十大行动计划"[①]，并在基础研究、应用研究以及应用研究转化及产业孵化各个环节制定了一系列优惠或资助政策。另外，珠海和惠州的重点分别是发展海洋工程装备和石化工业。

表 5-11 列出了粤港澳大湾区城市部分科技创新政策，广州、深圳、珠海、东莞、中山发布了不同政策，为鼓励相关产业发展，加速创新载体建设，推动创新人才奖励，出台奖励资金补贴、投资权投资支持等措施。广州对落户广州的国家级、省级制造业创新中心给予一次性资金补助，深圳对高新技术企业和其他落户本地的企业给予利息补贴、科研服务支持，珠海、东莞、中山也给予人才激励、利率优惠、平台扶持等支持。

表 5-11　粤港澳大湾区城市部分科技创新政策

城市	政策	政策要点
广州	《广州市人民政府关于加快工业和信息化产业发展的扶持意见》（穗府规〔2018〕15 号）	广州对落户广州的国家级、省级制造业创新中心分别给予 3 000 万元、1 000 万元的一次性补助，或者按项目总股本的 30%给予直接股权投资支持，最高不超过 1 亿元
深圳	《深圳市科技型中小微企业贷款贴息贴保项目管理办法》（深科技创新规〔2020〕5 号）	深圳对国家高新技术企业提供利息补贴，降低贷款成本
	《深圳市科技创新券实施办法（试行）》	深圳为本地或深汕地区的科技型企业提供研究开发、技术转移、检验检测认证、知识产权等服务支持

———————

① "十大行动计划"包括布局十大重大科技基础设施，设立十大基础研究机构，组建十大诺贝尔奖科学家实验室，实施十大重大科技产业专项，打造十大海外创新中心，建设十大制造业创新中心，规划建设十大未来产业集聚区，搭建十大生产性服务业公共服务平台，打造十大"双创"示范基地，推进十大人才工程。

表5-11(续)

城市	政策	政策要点
珠海	《珠海市科技信贷和科技企业孵化器创业投资风险补偿金资金管理办法（试行）》	珠海对本地科技型中小微企业实施单独的风险容忍政策和利率优惠政策
东莞	《东莞市产业发展与科技创新人才经济贡献奖励实施办法》（东府〔2018〕75号）	东莞推动创新人才奖励，建设科技人才公寓
中山	《中山市检验位测公共技术服务平台建设专项资金管理办法》	中山对具有前瞻性意义、起基础软件服务作用的规划建设的国家级、省级服务平台，在其项目成熟前期，给予必要的资金扶持

资料来源：笔者根据相关网站信息整理。

人才的流入对湾区的发展十分重要，如表 5-12 所示，广州、深圳、珠海、佛山、珠海、肇庆等出台一系列的政策，通过人才住房保障、购房补贴、子女入学、配偶就业、研发资金补贴、人才奖励等方式吸引高端人才落户，江门、东莞、中山也放松了人才落户政策，以吸引人才入境。这些政策取得了不错的效果，以深圳为例，2016 年以后深圳的常住人口、户籍人口和人才总量飞速增长，尤其是高层次人才、"孔雀计划"团队、专业技术人才、技能人才等所有人才认定总量。2010—2016 年每年人才认定总数增幅都在 7%以下，每年增量不到 31 万人，2017 年增量达到 72 万人次，增幅高达 13.77%，2018 年增幅虽有所下降，但是 2019 年增幅又达到了 10.65%，深圳人才认定总量由 2016 年的 452 万人达到 2019 年的 601 万人[①]。

---

① 数据来源：深圳市人才史馆。

表 5-12　大湾区城市部分人才政策

城市	发布时间	发布政策
广州	2017 年 12 月 22 日	《广州市高层次人才认定方案》《广州市高层次人才服务保障方案》《广州市高层次人才培养资助方案》
	2019 年 4 月 9 日	《广州市促进总部经济发展暂行办法》
深圳	2014 年 12 月 1 日	《深圳市人才安居办法》
	2016 年 3 月	《关于促进人才优先发展的若干措施》
	2017 年 4 月 10 日	《深圳经济特区人才工作条例（草案）》
	2018 年 5 月	《深圳市海外高层次人才确认办法（试行）》
佛山	2018 年 1 月 11 日	《佛山市人才发展体制机制改革实施意见》
	2019 年 1 月 19 日	《佛山市禅城区加强人才载体服务平台及引才揽智平台建设暂行办法》
珠海	2018 年 4 月 26 日	《关于实施"珠海英才计划"加快集聚新时代创新人才的若干措施（试行）》
肇庆	2016 年 7 月	《西江人才计划"1+10+N"》

资料来源：笔者根据相关网站资料整理。

2. 东京湾区

为优化东京湾区发展，从 1959 年开始，日本先后 5 次制定了基本规划并出台了系列法律法规，明确各地区职能定位和空间布局。日本通过立法将权力下放到各地区，逐步推动制造业的产业转移和高端服务业的集聚发展，不断优化城市配套建设，加快错位、联动、衔接的东京湾区都市圈形成。为依法促进东京都市圈的建设，1956 年日本国会制定了《首都圈整备法》，为东京都市圈的规划与建设提供了法律依据。随后，日本又相继颁布了《首都圈市街地开发区域整备法》（1958 年）、《首都圈建成区限制工业等的相关法律》（1959 年）、《首都圈近郊绿地保护法》（1966 年）、《多极分散型国土形成促进法》（1986 年）等多部法律法规，并在东京都市圈建设的不同阶段，对相应的法律法规进行修改和完善。同时，为了加强跨区域的协作性，日本从东京湾区大局出发实施一系列包括交通、环境、信息共享平台、产业一体化和行政体系改革等方面的政策措施，引导东京湾区科技创新的发展。

20 世纪 90 年代，随着《科学技术基本法》的制定实施，日本的政治、科技体制发生了大变革，旨在发挥研究人员的创造性，明确国家及地方政府和公共团体的具体责任，鼓励基础科研的协同发展，规定了基本科学计划的制定实施和财年。该法为加大研发经费投入，为人才、信息、基础设施等方面营造良好环境提供了立法保护，被称为日本科技史上的"第三次重要变革"。

日本政府制定实施了一系列法律法规和政策措施，形成了比较完善的法律政策体系和有利于成果转化的制度环境，探索形成了日本高校科技成果转化的基本模式。

（1）科技成果转化转让。日本陆续颁布了《大学技术转让促进法》《产业活力再生特别措施法》(《拜杜法案》)《技术转移法》《知识产权基本法》和《国立大学法人法》等多项法律。其中，日本于 1998 年 5 月颁布的《大学技术转让促进法》(Act of Technology Licensing Organization，以下简称 TLO 法)，确立了政府从制度与资金两个方面，对科技成果转化工作的支持和资助责任，明确规定技术转让机构（TLO），可以直接获得政府活动经费和人员派遣支持。该法案促进了 TLO 的诞生，许多大学开始建立起自己的 TLO，很大程度上促进了技术转移的发展。此后，日本政府针对专利所有权归属、大学独立法人资格以及收益归属等问题出台了一系列法律，以减小或避免对科技成果转化的影响，使得科技成果转化畅通无阻。

高校是孕育科技成果的摇篮，日本高校的科技成果转化工作主要依靠技术转让机构。截至 2019 年年底，日本高校设立并经政府审核认可的 TLO 已有50 家，主要分布在研究型大学，均以公司法人形式存在。TLO 是链接政府、高校和企业等诸多机构的桥梁，主要职能贯穿科研评估、资金筹集、专利申请、孵化与转移的整个过程。日本政府认可的 50 家 TLO 每年均可从政府获得3 000 万~5 000 万日元的资助。TLO 职能及运作模式如图 5-13 所示。TLO 由政府审核认可并提供资金支持，可面向社会各机构提供技术评估、市场分析、专利申请、知识产权维护、媒体、展览和信息交流等服务，同时收购高校成果，申请专利，授权企业许可，企业的最终受益又通过 TLO 反馈给高校。

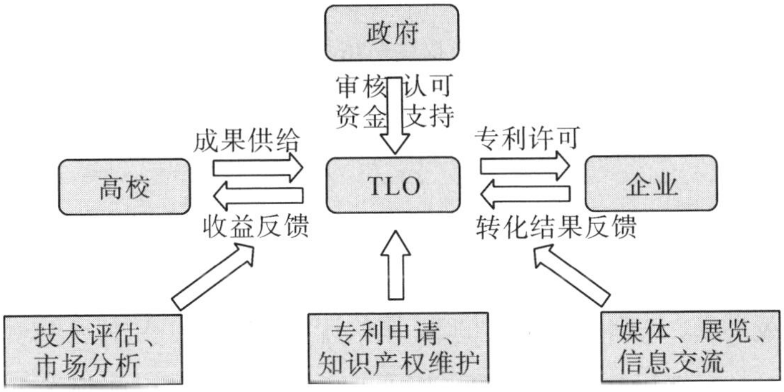

图 5-13　TLO 职能及运作模式

资料来源：笔者根据相关公开资料整理。

（2）政策性金融机构及信用保证增信机制。日本的中小融资体系是很完善的，在政策性金融机构引导下，在信用担保和保险机制支持下，有大量民间金融机构参与，资本市场则将直接融资作为补充。最具有借鉴意义的，是以政策性金融机构为主体、多级信用担保增信的融资机制。

如表 5-13 所示，日本促进中小企业融资的政策性金融机构有三个：日本商工中金银行股份有限公司（SHOKO CKUKIN）、日本政策金融公库（JFC）和日本信用保证协会（CGC）。JFC 已经为至少 150 万家中小企业、90 万家微型企业（包括个体工商户）提供直接或间接金融服务，中小企业服务覆盖率约占日本中小企业总量的 40%。

表 5-13　日本支持中小企业融资的政策性金融机构

机构名称	成立年份	机构目标	主要资金来源
日本商工中金银行股份有限公司	1936 年	专门为中小企业提供融资服务	政府和中小企业团体共同出资组成
日本政策金融公库	2008 年	为中小企业和初创企业提供商业贷款以及为担保协会、为中小企业担保提供保险	政府全额出资、政府借款和发行债券

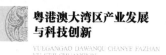

表5-13(续)

机构名称	成立年份	机构目标	主要资金来源
日本信用保证协会	1955年	为企业提供信用担保和咨询管理，帮助中小微企业顺利获得融资	日本政策金融公库、日本地方政府

资料来源：笔者根据相关网站信息整理。

日本的两级信用保证制度为解决中小企业因缺少抵押和信用记录造成的融资难问题提供了重要支持。

第一级是成立于各都道府县的51家信用保证协会。其对承保项目不是全额担保，而是根据贷款规模和期限进行一定比例的担保，在担保机构和银行间分散风险，一般担保比例是70%。第二级是中小企业信用保险库（现为日本政策金融公库中小企业事业部下属信用保险机构）。其作用是对日本信用保证协会发放的贷款给予再保险，即一旦借款企业无法支付本息，日本信用保证协会将承担20%~30%的保证责任。这部分担保金额最终由财政补偿。此外，日本政策金融公库还会对日本信用保证协会提供必要的短期和长期资本贷款，充当最后贷款人，保证日本信用保证协会的平稳运转。

三、科技创新影响力的比较

创新影响力体现了一个系统的综合能力，包括创新基础、创新能力、创新绩效、创新口碑4个指标，受多重维度因素影响，如研究开发能力、专利制度、市场环境等。

1. 综合指标分析

从R&D占GDP比重、湾区内高校数量、核心城市全球金融中心指数、高等教育人口比重等数据看，东京湾区的创新基础位列四大湾区之首。2017—2018年四大湾区创新影响力指数得分与排名如表5-14所示。

表 5-14　2017—2018 年四大湾区创新影响力指数得分与排名

湾区	创新影响力	排名	创新基础	排名	创新能力	排名	创新绩效	排名	创新口碑	排名
旧金山湾区	0.506	1	0.372	3	0.553	1	0.340	3	0.757	2
粤港澳大湾区	0.494	2	0.247	4	0.333	4	0.397	2	1.000	1
东京湾区	0.451	3	0.667	1	0.444	3	0.630	1	0.065	3
纽约湾区	0.358	4	0.613	2	0.495	2	0.279	4	0.046	4

数据来源：中国社会科学院《四大湾区影响力报告（2018）：纽约·旧金山·东京·粤港澳》。

东京湾区的优势是"技术立国"的战略。东京湾区内各大产业的产学研一体化发展模式成熟，为科技创新奠定了良好的基础。其中，东京湾区在创新企业数量和 PCT 国际申请量方面遥遥领先于其他湾区。创新企业方面，东京湾区集中了日本近一半的年销售额 100 亿日元以上的集产学研功能于一身的大企业。根据世界知识产权组织 2017 年《全球创新指数报告》，按区域创新集群的世界专利申请排名，东京湾区位列第 1 名。东京湾区的研发投入主要以企业为主，东京湾区拥有 70 家世界 500 强企业，制造业产业集群优势显著。因此，未来东京湾区在创新口碑方面，应更多借助企业的品牌优势，来提升东京湾区整体的创新口碑。

粤港澳大湾区广东省 9 个城市、香港和澳门地区的"三地联动"的创新能力不可小觑。作为国际金融中心和贸易中心的香港，旅游业也相当发达，近年来与内地合作逐渐加深，良好的商贸和金融环境为区域技术创新提供了活跃的环境；澳门第三产业生产总值占比达 90% 以上；广东省制造业基础雄厚，高新科技产业发达，因此粤港澳大湾区的创新口碑指标位列第 1 名，创新影响力和创新绩效指标都位列第 2 名，而科技创新载体发展体系不成熟，导致科技成果转移转化条件不成熟，因此创新基础和创新能力位列第 4 名，属于劣势。未来粤港澳大湾区在创新基础和创新能力方面会更注重院企合作、提高科研成果转化率。

2. 分项指标的比较分析

粤港澳大湾区要打造国际科技创新中心，最为核心的任务就是实现协同创新。借鉴东京湾区的相关数据进行对比我们能更直观地感受粤港澳大湾区的优劣势。世界500强企业以及R&D占GDP比重的相关数据，笔者在前面相关章节已有所分析，此不赘述。

（1）基本要素。表5-15显示了2017年东京湾区与粤港澳大湾区要素影响力的对比分析，从土地面积和人口来看，粤港澳大湾区具有要素资源优势。粤港澳大湾区拥有约7 000万常住人口，是东京湾区常住人口数的约1.5倍。在土地面积方面，粤港澳大湾区的土地面积达5.6万平方千米，东京湾区的土地面积仅为3.7万平方千米。但是粤港澳大湾区的GDP总量却低于东京湾区，东京湾区GDP规模为1.80万亿美元，而粤港澳大湾区GDP规模为1.54万亿美元。虽然粤港澳大湾区在土地面积、人口、世界100强大学数有着相对优势，但GDP、福布斯世界500强公司数却明显落后于东京湾区。这一结果表明，粤港澳大湾区"9+2"城市并未充分发挥"1+1>2"协同作用，更没有利用各城市间要素优势，形成合理的地域分工、促进经济整体效益的提高。鉴于此，粤港澳大湾区要充分利用独特的制度优势，以体制的优势引领协同创新发展。粤港澳大湾区要在已有的粤港、粤澳、港澳三方相对独立的合作机制基础上，优化跨区域合作创新发展模式，加快推动广深港科技走廊、深港创新圈和深圳光明科学城的建设；进一步构建有活力的跨区域、跨制度的创新体系，最终实现"9+2"城市群协同推进创新、共享创新成果、深度融合发展。

表5-15　2017年东京湾区与粤港澳大湾区要素影响力对比分析

湾区	土地面积/万平方千米	人口/万	GDP/万亿美元	GDP占全国比例/%	世界100强大学数/所	福布斯世界500强公司数/家	R&D占GDP比重/%
东京湾区	3.7	4 347	1.80	41.0	2	60	3.7
粤港澳大湾区	5.6	6 671	1.54	10.8	4	16	2.1

数据来源：《粤港澳大湾区建设报告2018》及互联网公开材料。

（2）世界100强大学。东京湾区与粤港澳大湾区2019年世界100强大学排名如表5-16所示。粤港澳大湾区世界100强大学入选数量为4所且集中在香港，而东京湾区有 2 所学校入选世界 100 强大学且集中在东京。东京湾区有着超级国际化大学集群，为东京湾区科技创新体系发展不断输送人才。东京湾区集聚了东京大学、东京工业大学、早稻田大学、东京都市大学、横滨国立大学、庆应义塾大学（东京）等日本 120 多所大学，占日本大学总量的 1/5 以上。同时，日本超级国际化大学一共 37 所，东京湾区拥有日本超级国际化大学 A 类 13 所中的 6 所，B 类中 24 所中的 11 所，共占日本超级国际化大学 A、B 两类 37 所中的 46%。其中，东京大学和东京工业大学等世界一流学府，不仅在学术领域表现突出，更是承担了为湾区企业直接输送人才的重任，直接助力东京湾区创新体系的建设与发展。粤港澳三地拥有众多高水平大学，但教育资源存在明显的非平衡性，香港有 4 所大学位列世界 100 强，广州的中山大学、华南理工大学入选国家"双一流"建设计划，中山大学、华南理工大学、暨南大学、华南师范大学、广州中医药大学的 18 个学科入选国家一流学科建设名单，深圳近年来在大学建设方面颇多大手笔，深圳大学、南方科技大学的国际影响力在不断提升，澳门大学亦发展迅速。

表 5-16　东京湾区与粤港澳大湾区 2019 年世界 100 强大学排名

序号	QS 排名	高校名称	序号	QS 排名	高校名称
2019 年东京湾世界 100 强高校					
1	23	东京大学	2	58	东京工业大学
2019 年粤港澳大湾区世界 100 强高校					
1	25	香港大学	3	49	香港中文大学
2	37	香港科技大学	4	55	香港城市大学

数据来源：笔者根据 2019 年 QS 排名整理。

（3）发明专利授权数排名前 10 位的大学。从日本和广东省公布的发明专利授权数前 10 名大学的对比来看（见表 5-17），可以发现，日本公布的发明专利授权数前 10 名大学中，在东京湾区所属范围内的只有 4 家，分别是东京大学、京都大学、东京工业大学和千叶大学，它们的发明专利授权数分别为 284 件、139 件、128 件和 78 件。广东省公布的发明专利授权数前 10 名大学均在粤港澳大湾区的所属范围之内，除北京大学深圳研究生院外，其他学校的发明专利授权数均在 100 件以上，华南理工大学更是高达 1 142 件。可见，粤港澳大湾区的高校发明专利授权数要远远高于东京湾区。当然，这只是数量上的区别，如果在质量上进行比较的话，粤港澳大湾区创新质量与东京湾区创新质量相比可能还存在较大差距。

表 5-17　2017 年发明专利授权数前 10 名大学

日本（有下划线的属东京湾区）			粤港澳大湾区		
排名	大学名	授权数/件	排名	大学名	授权数/件
1	东京大学	284	1	华南理工大学	1 142
2	东北大学	227	2	广东工业大学	363
3	大阪大学	150	3	中山大学	297
4	京都大学	139	4	华南农业大学	189
5	东京工业大学	128	5	清华大学深圳研究生院	159
6	九州大学	122	6	华南师范大学	137
7	名古屋大学	96	7	深圳大学	136
8	千叶大学	78	8	暨南大学	118
9	北海道大学	68	9	哈尔滨工业大学深圳研究生院	101
9	广岛大学	68	10	北京大学深圳研究生院	80

数据来源：2018 年日本特许厅报告数据和 2017 年广东省专利统计数据及相关资料整理所得，香港和澳门数据暂未列入统计范围。

第六章

从全球创新指数来看东京湾区发展的经验

　　东京—横滨地区聚集了众多知名高校与世界一流企业，涉及许多创新领域，位列全球"创新集聚"前茅，形成了资金-知识-技术-财富-资金的闭环循环网络。这种创新网络为东京湾区的创新发展铺设了清晰的脉络，奠定了夯实的发展基础。创新多样化性世界排名第 2 位的深圳—香港创新圈，跟东京—横滨创新圈的发展轨迹有许多相似的因素，东京—横滨经济发展轨迹及趋势可为深圳—香港创新圈在今后的进一步发展提供宝贵的经验。

第一节　关于东京—横滨创新圈的全球创新网络

世界知识产权组织等发布的全球创新指数（GII）排名中，东京—横滨创新圈连续三年排名榜首，该地区的高校科研机构、企业营商环境、资本流通量等资源高度集中，使得东京—横滨形成了知识层级与技术、产业开发之间的良性互动局面。这种被称为全球创新网络的经济创新流通形式打破了国界、地域等壁垒，在东京湾区中发挥示范引领和辐射带动作用。

一、如何认识全球创新网络

全球创新网络是一种新的创新组织方式，它是指产业组织方式的全球化和新技术在全球范围内的运用而使得创新由封闭式向开放式转变并逐步网络化的过程。最早提出"全球创新网络"概念的学者是恩斯特（Ernst，2009）。他认为，全球创新网络主要包含三个方面的特征：第一，全球创新网络的主体比较宽泛，既可以是企业、产业，也可以是区域；第二，全球创新网络强调的是跨组织、跨区域、跨国界的整合创新资源的活动；第三，全球创新网络进行整合的内容主要包括工程应用、产品开发以及研发活动等。简而言之，全球创新网络的本质是通过网络的方式在跨组织、跨区域、跨国界等边界上整合和利用分散的创新资源并实现创新价值的组织方式。其后，不同的学者也从不同的角度对全球创新网络的概念进行了扩展，有学者（Liu，2013）基于知识基础的角度，认为全球创新网络是一种突破知识黏性与隐性特性限制，并在"全球"与"本地"两个层面进行管理和应用解析型知识与综合型知识的创新方式；根据全球创新网络的内部结构特征，可以将其划分为四类节点，即总部研发、本地研发、国家研发和国际研发。恩斯特（Ernst，2009）从区域的角度出发，认为全球创新网络的内部结构可以划分为全球卓越中心、高级枢纽、追赶者和"新前沿"四类区域节点，不同的节点在全球的地位有所不同。李健（2016）则从产业链的视角，认为全球创新网络不是一个绝对"平"的网络，而是具有层次性特征的网络，它的构成层次主要有三部分，即全球科技网络、全球知识网络和全球创新服务网络。综合上述不同学者的论述，我们可以发现，全球创新网络具有全球化、网络化、创新性等特性，涉及多样化、多层次的创新主体，关注创新的过程，更关注创新价值实现的结果。

在借鉴李健（2016）和黄烨菁等（2018）学者关于全球创新网络认识的基础上，本书主要从创新主体的微观角度出发，认为全球创新网络主要由三个层次构成：第一层是以高校和科研机构为主体所构成的知识流动层，内容涉及科学论文、专利获得、学术会议、人员访学和合作研究等方面，面向原创知识和创意发展。知识流动层又可以划分为总部研发、本地研发、国家研发和国际研发四类节点。第二层是以创业者为主体所构成的技术开发层（也称创新创业层），内容涉及各类创新创业载体（如苗圃、孵化器和加速器等）之间的竞争与合作以及国际商务、创新融资（如天使投资、风险投资、私募股权投资、众筹募资等）、国际联系、文化融合的辅助与支持，面向科技创新和产业化发展。第三层是以跨国公司为主体所构成的技术开发与产业化层，内容涉及建立海外研发中心和进行海外分包等方面，面向高科技产业发展，可以划分为全球卓越中心、高级枢纽、追赶者和"新前沿"四类区域节点。

全球创新网络的三个层次——知识流动层、创新创业层和技术开发与产业化层之间的互动机理如图6-1所示。

在全球创新网络中，知识流动层、创新创业层和技术开发与产业化层三个层级是相互作用、相互影响、循环并进的关系。信息、资金和人才是全球创新网络中三个关键的核心创新要素，这些要素由于所处的区域不同而不同，大多数都是向地理区位优越、产业基础较好、创新环境优良的城市而集聚，致使这些城市成为三个层级的重要节点枢纽。知识流动层以高校和科研机构为主。高校和科研机构等倾向于向全球创新网络的其他层级提供科学论文、专利等创新知识。创新创业层以创业者为主，以各类创新融资机构（如天使投资、风险投资、私募股权投资、众筹募资等）为辅。创业者等主要为全球创新网络的其他层级提供创新发展必不可少的资金支持，并积极营造具有国际吸引力的创新活动氛围。技术开发与产业化层以跨国公司为主。跨国公司主要向全球创新网络的其他层级输出跨国界的、顶尖的高素质人才，发挥示范引领和辐射带动作用。

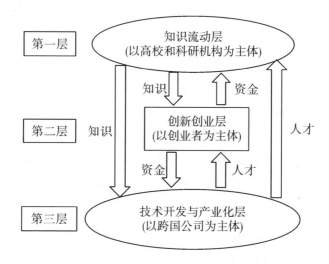

图 6-1　知识流动层、创新创业层和技术开发与产业化层之间的互动机理

如图 6-1 所示，全球创新网络的三个层级的互动过程可以概括为以创新资金为启动源，通过资金的投资转化为知识，促进知识流动层的形成，进而通过知识转化产生财富生成和集聚的创新创业层和技术开发与产业化层，在形成的财富中又有部分资金被重新投入知识流动层里面，带动知识流动层的新一轮的创新循环。各个层级之间相互作用与影响，进一步促进全球创新网络的发展。

二、东京都的科技创新成效

东京都作为日本的首都，也是东京湾区的中心城市，东京湾区的发展，很大程度上依赖的是东京都这个增长极的带动，东京都在东京湾区的发展中所处的是"首领"的位置。东京都在科技创新方面有着惊人的表现，下面将逐一进行分析。

从 2018 年东京湾区不同领域的专利申请情况看（见表 6-1），东京湾区专利申请排名前 200 的公司在化学、机械、电气设备、精密仪器、其他产品制造业、信息通信等领域的专利申请量都非常大。化学领域排名前 200 的在东京湾区的企业有 18 家，共有 12 308 件专利申请，6 568 件专利授权，分别占全日本的化学领域的 71.17%、65.77%，其中花王株式会社、住友化学株式会社、富士胶卷株式会社三家企业的专利申请数超过 1 000 件，专利授权数超过 500 件，富士胶卷株式会社的专利授权更是达到了 1 318 件。机械领域排名前 200 的在东京湾区的企业有 18 家，共有 11 380 件专利申请，7 364 件专利授权，分别占全日本的机械领域的 48.64%、53.31%，专利申请数超过 1 000 件的只有株式会社三共社和日本环球娱乐株式会社两家公司，但是株式会社三共社的专利授权数超过了 1 500 件。电气设备领域排名前 200 的在东京湾区的企业有 35 家，是占比最高的领域，共有 39 137 件专利申请，26 605 件专利授权，分别占全日本的电气设备领域的 56.51%、58.72%，半导体能源研究所株式会社、村田制作所、回声日本株式会社、柯尼卡美能达株式会社、索尼株式会社等 12 家企业的专利申请数超过了 1 500 件，其中回声日本株式会社、柯尼卡美能达株式会社、精工爱普生株式会社、索尼株式会社、日本电器株式会社、富士通株式会社 6 家企业的专利申请数超过 2 000 件，三菱电机株式会社的专利申请数更是达到了 4 637 件，专利授权数也有 4 484 件。精密仪器领域排名前 200 的在东京湾区的企业有 7 家，共有 4 732 件专利申请，3 580 件专利授权，分别占全日本的精密机器领域的 90.13%、87.38%，其中奥林巴斯株式会社的专利申请数超过 1 000 件。其他产品制造业领域排名前 200 的在东京湾区的企业有 5 家，共有 4 330 件专利申请，2 612 件专利授权，分别占全日本的其他产品制造业领域的 86.83%、84.83%，其中大日本印刷株式会社和凸版印刷株式会社的专利申请总量超过 3 000 件。信息通信领域排名前 200 名的在东京湾区的企业有 6 家，共有 3 892 件专利申请，2 978 件专利授权，分别占全日本的信息通信领域的 89.49%、88.92%，专利申请数超过 1 000 件的只有日本电信电话株式会社。

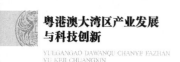

表 6-1　2018 年日本不同领域排名前 200 的公司的专利申请

（东京湾区摘取部分）

序号	行业	公司	所在地区	专利申请数/件	专利授权数/件
1	化学	旭化成株式会社	东京都	873	440
		花王株式会社	东京都	1 125	804
		卡耐卡株式会社	东京都	569	243
		日本触媒株式会社	东京都	304	200
		株式会社吉野机械制作所	千叶县	392	406
		JSR 株式会社	东京都	281	190
		昭和电工株式会社	东京都	407	175
		信越化学工业株式会社	东京都	568	401
		住友化学株式会社	东京都	1 153	566
		住友贝克莱特株式会社	东京都	417	189
		DIC 株式会社	东京都	649	393
		德克塞雷亚尔株式会社	东京都	144	145
		东梭株式会社	东京都	393	175
		东洋墨水株式会社	东京都	432	222
		日本 zeon 株式会社	东京都	611	214
		日立化成株式会社	东京都	868	373
		富士胶卷株式会社	东京都	2 544	1 318
		三井化学株式会社	东京都	578	114
2	机械	井关农机株式会社	东京都	412	265
		IHI 株式会社	东京都	538	452
		荏原制作所株式会社	东京都	454	184
		株式会社三共社	东京都	2 514	1 514
		SCREEN 株式会社	东京都	447	246
		索菲亚株式会社	东京都	423	338
		大都技研株式会社	东京都	337	282
		迪斯科株式会社	东京都	776	411
		平和株式会社	东京都	409	351
		日本环球娱乐株式会社	东京都	1 331	603

表6-1（续）

序号	行业	公司	所在地区	专利申请数/件	专利授权数/件
2	机械	世嘉萨米株式会社	东京都	715	420
		住友重机械工业株式会社	东京都	334	254
		东京电子琴株式会社	东京都	725	438
		东芝电梯株式会社	神奈川县	228	217
		日本精工株式会社	东京都	565	314
		日立建机株式会社	东京都	309	144
		日立空调公司	东京都	155	16
		三菱重工业株式会社	东京都	708	915
3	电气设备	阿兹维尔株式会社	东京都	405	178
		高山株式会社	东京都	261	133
		阿尔卑斯电力株式会社	东京都	475	208
		NEC 平台株式会社	东京都	293	245
		冲电气工业株式会社	东京都	402	340
		欧姆龙株式会社	东京都	913	244
		柚子株式会社	东京都	378	335
		肯伍德株式会社	神奈川县	417	278
		日本显示器株式会社	东京都	583	184
		半导体能源研究所株式会社	神奈川县	1 819	1 181
		日立国际电气株式会社	东京都	210	233
		日立制作所株式会社	东京都	1 999	1 349
		日立高科技株式会社	东京都	266	337
		村田制作所	东京都	1 975	755
		回声日本株式会社	东京都	2 070	2 468
		京瓷株式会社	东京都	1 754	1 347
		柯尼卡美能达株式会社	东京都	2 367	1 473
		住友电装株式会社	东京都	814	586
		精工爱普生株式会社	东京都	2 814	1 971
		索尼株式会社	东京都	2 210	766
		太阳诱电株式会社	东京都	278	68
		TDK 株式会社	东京都	883	283
		东芝基础设施系统株式会社	神奈川县	679	80

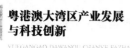
表6-1（续）

序号	行业	公司	所在地区	专利申请数/件	专利授权数/件
3	电气设备	东芝泰克株式会社	东京都	734	391
		东芝三菱电机产业系统株式会社	东京都	208	167
		东芝 lifestyle 株式会社	神奈川县	262	173
		日本电气株式会社	东京都	2 346	1 388
		富士施乐株式会社	东京都	1 704	960
		富士通株式会社	东京都	2 677	2 431
		富士电机株式会社	东京都	849	630
		三菱电机株式会社	东京都	4 637	4 484
		埃尼奎尔株式会社	东京都	216	189
		U-Shin 株式会社	东京都	298	190
		瑞萨斯电子株式会社	东京都	509	283
		罗姆株式会社	东京都	432	277
4	精密机器	奥林巴斯株式会社	东京都	1 509	1 273
		卡西欧计算机株式会社	东京都	879	631
		岛津制作所株式会社	东京都	525	413
		尼康泰克株式会社	东京都	718	566
		西铁城时钟株式会社	东京都	274	154
		泰尔摩株式会社	东京都	557	259
		HOYA 株式会社	东京都	270	284
5	其他产品制造业	LIXIL 株式会社	东京都	365	265
		大日本印刷株式会社	东京都	2 052	1 449
		东芝能源系统株式会社	神奈川县	454	1
		凸版印刷株式会社	东京都	1 049	629
		林泰克株式会社	东京都	410	268
6	信息通信	NTT 通信株式会社	东京都	640	459
		日本 radware 株式会社	东京都	157	231
		KDDI 株式会社	东京都	417	447
		日本放送协会	东京都	338	279
		日本电信电话株式会社	东京都	1 754	1 234
		雅虎株式会社	东京都	586	328

数据来源：笔者根据日本相关网站公开资料整理。

发明专利是研发的核心输出，表 6-2 展示了 2018 年日本不同领域（部分）排名前 20 的公司的专利申请情况。在电机、电气设备、电能领域，东京湾区有 9 家企业上榜，专利申请量占排名前 20 的企业专利申请量的 39.45%，其中三菱电机株式会社专利申请量占比超过 10%，申请量为 967 件，占比 13.55%。在电气通信领域，东京湾区只有两家企业上榜，专利申请量占排名前 20 的企业专利申请量的 19.28%，其中佳能株式会社专利申请量占比为 10.33%。在数字通信领域，东京湾区有 5 家企业上榜，专利申请量占排名前 20 的企业专利申请量的 33.63%，无一家企业占比超过 10%。在计算机技术领域，东京湾区有 8 家企业上榜，专利申请量占排名前 20 的企业专利申请量的 58.79%，其中富士通株式会社和佳能株式会社专利申请量占比超过 10%，分别为 13.09% 和 10.59%。在半导体领域，东京湾区有 2 家企业上榜，专利申请量占排名前 20 的企业专利申请量的 17.21%，其中东京威力科创株式会社占比 11.56%。在光学机器领域，东京湾区有 7 家企业上榜，专利申请量占排名前 20 的企业专利申请量的 59.95%，其中佳能株式会社占比 23.42%，申请量 1 227 件；理光株式会社占比 10.19%，也超过了 10%。在医疗器械领域，东京湾区有 4 家企业上榜，专利申请量占排名前 20 的企业专利申请量的 32.54%，其中奥林巴斯株式会社占比超过 10%。

表 6-2　2018 年日本不同领域排名前 20 的公司的专利申请情况

（东京湾区摘取部分）

序号	领域	发明专利申请数为 200 件以上的公司	所在城市	专利申请量/件	占比/%
1	电机、电气设备、电能	三菱电机株式会社	东京都	967	13.55
		本田技研工业株式会社	东京都	307	4.30
		村田制作所株式会社	京都府	293	4.10
		东芝株式会社	东京都	287	4.02
		日产机动车株式会社	神奈川县	265	3.71
		东电化株式会社	东京都	200	2.80
		三菱电机照明株式会社	神奈川县	168	2.35
		日立汽车系统株式会社	东京都	168	2.35
		日立制作所株式会社	东京都	162	2.27

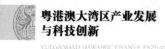

表6-2(续)

序号	领域	发明专利申请数为200件以上的公司	所在城市	专利申请量/件	占比/%
2	电气通信	佳能株式会社	东京都	255	10.33
		三菱电机株式会社	东京都	221	8.95
3	数字通信	日本电气株式会社	东京都	316	8.01
		日本电信电话株式会社	东京都	313	7.94
		富士通株式会社	东京都	261	6.62
		NTT达摩株式会社	东京都	228	5.78
		三菱电机株式会社	东京都	208	5.28
4	计算机技术	富士通株式会社	东京都	691	13.09
		佳能株式会社	东京都	559	10.59
		日本电气株式会社	东京都	439	8.32
		理光株式会社	东京都	405	7.67
		日本电信电话株式会社	东京都	363	6.88
		东芝株式会社	东京都	225	4.26
		日立制作所株式会社	东京都	221	4.19
		富士施乐株式会社	东京都	200	3.79
5	半导体	东京威力科创株式会社	东京都	411	11.56
		瑞萨电子株式会社	东京都	201	5.65
6	光学机器	佳能株式会社	东京都	1 227	23.42
		理光株式会社	东京都	534	10.19
		柯尼卡美能达株式会社	东京都	330	6.30
		尼康株式会社	东京都	294	5.61
		富士胶片株式会社	东京都	294	5.61
		富士施乐株式会社	东京都	255	4.87
		精工爱普生株式会社	东京都	207	3.95
7	医疗器械	奥林巴斯株式会社	东京都	382	11.00
		尤妮佳株式会社	东京都	266	7.66
		佳能株式会社	东京都	251	7.23
		富士胶片株式会社	东京都	231	6.65

数据来源：笔者根据日本相关网站公开资料整理。

日本外观设计专利授权数排名前 20 的企业如表 6-3 所示，2018 年外观设计专利授权数排名前 20 的企业，东京湾区有 11 个，分别是三菱电机株式会社、奥卡姆拉株式会社、本田技研工业株式会社、东陶株式会社、东洋制罐株式会社、日产汽车株式会社、日本电器株式会社、ITOKI 株式会社、索尼株式会社、大日本印刷株式会社、富士胶卷株式会社。其中，三菱电机株式会社每年外观设计专利授权数虽然有小幅波动，但是自 2014 年以来都在 350 件以上；奥卡姆拉株式会社则保持在 250 件以上；东陶株式会社和东洋制罐株式会社的外观设计专利授权数自 2016 年开始逐步上升，2018 年较上一年都有一倍多的增幅，分别由 60 件和 58 件上升到了 138 件和 130 件；其他企业 2014—2018 年的外观专利申请量每年均有波动。

表 6-3 日本外观设计专利授权数排名前 20 的企业 单位：件

序号	申请人	所在城市	2014 年	2015 年	2016 年	2017 年	2018 年
1	松下 IP 管理株式会社	大阪市	26	529	430	413	466
2	三菱电机株式会社	东京都	380	447	415	429	367
3	奥卡姆拉株式会社	神奈川县	263	368	335	360	307
4	木田技研工业株式会社	东京都	194	209	233	156	184
5	夏普产业株式会社	神户市	277	281	215	201	183
6	LIXIL 株式会社	爱知县	283	293	316	167	179
7	东陶株式会社	东京都	25	114	70	60	138
8	KOKUYO 株式会社	大阪市	—	1	89	123	130
9	东洋制罐株式会社	东京都	58	65	51	58	130
10	日产汽车株式会社	神奈川县	178	136	157	112	129
11	日本电器株式会社	东京都	43	49	117	89	128
12	ITOKI 株式会社	东京都	126	66	146	102	126
13	索尼株式会社	东京都	147	109	120	120	113
14	大日本印刷株式会社	东京都	145	132	141	132	106
15	MTG 株式会社	爱知县	46	28	34	81	106

表6-3（续）

序号	申请人	所在城市	2014 年	2015 年	2016 年	2017 年	2018 年
16	富士胶卷株式会社	东京都	61	114	60	101	103
17	小林制药株式会社	大阪市	52	90	86	74	99
18	丰田汽车株式会社	爱知县	112	135	169	105	98
19	住友橡胶工业株式会社	兵库县	103	58	41	34	97
20	RESPARK 株式会社	岐阜县	108	84	97	102	95

数据来源：笔者根据日本外观设计科、企划调查科公开资料整理。

　　日本商标授权数排名前 20 的企业如表 6-4 所示。2018 年日本商标授权数
排名前 20 的企业，东京湾区有 15 个，分别是资生堂株式会社、三利鸥株式
会社、花王株式会社、有限公司哈维波尔笑脸、大正制药株式会社、富士通
株式会社、森永乳业株式会社、HABA 研究所株式会社、三菱电机株式会社、
任天堂株式会社、久光制药株式会社、明治株式会社、宝控股株式会社、NTT
达摩株式会社、多美株式会社。从数据上看，各企业商标授权数波动很大，
其中三利鸥株式会社从 2015 年的 370 件授权数上升两倍多到 2016 年的 939
件，之后又下降到了 2017 年的 553 件；排名第 4 位的有限公司哈维波尔笑脸
在 2017 年以前，每年的授权数不足 50 件，但是 2017 年从上一年的 13 件增加
到 116 件，2018 年又增加了一倍多，达到 247 件；2018 年增幅超过一倍多的
还有排名第 6 位的大正制药株式会社，其从 2017 年的 109 件增加到 2018 年的
236 件；其余的企业则是虽有波动但是也都波动幅度偏小。

表6-4　日本商标授权数排名前 20 的企业　　　　单位：件

序号	申请人	所在地	2014 年	2015 年	2016 年	2017 年	2018 年
1	资生堂株式会社	东京都	396	445	539	497	545
2	三利鸥株式会社	东京都	321	370	939	553	449
3	花王株式会社	东京都	275	272	330	326	318
4	有限公司哈维波尔笑脸	东京都	39	23	13	116	247
5	松下株式会社	大阪府	218	189	173	194	240

表6-4(续)

序号	申请人	所在地	2014 年	2015 年	2016 年	2017 年	2018 年
6	大正制药株式会社	东京都	102	112	86	109	236
7	富士通株式会社	东京都	301	283	309	183	221
8	小林制药株式会社	大阪市	175	219	181	212	209
9	高丝株式会社	大阪府	171	147	331	201	202
10	三得利控股株式会社	大阪市	81	82	85	93	182
11	森永乳业株式会社	东京都	180	264	197	169	170
12	江崎格力高株式会社	大阪府	100	117	172	120	168
13	HABA 研究所株式会社	东京都	152	149	116	126	162
14	三菱电机株式会社	东京都	126	102	124	90	152
15	任天堂株式会社	东京都	68	58	88	103	149
16	久光制药株式会社	东京都	112	124	62	163	149
17	明治株式会社	东京都	198	168	206	202	146
18	宝控股株式会社	东京都	128	145	158	142	145
19	NTT 达摩株式会社	东京都	101	111	101	179	130
20	多美株式会社	东京都	115	115	169	122	130

数据来源：笔者根据日本商标科、企划调查科公开资料整理。

三、从全球创新指数看两大湾区创新圈

东京—横滨创新圈作为创新要素（信息、资金和人才等）的主要集聚地，已经初步形成上述介绍的全球创新网络，集聚了日本众多知名高等院校与世界 500 强企业，并通过资金与知识层的流动，促进了技术开发与产业转化，并且在此基础上不断完善创新网络的建设，进一步提升创新网络向外辐射的能力。

由世界知识产权组织（WIPO）、康奈尔大学（Cornell University）、英士国际商学院（INSEAD）及其合作伙伴联合发布的 2018 年全球创新指数

（GII）排名中，中国排名第 17 位，相比 2017 年的 22 位有了明显的上升，到 2019 年这个排名又进一步提升到了第 14 位，连续 4 年排名上升。2019 年全球创新指数表明，在国家政策中优先考虑创新的国家显著提升排名。

另外值得注意的是，通过对知识产权统计数据库（2011—2015）进行大数据分析，尝试对热点地区"创新集群"进行排名，日本东京湾区中的东京—横滨地区以其创新的多样化名列第 1 位。其中，电机、仪器、能源领域仅占专利数的 6.3%；而粤港澳大湾区中的深圳—香港地区在"创新集群"中排名第 2 位。2018 年 GII 更新了对世界各地"领先科技集群"的调查，在国际专利申请中添加了科学出版物的评价指标，以突出特别密集的创新活动领域。

2019 年前 50 位集群在有关经济体或跨境地区排名前列的情况如表 6-5 所示，可以看出，所属于日本经济体的东京—横滨创新圈与所属于中国经济体的深圳—香港创新圈分别位于第 1 名与第 2 名的位置，这个排名已经连续保持了 3 年。另外，进入 50 强的还有中国的北京，而美国的加利福尼亚州圣何塞—旧金山的排名从 2018 年的第 3 名下降到第 5 名，除了中国的北京外，韩国的首尔的排名也有了显著的提升。

表 6-5　2019 年前 50 位集群在有关经济体或跨境地区排名前列的情况

排名	集群名称	经济体
1	东京—横滨	日本
2	深圳—香港	中国
3	首尔	韩国
4	北京	中国
5	加利福尼亚州圣何塞—旧金山	美国
9	巴黎	法国
15	伦敦	英国
18	阿姆斯特丹—鹿特丹	荷兰
20	科隆	德国
23	特拉维夫—耶路撒冷	以色列

表6-5(续)

排名	集群名称	经济体
28	新加坡	新加坡
31	埃因霍温	荷兰
32	斯德哥尔摩	瑞典
33	莫斯科	俄罗斯
35	墨尔本	澳大利亚
39	安大略省多伦多	加拿大
40	布鲁塞尔	比利时
42	马德里	西班牙
46	德黑兰	伊朗
48	米兰	意大利
50	苏黎世	瑞士/德国

　　2018—2019年东京—横滨与深圳—香港创新圈指标对比如表6-6所示。2018年，东京—横滨地区的科学出版物数量表现在出版物总量中的份额、专利表现在PCT申请总量中的份额，分别为1.77%和11%，远高于深圳—香港地区的0.51%与5.05%。尽管深圳—香港地区与东京—横滨地区在创新指数上还有一些差距，但是在这个指标上，深圳—香港地区已超越北京、上海等全球知名的创新区域以及加利福尼亚州圣何塞—旧金山地区（硅谷地区）。

　　2018年东京—横滨地区在科学出版物表现方面，排名第1位的科学领域是物理，占比为9.43%；而深圳—香港地区排名第1位的科学领域是工程，占比为10.71%。东京—横滨地区在专利表现方面，排名第1位的专利活动领域是电机、仪器、能源，占比9.83%，排名第1位的申请人是三菱电子，占比6.78%。深圳—香港地区排名第1位的专利活动领域是数字通信领域，占比42.33%，同比增幅为1.33%。深圳—香港地区能在这个领域拥有独特的优势，离不开中兴、华为、腾讯、大疆等创新巨头的贡献，其中贡献最大的是中兴，占比30.41%，但是所占比例同比有所下降。

表6-6　2018—2019年东京—横滨与深圳—香港创新圈指标对比

年份	集群名称	科学出版物表现				专利表现				在出版物总量中的份额/%	在PCT申请总量中的份额/%	共计/%
		排名第1位的科学领域	份额/%	排名第1位的科学组织	份额/%	排名第1位的专利活动领域	份额/%	排名第1位的申请人	份额/%			
2018	东京—横滨	物理	9.43	东京大学	13.95	电机、仪器、能源	9.83	三菱电子	6.78	1.77	11	12.77
2018	深圳—香港	工程	10.71	香港大学	18.40	数字通信	42.33	中兴	30.41	0.51	5.05	5.56
2019	东京—横滨	物理	9.22	东京大学	13.85	电机、仪器、能源	9.86	三菱电子	7.83	1.72	10.90	12.62
2019	深圳—香港	工程	10.81	香港大学	17.23	数字通信	38.39	华为	25.76	0.54	5.54	6.08

2019年，东京—横滨地区与深圳—香港地区在科学出版物表现与专利表现方面与2018年相比，变化不明显，其中比较大的变动是，深圳—香港地区排名第1位的专利申请人由中兴变更为华为，占比份额由30.41%降低到25.76%，主要专利活动领域还是数字通信。

接下来我们从合作集群的角度来进行分析。2019年全球创新指数资料显示，东京—横滨创新圈在科学出版合作方面，合作最多的集群是大阪—神户—京都地区，占比8.15%，合作最多的组织是京都大学，占比24.89%；深圳—香港创新圈与之对比，科学出版合作的集群是北京，占比9.66%，合作最多的组织是中国科学院，占比20.15%。

在专利合作方面，东京—横滨创新圈与深圳—香港创新圈合作最多的集群分别还是大阪—神户—京都地区（占比1.30%）与北京（占比0.21%），合作最多的申请者分别是日立与华为，占比分别为4.15%与70.34%。综上可以看出，无论在专利表现还是在专利合作方面，华为对深圳—香港创新圈的贡献都非常明显。

第二节　京滨工业带对东京湾区的支撑

东京湾区的产业与科技创新发展离不开京滨、京叶工业带发展的带动作用。这两个工业带以东京为中心，分别向东京湾的两侧延伸。这种布局将工业带与东京主要城区大体量人口进行了一定程度上的隔离。这两个第二次世界大战后兴起的工业带可以说是世界上最大最先进、出口实力最强的新型工业带，其"新"在于彻底的临海和大规模的集聚，做到高效率大进大出，同时又与腹地东京的金融、总部、研发等功能紧密互动。本部分我们以京滨工业带为对象，列举东京湾区内比较好的产业集聚或科技园区的代表性案例进行分析，探讨对粤港澳大湾区的经验与启示。

一、京滨工业带的发展历程

京滨工业带相关的论文与参考文献相对较少，京滨工业带的地理上的区域界定并没有一个明确的概念。日本学者板仓胜高（1963）在研究中给出了这样的范围划定：京滨工业带接壤东京湾，东从习志野到松户、草加、越谷；北接庄和、久喜、上尾、狭山；西接大和、昭岛、日野、相模原；南接厚木、秦野所包含的区域。其在行政上以东京 23 个区为中心，加上横滨的 10 个区，包含川崎、川口等，共 33 个区 35 个市町村。由此可以看出，京滨工业带是连接东京和横滨两个地区更为广泛的区域。那么京滨工业带是如何一步步发展起来的呢？首先我们来看看其发展历程。

1. 发展起源

1895 年，日本在中日甲午战争中获胜，取得了大量战争赔款，并于 1897 年设立了官营八幡制铁所，于 1901 年正式实施了产业振兴政策，这为后来京滨工业带的发展起到了一定的铺垫作用。从中日甲午战争（1894—1895 年）到日俄战争（1904—1905 年）时期，日本处于资本主义确立期，首先发展的是以纤维产业为中心的轻工业领域，之后重点发展了钢铁、造船、机械等重工业领域。

提到京滨工业带的形成，离不开一位历史人物——浅野总一郎。浅野总一郎出生于 1848 年，富山县人，因贩卖煤炭而发财，做水泥生意成功后又投资了石油与造船等事业而名存历史。当时，赴欧美视察了当地港湾的浅野总一郎看到了广阔的临海地区所形成的工业集群与发达的港湾设施，下决心在日本进行大规模的填海造地。浅野总一郎认为东京与横滨之间的位置交通便利且具备填海造地的条件，认为应该将东京与横滨整合到一起，像欧美国家一样进行一体化集群式发展，因此于 1912 年（明治四十五年）成立了"鹤见埋立组合"。但是因为当地人对于填海造地还不理解，认为让他们失去了原本生存的工作，所以直到 1913 年（大正二年），填海造地获得当地居民的认可后才开始动工。1914 年（大正三年）"鹤见埋立组合"改制成为"鹤见埋筑（株）"，并在 1920 年（大正九年）改组成为"东京湾埋立（株）"，填海造地的计划顺利推行。最终，在 1928 年（昭和三年），计划面积约 500 万平方米的大型填海计划顺利完成，总计耗时约 15 年，堪称史上大型的填海造地项目。

当时由浅野总一郎填海造成的土地，和横滨市填海造成的守屋町、子安町海面的土地，也就是现在的横滨市神奈川区惠比寿町、宝町与鹤见区大黑町等相互连接，成为之后的京滨工业带的核心区域。在这个填海造地的区域，不断有新的工厂设立，逐步形成了京滨工业带，也是日本重化工业的主要发源地。

1891 年，横滨市成立了横滨船渠会社，这应该是京滨工业带所成立的第一个工厂，那之后从 1896 年开始逐渐出现了现在闻名世界的东芝、味之素、旭硝子、富士电机、新日本石油、日清制粉等企业的前身，京滨工业带也正式进入了工业化发展的阶段。这时期，日本的贸易主要从出口原料和食品而进口工业制品转换为进口原材料而出口工业制品，并从关税制度层面鼓励加工贸易。

2. 发展演变

随着第一次世界大战（1914—1918 年）的爆发，一方面，因为战争需要，京滨工业带集中进行了军事设备的制造与扩充；另一方面，因为战争无法从欧洲等国进口杂货，所以轻工业产品的生产也变得非常急迫，这为日后京滨工业带中以杂货生产为主的城东地区打下了制造业基础。除此之外，京滨地区的造船业与海运业也异常发达。但也是因为第一次世界大战的影响，生丝价格大幅回落，当时横滨最大规模的生丝出口商茂木合名会社也倒闭了。除此之外，其他很多企业倒闭给当时横滨的经济造成了一定程度的打击。

1923 年 9 月 1 日，历史上有名的关东大地震发生了。这场 7.9 级的大地震造成了约 14.5 万人的死亡与流离失所，东京都内 73% 的户籍人口受灾，而这个比例在横滨达到了 95%[①]。因为灾后影响，作为横滨当时的支柱产业的生丝也再次受到了打击。

1925 年 5 月，为震后恢复经济，新任横滨市市长有吉忠一不仅发展震后振兴事业，还发布了横滨港的扩充、临海工业带的建设、市域的扩张三大方针来推进"大横滨"建设。其中，要把临海地区建设成真正的工业带的方针，对于京滨工业带的发展可以说起到了至关重要的作用。

伴随着横滨港的发展，横滨港的贸易额也逐步增长，其中生丝的出口从开港以来一直到 1941 年为止都处于第 1 名。后来因为第二次世界大战的影响，从 1942—1945 年，机械出口处于领先地位，占横滨港出口份额的 20% 左右[②]。除了机械之外，钢铁、汽车及其零部件、纸制品的出口份额也比较大。这主要是得益于 1925 年在横滨成立了日本福特（株）汽车组装工厂，当时汽车年生产量达到了 1 万辆[③]。1933 年，横滨又成立了汽车制造公司，并于第 2 年开始了汽车生产，这个公司就是现在日产汽车公司的前身。虽然这个公司刚开始年产量非常低，只有 940 辆，但 1936 年受日本政府制定的抑制外资公司汽车的生产，鼓励本土企业生产汽车的政策——《汽车制造事业法》的影

---

① 笔者根据横滨税关网站（https://www.customs.go.jp/yokohama/history/history150.html）信息整理。

② 笔者根据横滨税关网站（https://www.customs.go.jp/yokohama/history/history150.html）信息整理。

③ 笔者根据横滨税关网站（https://www.customs.go.jp/yokohama/history/history150.html）信息整理。

响，1938年年产汽车生产量超过福特汽车公司。1941年，日产汽车公司的年产量已经达到2万辆，汽车产业逐步发展成为京滨工业带的主打产业之一。除了汽车产业之外，原油、重油、机械等的生产比例也逐步提高。

1945年8月，第二次世界大战结束，京滨工业带的进出口逐步恢复，1950年民间贸易正式恢复到正常水平，因同年6月朝鲜战争爆发，日本产业重心从轻工业向重化学工业大幅转移。

战争结束后，日本经济逐步复苏，经过多年的发展，京滨工业带的产业发展逐步演化为两个部分：一个是以城东为中心的轻工业杂货工业，背靠大都市的最终消费力；另一个是以城南为中心的组装工业，以多品种、小单位、特殊生产为核心特色，逐步形成工业集聚，并吸引了松下、住友等公司纷纷在京滨工业带设立组装工厂。这样的杂货工业与组装工业的生产组织集约形成的"工业集团"才正是京滨工业带发展到今天，成为日本最大的核心工业带的本质特征。

二、东京湾区产业发展与科技创新的代表性案例

东京湾区内存在多个"产业区域"，这些区域都拥有一定的独特性，通过知识的累积与高素质人才的培育，逐渐创造出了新产品与新事业。本部分选取了创新型的三个"产业区域"，以此来展现与观察东京湾区地域创新发展的新动向。

1. 大田区（城南地区）的制造业基础技术

东京都大田区与西日本的东大阪齐名，作为代表日本的制造业基础技术的集成地而备受关注。如前面所介绍的一样，从第二次世界大战前开始，城南地区就有电机、通信设备的大型企业设立了生产工厂，大田区就是通过承接这些大型企业的订单而逐步发展起来。第二次世界大战后，发包方企业的工厂向地方转移，以独特的路径使得制造业基础技术得到进一步发展。大田区逐步成为"独一无二的企业""强大的城镇工厂"等各种各样的机械金属精密加工技术集聚的地区。据统计，鼎盛时期大田区有超过9 000家工厂开工，

后来因为下单企业进军海外导致订单量减少，加上经营者老龄化导致的停业、年轻劳动力不足导致的技术传承断代、经营环境持续恶化等问题，工厂数量减少了几千家。近年来，日本政府与民众对此问题也抱有危机感，日本政府也加大对制造业基础技术传承的支持力度，并积极举行各类企业宣传活动，使得东京都内的工厂聚集地的品牌形象逐步改善。

2. 秋叶原的集聚

秋叶原作为日本东京知名的"电器街"闻名于世。其实最初秋叶原是在第二次世界大战后作为电子零件交易的"黑市"而知名的。1962 年，东京第一座高层建筑秋叶原广播会馆开张，其作为音频及业余无线电等爱好者、技术人员等交换信息的场所发挥了作用。20 世纪 70 年代后半期，秋叶原经营电脑相关的店铺增加。20 世纪 80 年代，电脑店和电脑游戏屋等林立。20 世纪 90 年代，不仅是电脑相关的产品，经营家用游戏机软件和动漫软件的店铺也在增加，并以与原本就根深蒂固的地下音乐融合的形式，形成了广泛而富有特色的商品销售地。从那时起，秋叶原作为游戏、动画等"宅文化"的发源地的功能逐渐增强。到了 2000 年前后，伴随着"宅文化"逐步大众化，加上家电销售的不景气，秋叶原作为面向"宅一族"提供广泛的游乐产品销售和服务的地区受到广泛关注。近年来，秋叶原作为"酷日本"（"Cool Japan"）的代表，向全世界展示其作为产业地区的魅力和独特的商品与服务。可以说，随着通往秋叶原的 TX 线路与车站前商业的开发，秋叶原已经从当年残留着"黑市"气息的"电器街"逐步发展成为秋叶原系的综合娱乐区，也成为东京产业发展变革的"代言人"。

3. 横须贺研究园

横须贺研究园（Yokosuka Research Park，YRP）是日本高端园区的代表之一，1987 年由 YRP 构想推进联络会设立，经过 10 年的构想与基盘整备，于 1997 年开园。原本建设区域就有研究所［现日本电信电话株式会社（NTT）横须贺通信技术研究开发中心］，YRP 紧邻这个研究所建立。YRP 是聚焦于电波情报通信技术的研究开发据点，以 NTT 为核心，集聚了 NTT、NEC、松下、日立制作所、富士通、三菱电子、东芝等日本顶级电器厂家与

通信设备厂家的研究所，共计 60 余家，形成了日本最大的高端技术园区。这个地区因为地形上是个低谷盆状，受电波干扰小，主要是进行手机的开发与电波实验等研究。

像这样的工业团地式的高端园区，除此之外，还有 1989 年成立的由东京圈内神奈川县川崎市高津区基金支援为目的设立的"Kanagawa Sayiennsu Park"以及 1991 年成立的聚焦于前端技术产业的位于千叶县木更津市的"Kazusa Akademia Park"等。但是这样的高端园区与普通的工业团地有一些区别，前者都是一些特定的研究开发领域，一般进入的都是研究机关，而非普通事业所。由此，高端园区在设立之初，由于进入的研究机关较少，园区无法收取实现经营平衡的租金，致使园区倒闭的情况也是存在的。因此，政府的支持在一定程度上是必要的，但是如何实现长期市场化发展，也是值得深入研究的一个课题。

综上所述，日本东京圈具有代表性的几个产业集聚区，其实也是经过几十年的发展才逐渐形成的，比如秋叶原与大田区，而像横须贺研究园这样的科技园区也主要是依靠研究机构而引进相关产业的企业。逐步形成产业特色化，加深产学研合作是日本这类科技园区的主要目标。中国国内包括粤港澳大湾区在内存在很多科技园区，但是很多科技园区以企业为主体，通过政府提供政策，园区提供增值性服务等方式进行主体培育，而产学研合作、产教合作方面成功的案例较少。在这方面，日本的案例值得借鉴和参考。

三、日本政府的支援项目

东京湾区以及京滨工业带的发展，离不开日本政府的支持。这里列举了几个东京圈具有代表性的政府支援项目，我们由此来分析日本政府是如何支持当地产业与科技创新发展的。

1. 首都圈西部网络支援活动

首都圈西部网络支援活动——科技促进首都圈区域（Technology Advanced Metropolitan Area，TAMA）作为日本地域产业活性化项目之一备受关注。这个支援活动是日本关东经济产业局从 1998 年开始运作的，该项目也是日本产业集群计划的原型。主要负责推进这个项目的是社团法人首都圈产业促进化协会（简称"TAMA 协会"）。该协会于 1998 年在东京都八王子市设立，以环状道路的国道 16 号线沿线地区为主要范围，以横跨埼玉县西南部（狭山市、川越市），东京都多摩地区，神奈川县中央部（相模原市、厚木市）为主要对象。项目推进时，除 TAMA 协会之外，还有一些其他日本官方机构的参与，如日本工商会议所、东京都中小企业振兴公社、东京农工大学等，参加企业也超过 300 家。该项目的主要目的是通过"产学官"的合作和交流，促进该地区所拥有的产业机械、电子设备、通信设备等制造领域的优秀技术企业群与日本中小企业的合作，以此促进产品开发能力的提升，打造更加优质的创新创业环境，形成世界上独具特色的新型产业创造的发展基础。东京都多摩地区作为郊外住宅地被开发，与东京市中心的关联性很强，但是与相邻的自治体的交流和合作却很少，因此通过这样的日本产业集群计划的公共支援的形式，不仅加强了大中小企业间的交流，也积极促进了产学合作，对于促进东京圈的发展起到了一定的积极作用。

2. 东葛川口（TX 沿线）网络支援活动

东葛川口（TX 沿线）网络支援活动项目通过将东葛、川口、筑波以及 TX 沿线地区的产业集聚与位于该地区的负责尖端研究开发的理工系大学群和研究机关的研究、技术相连接，实现相互促进，以此提高"产学官"、产业与产业、不同行业间的合作质量。代表案例就是筑波市的国立研究所、在千叶县柏市新建设的东京大学柏校区等高等研究机关与本地产业的合作。这个网络支援活动的对象地区是 TX 沿线和东武野田线沿线的自治体，以千叶县东葛地区、船桥地区，埼玉县川口地区，茨城县筑波地区，东京都 TX 沿线地区（千代田区、荒川区等）为中心的范围。该活动的核心是位于千叶县柏市的东葛科技广场，这里集聚了约 500 家企业，34 所大学及公共研究机构，20 个自治团体，10 个金融机构，由此形成了很好的"产学官"协作网络。在这个地区，特别是因为理化机器相关技术和材料表面改质技术（东葛）、铸件加工技术（川口）等具有竞争优势，所以目前以相关技术开发和新商品开发为主轴的商业模式正在形成。

3. 京滨网络支援活动

京滨地区（品川区、大田区、川崎市、横滨市）自古以来就有以制造业为中心的加工技术的积累，具有高端技术、基础技术的中小企业的聚集，发挥着作为先进技术、产品的研究开发和中试研发基地的作用。另外，因为这个地区集聚了很多大型企业的研究开发部门，加之作为首都圈内交通、信息的流通据点，所以该项目主要通过产学研合作、产教合作提高产品开发力和技术开发力，以达到促进大企业和中小企业合作项目的目的。其核心机构是京滨地区集群论坛，由非营利组织（NPO）法人制造品川宿、大田区产业振兴协会、川崎市产业振兴财团、横滨市工业会联合会等组成。这个项目虽然作为支援事业做出了贡献，但是与上述两个项目相比，大型企业和中小企业之间的合作比较困难，而且大田区等的特立独行的精神根深蒂固，活动目的很难达到。

综上可见，日本东京圈经过几十年的发展，离不开日本政府的支援与协调。从案例来看，促进大型企业与中小企业的合作，加深"产学官"合作、产教合作以促进技术的革新与新产品的开发是目前日本政府的主要思路。在粤港澳大湾区背景下推动产业创新与科技合作，我们也应该注重"产学官"合作及产教合作的重要性。

第七章

打造深圳—香港创新圈
助力粤港澳大湾区实现弯道超车

改革开放以来，特别是我国于1997年7月1日对香港恢复行使主权以后，深圳与香港（简称"深港"）之间的经济合作经历了基于劳动密集型的低端产业合作、科学技术中心合作、科技创新产业融合三大阶段。借助深圳及其腹地广阔的市场、创业环境和香港在生物医药、工程领域的科研成果高输出型优势，深港创新圈的合作从1.0阶段转向了2.0阶段，深圳与香港之间的合作方向也从房地产、旅游、贸易转向科技型创新产业，如产学研合作、创新载体合作、引导科研成果落地孵化、加速粤港澳大湾区核心城市协同发展、带动周边城市产业资源流通、推动粤港澳大湾区特色产业发展。

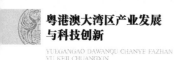

第一节　深港科技产业发展历程与现状

　　我国改革开放已有 40 多年，回顾我国经济窗口深圳的建立及深港合作的发展历程（见图 7-1），其在时间上与改革开放同步，在发展的领域上涉及改革开放的多项内容，是改革开放的发展缩影和成功篇章之一。

一、深港科技产业发展历程

20世纪80年代：
初步合作阶段，建立
"前店后厂"产业合作关系，
以劳动密集型制造业为主

21世纪至今：
加速融合阶段，建设
"深港创新圈"，
签署"1+8""1+6"
协议

20世纪90年代：
深度合作阶段，确立
高新技术发展方向，
提出"深港科技中心"
等设想

图 7-1　深港合作发展历程图

1. 20 世纪 80 年代：初步合作阶段

　　20 世纪 60 年代的香港经济由港口经济转变为出口导向经济，大力发展贸易，工业发展迅速。20 世纪 80 年代起，香港的土地和劳动力价格上涨迅猛，仅仅 30 多年时间工业用地的价格上涨了 300 多倍。商业成本的高涨带来了产业升级的挑战，加之当时香港的产业和企业结构并不突出，因此毗邻香港的深圳成为产业转移的最佳选择。这对处于改革开放初期的深圳来说，也是极好的机会，深圳坚持以开放促改革、促发展的思路，经历了筹办、规划基础设施的阶段，初步形成了一个以工业为主、工贸技相结合的多功能经济特区，正向外向型经济发展转变。深圳在积极主动寻求合作的机会，需要香港的区位优势、科学技术、经营理念来获得发展。深圳抓住了产业转移的时机，以吸引外资发展经济。香港的来料加工、来样加工、来件装配和补偿贸易的"三来一补"形式，由于投资少、成本低、风险小等特点，在广东尤其是深圳，其经济效果发挥得最好。深港迅速建立起了具有"前店后厂"式垂直分工产业特征的合作模式，深圳利用香港拥有的海外贸易优势，承接海外订单，创办了一批劳动密集型的加工制造企业，深圳的进出口贸易额当中，香港占比20%以上。香港的投资是深圳的重要外资来源，深圳也把香港作为设立企业的主要选择。20世纪80年代，港资对深圳投资占对外投资的比重在50%以上，深圳实际利用港资的增长率高达20%。香港的工业化进程也在资本、信息、技术上得以推进。

这一阶段的合作属于民间自发的、由市场驱动的，对于双方来说均为起步式的。在合作的内容上，产业链层次较低，缺乏规范的合作平台；在合作的方式上，主要是引进技术、委托开发、借用人才等。但是这一阶段在深港经济合作的整个进程中是属于快速发展的，为两地的经济发展和经济结构调整提供了理想的成长空间，同时也开启了深圳的现代化进程，使深圳建立起外向型经济体系。这一阶段深圳GDP增长49倍，出口总值增长135倍，与外商签订的协议合同达7 686份。香港在这一阶段实现了产业的转移、分工和调整，营造了较好的营商环境。

2. 20世纪90年代：深度合作阶段

经济合作与发展组织（Organization for Economic Co-operation and Development, OECD）于1996年发布的《以知识为基础的经济》的报告，指出未来的经济是以知识为基础的经济，其中最重要的部分是科学技术、管理和行为科学知识。这意味着从20世纪90年代开始，知识成为除了劳动和资本以外的一项新生产要素，许多国家和地区相继计划发展高新技术产业。此时的香港以中小企业为主体，风险承担能力有限、科技创新能力有限，与"亚洲四小龙"之中的韩国、新加坡相比处于下风；有比较优势的服务业又难以全面进入深圳，加之深圳高新技术产业的发展和城市运营成本的上升，均要求深港合作方式有所突破。为了赶上国际科技创新的发展趋势，深港之间的科技合作进入深度合作阶段，需要将优势互补、劣势消除。早在 1993 年，在珠江三角洲地区发展高新技术产业座谈会上，深圳就确立了发展高新技术产业的大方向。1995 年，深圳提出"科教兴市"战略。深圳先后提出创办"深港科技园""深港科技中心"等设想，并在 1999 年与北京大学、香港科技大学联合成立了深港产学研基地，探索和实践政府、企业、高校及研究机构相结合的新路子，为深圳发展高新技术产业和提升教育事业水平。仅仅一年的时间，深港产学研基地签订了 10 个高科技项目，包括通信技术、生物医药、金融服务、物流服务、先进装备等领域，实现了深港科技合作的转变，打破了垂直分工的模式，合作的程度更深、联系更紧密，提升了香港在国际上的创新水平，扩大了企业的规模。深圳在科技含量较高的资讯电子行业上取得显著成绩，建立的富士康企业集团是最典型的代表，无人化制造引人注目，后来又在精密组件和模具方面相继成立了独资企业，为深圳信息技术产业的发展奠定了良好的技术资源基础和管理基础。

这一阶段深港合作的方式和成果多样化，体现为引进技术、产学研相结合、科技成果转化、新领域项目的开拓、人才互动等，合作进程加快，共同投资机构向高新技术产业倾斜，或者在原有产业的基础上引进先进设备，改善经营管理方式，生产技术含量更高、附加值更高的产品。

3. 21 世纪至今：加速融合阶段

21 世纪的深港合作已经在经济、管理、科技方面积累了丰富的探索经验，双方在加强科技合作方面都有强烈的需求，双方的创新资源各有优势，双方以扩大产业融合、开放共赢为愿景，进入全面融合合作阶段，把科技合作水平推向更高，促进科技创新转型升级。2004 年，深港两地政府签署"1+8"协议。"1"，即《关于加强深港合作的备忘录》；"8"，即深港在口岸基础设施、经贸、科技、教育、金融、环保、旅游、文化 8 个具体方面的合作协议。

深港开始探索打造"深港创新圈"，建设世界级科技创新中心。2005 年，深圳首次提出建设"深港创新圈"的设想。2006 年，"深港创新圈"专题研讨会在深圳举行，深港两地领导共同探讨建立"深港创新圈"的操作问题。

2007 年，"深港创新圈"被明确定义为政府与民间力量共同促成的，跨城市、高聚集、高密度的区域创新体系及产业聚集带。"深港创新圈"纳入内地与香港科技合作的框架之下。2007 年 5 月正式签署的《"深港创新圈"合作协议》标志着港深合作进入实质性的操作阶段。这一协议达成了 17 个方面的共识，涉及科技园区合作、创新项目资助支持、知识产权保护、招商引资、科技人才交流、战略研究等。2012 年，深港合作区涵盖金融业、现代物流业、信息服务业、科技服务业、专业服务业、公共服务业六大领域。在建设创新人才队伍方面，深港合作的表现主要如下：2009 年，深圳智能媒体和语音重点实验室依托深港产学研基地正式组建；2013 年，首个深港青年创新创业基地在深圳南山云谷创新产业园正式揭牌；2014 年，深港产学研基地产业发展中心以电子信息领域为重点，辐射先进制造等行业，联合专业机构建立了智能信息、智能通信、智能车库等三个专业领域的公共技术研发平台；2014 年，教育部同意设立香港中文大学（深圳），等等。这些对加强深港科技合作、共同培养高层次科技人才、共同提升科技创新国际竞争力具有重要作用。

2019 年，《粤港澳大湾区发展规划纲要》发布后，粤港澳大湾区发展上升到了国家战略层面，这也表明了深港创新圈由 1.0 阶段转向了 2.0 阶段。深港创新圈 1.0 阶段在 1997 年以后，深圳、香港的合作由前期的"前店后厂"转向高新技术产业和现代服务业的配合，从经济合作转向包罗文化、教育、科技等全方位的深度融合，从单点项目合作转向系统组织性的战略合作，这些转变体现在《内地与港澳关于建立更紧密经贸关系的安排》的签订、香港内地"自由行"的开放、前海深港现代服务合作区的建立等。科技创新是湾区发展的内核，而深圳承载创新攻坚任务的高校及科研机构较少，缺少源头创新研发力量，但是却有非常广阔的市场和适宜的创业环境；反观香港，其大学基础科研实力接近国际顶尖水平，但是缺少科技成果孵化条件，产业结构巨变、创新人才流失，无法很好地将科研成果产业化。深圳和香港虽然在旅游、商贸、房地产等产业合作密集，但是在科技相关产业的合作却并未形成一定的规模。目前，深圳和香港在深圳虚拟大学园的研发教育合作，为生物医药、新一代信息技术、人工智能等战略性新兴产业贡献了高水平的科研成果，并建造了"深圳市机器人与智能制造工程实验室""深圳市半导体激光器重点实验室""深圳大数据研究院"等国际化科技创新平台。鼓励深港高校产学研合作，引导香港科研成果落地深圳，减少两地政策差异，促进科技创新产业深度融合将是深港创新圈2.0阶段的主要发展方向。

这一阶段深港合作所涉及的领域更广、层次更高、空间更大，具有前瞻性和开创性，标志着合作进入全面融合的新阶段。《"深港创新圈"合作协议》得到了国家的认可，极大地推进深港合作机制的建立和完善，有助于突破合作的瓶颈，进一步提升两地合作的层次，促进深港繁荣和发展。有学者的研究表明，深港合作每深化1%将推动广东人均产出增长0.73%①。深港经济合作带来的经济增长效应将成为粤港澳大湾区发展成国际科技中心、一流湾区的引擎。

总之，深港合作的初步合作阶段、深度合作阶段、加速融合阶段三个阶段，得益于我国改革开放的时代趋势，得益于国际上产业转移和调整的潮流。深港合作的大胆探索、努力突破，使得深圳建立起外向型的经济体系，走向国际市场，学习和借鉴通过香港表现出来的国际规则和国际惯例，建立社会主义市场经济框架体系，并在合作中形成以改革开放为主的特区精神。作为中国改革开放缩影的深港经济合作，开创了东亚经济奇迹，成为东亚模式的重要组成部分，是我国经济发展过程中对科技、合作机制、产业等探索成功的典型篇章，是"一国两制"下的产物，有助于为其他合作树立标杆。

二、深圳科技产业发展现状

1. 企业是科技产业发展的主力军

自1987年深圳出台《深圳市人民政府关于鼓励科技人员兴办民间科技企业的暂行规定》，允许科技人员以知识产权入股开始，深圳便开启了创新创业的新征程。此后，随着一系列鼓励科技人员创业的政策措施，创新技术成为

---

① 陈秀珍. 香港与内地经济一体化的经济增长效应的计量研究 [J]. 开放导报，2005 (5)：79-85.

深圳的内核。为实现创新价值，越来越多的科技人员选择经商创业。

图 7-2 展示了 1997—2017 年深圳新增企业数量情况。其中，1998 年、2000 年、2002 年以及 2005 年的企业增量较上一年有所下降，除了 2008 年受世界经济危机的影响，企业增量数据出现负数，当年企业减少 2 496 家外，深圳新增企业每年都有增量，更在 2009 年后增量稳步增长。2013 年深圳创新载体开始高速增长后企业增量创新高，较 2012 年增量超过 100%，并在 2016 年达到顶峰，新增企业 370 302 家，2017 年新增企业 265 621 家，2018 年新增企业 204 774 家，这为深圳科技创新的发展奠定了基础。

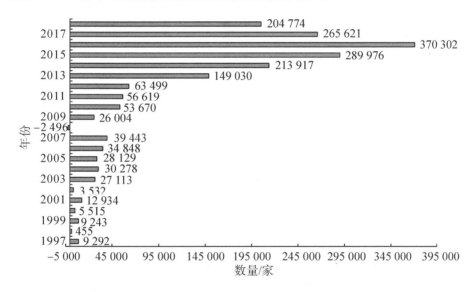

图 7-2　1997—2017 年深圳新增企业数量情况

数据来源：1998—2019 年《深圳市统计年鉴》。

自 2008 年深圳开始实施国家高新技术企业认定以来，国家高新技术企业数量增长加快，平均涨幅超过 28%。2016 年开始，深圳每年的国际高新技术企业增量超过 2 500 家，年均增长率达到 32.88%，这离不开深圳市、区两级政府对创新创业的引导和政策激励。截至 2019 年年底，深圳的国家高新技术企业总数为 16 998 家，仅次于北京，位居广东省第 1 名，已提前完成"十三五"规划目标（见图 7-3）。

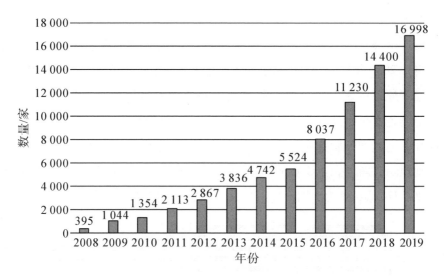

图7-3　2008—2019年深圳的国家高新技术企业数量情况

数据来源：笔者根据相关网站数据整理。

　　2019年年底，深圳的国家高新技术企业属于电子信息领域的占比达到52.87%，排名第1位，之后依次是先进制造与自动化领域，占比21.86%；高技术服务业领域，占比7.97%；新材料领域，占比5.70%；新能源与节能领域，占比4.68%；生物与新医药领域，占比3.45%；资源与环境领域，占比2.85%；航空航天领域，占比0.62%。深圳的国家高新技术企业总数中有95.5%左右为年销售收入4亿元以下的中小型企业[①]。此结论也与深圳的"6个90%"现象比较吻合，即90%的创新型企业是本土企业、90%的研发人员在企业、90%的科研投入来源于企业、90%的专利产生于企业、90%的研发机构建在企业、90%以上的重大科技项目发明专利来源于龙头企业。

　　2. 深圳科技创新的土壤是创新载体

　　创新载体包括重点实验室、工程中心、技术中心、工程实验室、公共技术服务平台、深圳市科技企业孵化器、国家级平台等。图7-4显示了1996—2019年深圳创新载体总量及新增数。该数据涵盖了深圳的基础研究平台、技

———————————

① 笔者根据相关网站数据整理。

术开发创新平台以及创新服务平台三大创新平台。

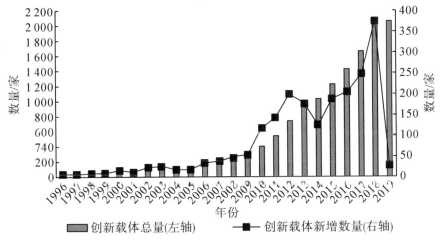

图 7-4　1996—2019 年深圳创新载体总量及新增数量

数据来源：笔者根据 2019 年深圳科技创新委员会官网信息整理。

从图 7-4 可以看出，2004 年之前，深圳创新载体还在萌芽发展阶段，创新载体总量不到 100 家，每年新增量总计也在 50 家以下。2009 年以后，创新载体由萌芽发展阶段进入新的增长阶段，实现爆发式增长，新增量在 2010 年首次超过 100 家，更是在 2016 年达到 200 家，在 2018 年达到 375 家，为 23 年以来的最高新增量。深圳创新载体总量在 2008 年超过 200 家后又经过每年约 30% 的增速，于 2014 年首次超过 1 000 家，之后增速虽然有所下降，但在 2018 年总量已经超过 2 000 家。2019 年，深圳创新载体总量增速呈断崖式下降，总量达到 2 068 家。

重点实验室开展基础研究和应用基础研究，是培养科研人员、开展高层次重要学术交流的基地。深圳以重点实验室作为核心载体，在科学前沿探索创新思想，挖掘原始创新力，加固延展基础研究和基础应用研究，为科研技术创新奠定夯实基础。如图 7-5 所示，1997—2019 年深圳各级重点实验室呈稳步上升趋势，市级重点实验室有 318 家。2003 年之前深圳没有国家级和省级重点实验室。其中，国家级重点实验室在 2011 年开始超过 10 家，2015 年达到 14 家，之后再无增量；省级重点实验室从 2003 年开始以几乎每年 1 家的增幅于 2011 年超过 10 家，之后一直平稳增长，截至 2019 年年底，省级重点实验室数量达 44 家。市级重点实验室数量增长迅猛，2011 年超过 100 家，2015 年超过 200 家，截至 2019 年年底，市级重点实验室达 260 家。其中，依托高校、研究院建立的重点实验室数量占总数的 68.2%，而依托公司建立的重点实验室数量占了不到 10%①。相比于 2017 年的数据，以高校、研究院为依托单位建立的重点实验室占比降低了近 3%，以公司为依托单位建立的重点实验室占比增加了 3%。

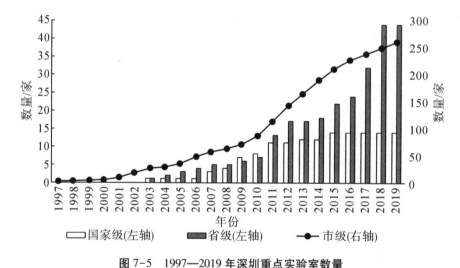

图 7-5　1997—2019 年深圳重点实验室数量

数据来源：笔者根据 2019 年深圳科技创新官网信息整理。

工程中心是指通过建立工程化研究、验证的设计和有利于技术创新、成果转化的机制，培育、提升自主创新能力的企事业单位。工程中心具有行业、领域的综合竞争优势，拥有相对完备的科研设备和一支专业的科技队伍承担研究开发、工程设计和实验等多种综合服务性实体研发任务。如图 7-6 所示，截至 2018 年年底，深圳各级工程中心总量为 755 家。其中，国家级工程中心在 2002 年、2003 年各增加了 1 家，在 2011 年增加了 3 家，在 2013 年增加了 2 家，此后 5 年总量不变，国家级工程中心由 1996 年的 1 家增加到 2018 年的

---

① 笔者根据深圳市科技创新委员会官网创新载体名单整理。

8 家；省级工程中心在 2011 年以前总数未超过 10 家且增长缓慢，2013 年和 2018 年的增速都超过了 110%，总数自 2016 年超过 100 家后于 2018 年到达峰值 534 家，较 2017 年增长了 1 倍多；市级工程中心自 1996 年以来一直缓慢增长，每年增幅不超过 21 家，总量在 2010 年超过 100 家，2018 年年底共 213 家。

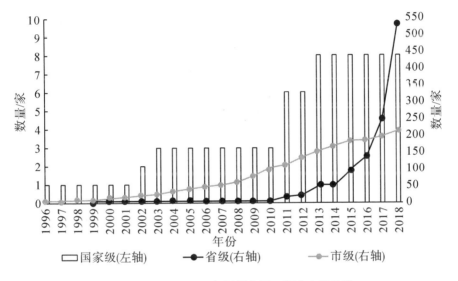

图 7-6　1996—2018 年深圳各级工程中心的数量

数据来源：笔者根据 2019 年深圳科技创新委员会官网信息整理。

技术中心是指企业中具有较强的技术创新能力及相关实验设备的研发部门。技术中心同样拥有一支可以进行技术开发、产品设计和市场开拓的专业研发团队，是科技型企业的核心竞争力。如图 7-7 所示，1996—2018 年，深圳没有省级技术中心，其他各级技术中心总数自 1996 年起一直稳步增长，截至 2018 年年底，总数达到 289 家。其中，国家级技术中心每年增加基本不超过 5 家，但在 2018 年增加 7 家，总数达到 33 家；市级技术中心在"九五"期间和"十五"期间增加不超过 10 家，在"十一五"期间增加不超过 20 家，2011—2018 年，除了 2014 年增加 29 家外，其余每年增加不超过 25 家，2018 年年底总数达到 256 家。

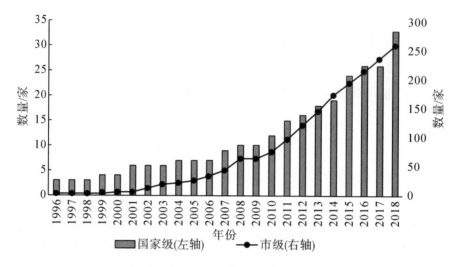

图 7-7   1996—2018 年深圳技术中心数量

数据来源：笔者根据 2019 年深圳科技创新委员会官网信息整理。

在承载科技创新成果市场化、产业化的孵化器方面，笔者收集到的资料显示，2017 年深圳科技创新委员会共资助了 51 个创客空间和创客服务平台。2013—2017 年，深圳各区受深圳科技创新委员会资助孵化器、创客空间和创客服务平台有 139 个。

3. 高层次人才是科技创新的原动力

根据深圳市委组织部数据，深圳在"十二五"期间，累计引进广东省"珠江人才计划"和"孔雀计划"创新团队共 95 个，"千人计划"人才由 2010 年年底的 22 人增长到 2015 年的 154 人，增长了 6 倍，人数占全省的 39%。

如图 7-8 所示，2010 年，深圳高层次专业人才仅 1 796 人，2015 年高层次专业人才达 5 652 人，比 2010 年增长了 2.15 倍。2017 年，深圳高层次专业人才已经增加到 6 979 人，比 2015 年增长了约 23%。另外，可以从图 7-8 看出，深圳从 2011 年开始大力引进海外高层次人才，即实施"孔雀人才"。2010 年，海外"孔雀计划"人才数量为 0，但 2015 年，海外"孔雀计划"人才数量为 1 364 人。2017 年，海外"孔雀计划"人才数量达到 2 954 人，仅仅 2 年时间，人数增长了约 1.17 倍。

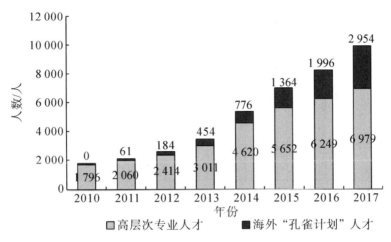

图 7-8 2010—2017 年深圳认定的高层次人才数量变化

数据来源：深圳市人力资源和社会保障局。

三、香港科技产业发展现状

创新研发是保证科技创新发展的主要动力，香港将承担科技创新研发的载体机构分为工商机构、高等教育机构以及政府机构（涵盖所有政府决策局、部门和半政府机构，包括公共科技支援机构）。本书将按这三种机构划分，从研发人员、研发费用、研发开支占 GDP 的比例、专利情况、研究成果资助等方面分析香港研发活动的整体状况。

1. 研究及发展（研发）人员

统计数据显示，高等教育机构的研发人员包括大学教育资助委员会资助的大学中所有与研究相关的人员和上研究生课的学生。其中，与研究相关的人员是指 80% 或以上的工作时间是用于进行与研究相关工作的人员。如图 7-9 所示，自 1998 年以来，绝大多数年份高等教育机构的研发人员占比在工商机构、高等教育机构、政府机构三大机构中最高，只有 2004—2007 年工商机构的研发人员占比超过了高等教育机构的研发人员占比。

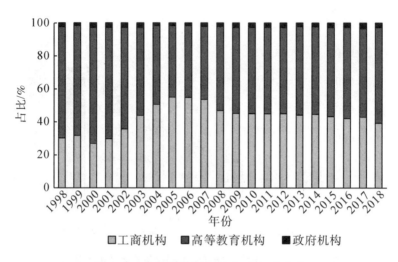

图 7-9　香港研发人员数目不同机构占比

数据来源：笔者根据《香港统计年刊》（2018 年版）和 2018 年香港创新活动统计信息整理。

　　如图 7-10 所示，工商机构的研发人员数量在 2003 年以前都不足 7 500 人，而在 2004 年、2005 年分别有了 27%、28% 的高增幅，研发人员数量增长到了 12 000 人以上，并在 2006 年达到一个峰值（12 681 人），之后回落到 11 000 人以下，并以不超过 6% 的增幅缓慢增长到 2018 年的 13 156 人。高等教育机构的研发人员数量除了 1999 年、2003 年以及 2018 年有超 10% 的增幅，其他年份增幅均不超过 9%。值得一提的是，工商机构的研发人员数量在 2004 年开始大幅增加的时候，高等教育机构的研发人员数量出现了增幅不足 1% 的情况。政府机构的研发人员数量历年来占三机构总数的 3% 以下，甚至在 2004 年、2010 年、2011 年以及 2013 年出现了负增长。截至 2018 年年底，政府机构的研发人员数量还不足 1 000 人。

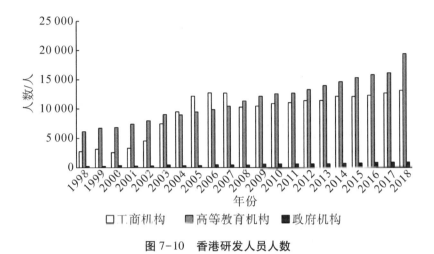

图 7-10　香港研发人员人数

数据来源：笔者根据《香港统计年刊》（2018 年版）和 2018 年香港创新活动统计信息整理。

2. 研发费用

自 2000 年统计年份开始，香港的研发开支是指由申报机构的直属雇员在申报机构内为申报机构或根据合约协议为其他机构进行的研发活动的开支，不论资金来源是什么。

图 7-11 所示的是香港按机构类别划分的研究及发展（研发）开支。从图 7-11 可以看出，同研发人员数量数据相匹配，研究及发展开支数据显示，高等教育机构的研发费是三大机构中最多的。2000—2004 年，高等教育机构的研发人员数量在增长的同时，其研发费用却在逐年小幅减少，2004 年之后开始缓慢增长，其中 2007 年、2015 年以及 2018 年的增幅超过 10%。截至 2018 年年底，高等教育机构的研发费用总值达到 123.57 亿港元，占三大机构总研发费用的 50.4%。

工商机构的研发费用在 2000—2005 年有超过 22% 甚至高达 86% 的增幅，并在 2006 年达到 62.87 亿港元，之后两年有 13% 左右的下降，2008 年降到 60 亿港元以下，之后缓慢增长，在经过 2018 年 16.78% 的增幅后，工商机构的研发费用达到 109.92 亿港元，占三大机构总研发费用的 44.9%。

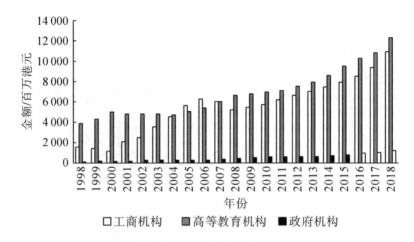

图 7-11　香港按机构类别划分的研究及发展（研发）开支

数据来源：笔者根据《香港统计年刊》（2018 年版）和 2018 年香港创新活动统计信息整理。

　　政府机构的研发费用除了 2003 年、2011 年以及 2012 年有负增长之外，一直都保持增长状态，其中 2004 年增幅不足 1%，2005 年、2013 年以及 2014 年增幅不超过 10%，其余年份增幅在 11%～50%，但是由于政府机构研发人员数量远远少于其他两大机构，因此截至 2018 年年底，政府机构的研发费用支出 11.48 亿港元，占三大机构总研发费用的 4.7%。

　　3. 研发开支占 GDP 的比例

　　图 7-12 显示了香港研发开支占 GDP 的比例。从图 7-12 可以看出，香港研发费用总计除了 2008 年出现负增长外，自 2000 年起的其余年份一直呈现出增长趋势，其中 2001 年、2003—2005 年、2018 年增幅超过 10%。截至 2018 年年底，香港研发总开支（工商机构、高等教育机构以及政府机构在本地所进行的研发活动的开支总额）达 244.97 亿港元，较 2017 年上升 15.12%，成为 1998—2018 年增幅之最。图 7-12 的数据显示本地研发总开支相对本地生产总值的比例虽然总体呈现出增长势态，但是还未超过 1%。香港地区的研发开支总计占 GDP 的比例在 2001 年和 2003 年大幅增高，在 2007

年、2010 年以及 2011 年出现研发费用增高但是占 GDP 比例却降低的情况。
截至 2018 年年底，香港地区的研发开支总计占 GDP 的比例为 0.86%，是
1998—2018 年最高的。

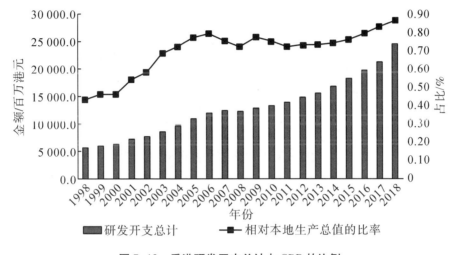

图 7-12　香港研发开支总计占 GDP 的比例

数据来源：笔者根据《香港统计年刊》（2018 年版）和 2018 年香港创新活动统计信息整理。

4. 专利情况

图 7-13 与图 7-14 分别展示的是香港按专利类别划分在香港获批准的专
利数量与香港按专利申请类别划分在香港申请的专利数量。不同于内地，香
港地区申请的专利可分为标准专利和短期专利两种不同的类型。

标准专利是指经香港特别行政区政府指定专利局（中国国家知识产权局、
英国知识产权局和欧洲专利局）审查、授权后在香港特别行政区知识产权署
获得注册的发明专利。短期专利是指申请人直接向香港特别行政区知识产权
署提交申请，经形式审查后获得注册的发明专利，旨在保护商业寿命较短的
发明。

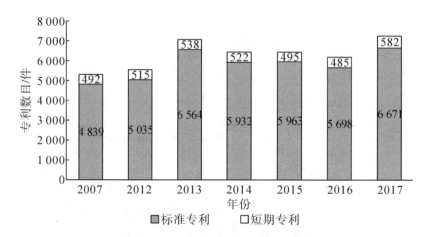

图 7-13　香港按专利类别划分在香港获批准的专利数量

数据来源:《香港统计年刊》(2018 年版)。

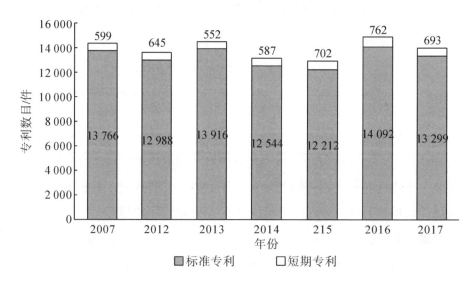

图 7-14　香港按专利申请类别划分在香港申请的专利数量

数据来源:《香港统计年刊》(2018 年版)。

从图 7-13 可以看出,2012—2013 年在专利申请方面是飞速发展的一年,获批专利总数由 5 550 件增加到了 7 102 件,增幅约为 28%。虽然之后专利数量有略微下降,但总数一直保持在 6 000 件以上,到 2017 年达到 7 253 件,增加了约 18%。

5. 研究成果资助

大学教育资助委员会（教资会）、大学资助委员会（University Grants Committee，UGC）是香港特区政府辖下为全香港八大院校开支拨款的非法定的独立咨询团体。香港八大院校包括香港大学、香港科技大学、香港中文大学、香港理工大学、香港浸会大学、香港城市大学、香港岭南大学、香港教育大学。

图 7-15 所示的是按主要科目范围划分的教资会资助的大学研究成果数目。从图 7-15 可看出，自 2012 年起，教资会资助的研究成果数目都在 25 000 件以上，2014 年达到最高的 26 375 件，之后三年较前一年均有减少，2017 年资助总成果数为 25 320 件，相较五年前（2012 年）减少了 453 件。从不同科目分析，香港地区 2012 年将人文科学及社会科学与商科分开统计，但商科科研成果数目占比在 5% 上下，几乎可以忽略。人文科学及社会科学的研究成果数目比重较大，占所有科目研究成果数目的 35% 左右，其次是占比 25% 左右的生物学及医学，但是 2017 年以 23.84% 的占比首次居于工程学（25.28%）后。被资助的工程学科研成果总数占总数的 24% 左右，物理科学科研成果数则在 10% 左右徘徊。

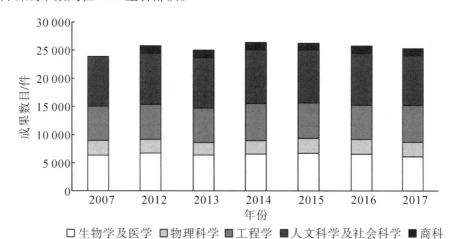

图 7-15　教资会资助的大学的研究成果数目

数据来源：《香港统计年刊》（2018 年版）。

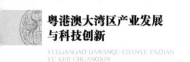
第二节　协同发展是打造深港创新圈的终极目标

深港的协同发展已经进入机制体制、组织模式、利益协同等深层次，在国际湾区发展新形势、国家重大战略、经济社会发展新需求下，在"双区驱动"政策背景下，两地合作的全面性、系统性、深刻性、突破性可以加快深港在科技创新领域的合作进程，有利于巩固和提升粤港澳大湾区整体竞争力，进而全面推动深港两地共建世界级科技产业创新中心，促使大湾区建成具有全球要素资源配置和影响力的国际科技湾区，成为我国科技创新的动力引擎。伴随着《粤港澳大湾区发展规划纲要》的出台，深港作为粤港澳大湾区的核心发展引擎，其合作创新迎来了新的阶段。在签订了《CEPA 经济技术合作协议》和《CEPA 服务贸易协议》后，深圳乃至内地与香港已经加快了产业技术标准对接以及取得了行业准入资质，但是如何深入发掘资源，寻找合作新契机，扩大以深港为中心的科技创新辐射范围，是本节讨论的重点。

一、深圳—香港科技创新协同发展成效

在深港创新圈 1.0 阶段，深圳的市场机制和制造业供应链系统得以日趋完善，而深圳也借助香港的高校科技创新资源，逐渐弥补在科技创新能力方面的劣势，深港协同初见成效。本部分主要聚焦深港科技创新协同在高校合作以及产学研合作方面的发展，科技产业方面的发展，笔者已在上一节详细介绍过，不再赘述。

1. 高校

深圳虚拟大学园不同于传统的只关注教学的大学校园，而是采取"技术转移经纪人"与"合作契约制"的管理运行机制，注重城市与学校自身的科研需求匹配。灵活的市场机制使科研技术需求方与在校科研人员的积极性被调动了起来，入驻虚拟大学园的每个"经纪人"都会努力将科研成果转化为

实际的社会经济价值。更加贴近市场化的运营机制，可以保证香港高校对项目的直接管理统筹权，这对香港高校来讲有非常大的吸引力。香港的科研力量在国际上也可占据一席之地，但是由于空间土地资源匮乏，在科研成果转移转化方面总是力不从心，深圳虚拟大学园为香港高校科研成果落地提供了更新的思路，开通了绿色渠道。

鉴于深圳教育资源匮乏，自 21 世纪初，香港加深了与深圳高校之间的合作。最初，香港部分高校利用深圳土地资源优势在深圳建立研究院，主要承担教育培训、科技研发、成果转移转化等活动，在体制上并不属于香港高校在深圳的分校，只是入驻深圳虚拟大学园。香港科技大学、香港大学、香港中文大学、香港城市大学、香港理工大学、香港浸会大学都在深圳虚拟大学园与深圳联合成立了深圳研究院，近 20 年来累计培养了各类人员 32 万余人，其中博士及博士后 2 000 余人，硕士 4 万余人，本科生 6 万余人，订单培训和其他培训培养 20 多万人（见图 7-16）。香港高校的研究院在科学研究方面也为深圳做出了重大贡献，已在深圳设立创新载体 44 个，科研机构 72 家，承担国家和省、市科技项目累计 1 300 多项（见表 7-1）。

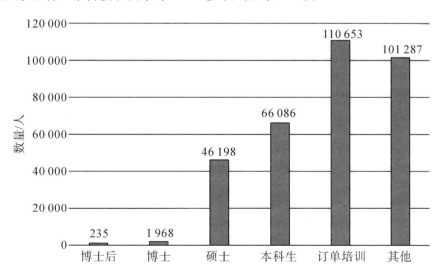

图 7-16　深圳虚拟大学园累积培养人才数量

数据来源：笔者根据 2018 年深圳虚拟大学园年度工作报告整理。

表 7-1　2018 年深圳虚拟大学香港高校获深圳市资助立项表

(含 2019 年第一批)

单位	项目数量/个	资助金额/万元
香港城市大学深圳研究院	44	456 200
香港科技大学深圳研究院	34	336 000
香港理工大学深圳研究院	25	234 000
香港大学深圳研究院	13	137 900
香港中文大学深圳研究院	7	110 000
香港浸会大学深圳研究院	7	42 000

数据来源：笔者根据 2018 年深圳虚拟大学园年度工作报告整理。

深圳与香港深入的高校合作自 2014 年开始，即在前一阶段的合作基础上进一步深化，建立具有完整功能的大学。位于深圳市龙岗区大运新城的香港中文大学（深圳）目前已有来自全球的 7 000 多名优秀本科生和研究生开始学业。2018 年首届学生已经步入社会就业，55% 的学生选择留在深圳，深港高校合作成果初见成效，为深圳输送了大量高层次人才。此外，借助香港中文大学（深圳）的科研力量，结合深圳特色产业，一系列国际化科技创新平台在深圳崛地而起，包括专注机器人与智能制造的工程实验室和研究院、研究半导体激光器重点实验室、创新创业基地等，这些平台承担了多项科技计划及横向联合科研项目。

2. 产学研合作

基于香港在基础研究的优势和深圳创新产业市场的活跃性，深圳与香港的产学研合作主要就是香港高校和深圳企业之间的供需匹配合作。讲到深港产学研合作不得不提深圳虚拟大学园，企业可以在虚拟大学园搭建的平台上发布技术需求，院校科研专家也可以在该平台上发布技术成果，科研供需双方可以直接在此平台上沟通对接，香港中文大学、香港城市大学、香港科技大学、香港理工大学已在深圳虚拟大学园建立了产学研基地，占地 2.6 万平方米。截至 2018 年 2 月底，香港高校深圳研究院转化成果及技术成果 269 项，获得专利 111 项。这些深港产学研基地的合作模式由一开始的科研项目研发转变为市场产品转化加高端人才培养的全链条合作模式。

此外，深圳和香港两地民间组织自发形成的产学研合作项目也不少，主要采用深圳公司与香港高校合作的形式。例如，香港科技大学与大疆创新共同设立的"香港科技大学-大疆创新科技联合实验室"、香港科技大学与华为共同设立的"华为-香港科大联合实验室"等，这些实验室更加专注于企业的实际技术需求，发起具有针对性的联合攻关。

深港创新圈的这种产学研合作越来越得到政府的重视，为鼓励两地民间自发开展包括联合技术研发、核心技术志愿平台、一站式服务平台建设等合作，两地政府制定了"深港创新圈专项资助计划"。截至 2017 年上半年，双方政府投入超过 4 亿元，联合资助深港合作项目累计 77 个。从深港创新圈历年资助项目数量及金额（见图 7-17）来看，项目涉及领域丰富（涵盖精密仪器研发、生物医疗靶向活检、智能医疗机器人、中低速轨道技术研发、智能传感网络芯片、薄膜晶体管技术研究、纳米光学成像器件研究等），项目数量及资助金额呈上升趋势。专项资助计划有力地推动了两地的产学研合作。2018 年 6 月 19 日，深圳市印发了《深圳市"深港创新圈"计划项目管理办法（试行）》，新增了深圳单方资助的深港合作项目（B 类）、深圳单方资助的委托研发项目（C 类）、深圳单方资助的香港研发项目（D 类）；允许新增深港创新圈计划项目跨境使用资助资金，这大大促进了深港资金流动，推进了深港产学研融合。"深港创新圈"计划项目的财政资助资金主要用于仪器设备耗材、专利以及审计费用、科研其他费用、劳务费及绩效支出，A 类、B 类、D 类项目深圳市财政最高资助额度为（单项）300 万元；申请单位为企业的，深圳市财政资助金额不超过项目总预算的 50%。

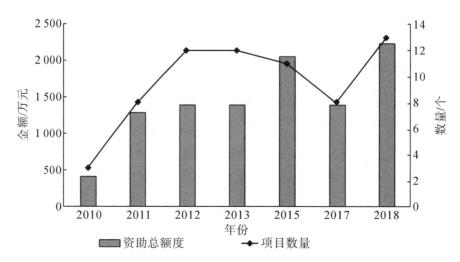

图 7-17 深港创新圈历年资助项目数量及金额①

数据来源：笔者根据《粤港澳大湾区战略下的深港澳创新圈 2.0》相关数据整理。

二、"双区驱动"背景下深港澳协同发展的方向

深港两地在产学研和教育资源方面的合作为粤港澳大湾区引领世界科技创新奠定了基础，未来深港两地的合作将更加深入。2019 年 2 月 18 日，中共中央、国务院印发了《粤港澳大湾区发展规划纲要》，赋予粤港澳大湾区五个战略定位，分别是充满活力的世界级城市群、具有全球影响力的国际科技创新中心、"一带一路"建设的重要支撑、内地与港澳深度合作示范区、宜居宜业宜游的优质生活圈。深圳作为经济特区、国家创新型城市，应加深拓宽与港澳的合作，进一步提升区域内创新发展动力，引领湾区加速形成以创新为主要支撑的经济体系和发展模式，增强经济实力、科技创新实力和国际竞争力、影响力。2019 年 8 月 24 日，《中共中央 国务院关于支持深圳建设中国特色社会主义先行示范区的意见》正式发布，提出支持深圳高举新时代改革开放旗帜、建设中国特色社会主义先行示范区，形成全面深化改革、全面扩大

---

① 2014 年项目 2015 年拨款，2016 年没有通过的资助项目，故 2014 年和 2016 年两个年份无数据。

开放新格局，有利于更好实施粤港澳大湾区战略。深圳与香港作为粤港澳大湾区的核心发展引擎，在"双区"政策背景下，深港、深澳协同发展迎来了新的发展机遇。

1. 成为"一国两制"制度创新先行区

针对粤港澳大湾区"一个国家，两种制度，三个关税区"的情况，一体化的市场环境是湾区发展的重要基础。为实现要素跨境流通、三地产业共同升级、提升国际竞争合作新优势，粤港澳大湾区需要加快研究市场一体化的体制机制，完善粤港澳民生共享系统，解决居住、就业、医保社保等问题，调整税收政策、过境签证和边检制度，深化外汇管理体制体系，推动跨境人民币结算业务等，推进湾区人才、物资、资金和信息的流动。这些一系列的机制变革可以以深圳、香港，包括澳门为试点先行区，进行小范围变革调整，然后带动辐射整个粤港澳大湾区。

虽然香港的 GDP 被北京、上海反超，经济增速也被重庆、成都、杭州、南京、武汉等城市超越，高新技术产业领域没有领军企业，但是其成熟的市场经济机制、相对完善的法律、发达的高端服务业、开放的国际多元文化环境、良好的职业操守和社会效率优势突出。这些优势源于香港的独特环境，成为香港的核心优势，内地很难复制。深圳由于区位、合作历史、开放性等原因，是最适合与香港开展创新合作模式的城市，在"一带一路"倡议、粤港澳大湾区建设等区域合作发展政策的背景下，深港科技创新协同发展是加速深港经济发展，引领内地新一轮改革开放、释放经济要素活力、改善民生的一个重要发展和探索方向。

由于深港两地不同的制度，虽然深港合作取得了一定的成效，但是两地在产业合作、民间往来、创新创业等方面仍存在不少问题。香港应学习深圳对科技创新的大力扶持、对新兴产业的前瞻规划、对社会资源的调整引导等经验，而深圳也应学习香港在公平竞争、法治环境、生态环境、教育等方面的成熟和透明，将优势移植复制，以香港带动深圳乃至整个粤港澳大湾区尽快与世界接轨。

2. 扩大深港澳创新合作范围

由于政治体制、货币体系和法律制度的不同，加之地理位置不占优势，澳门与深港合作的力度不足和层次不深，而澳门也是粤港澳大湾区中与国际接轨的城市，澳门科技的发展在 21 世纪也有了明显突破，深港澳创新在进一步向科技创新、高端制造发展的同时，也应扩大合作地域范围。澳门的经济结构以博彩业、旅游业、建筑地产以及加工出口为支柱产业，在科技创新发展方面具有很大的提升空间。近几年，澳门结合粤港澳大湾区建设目标，也在积极向科技产业靠拢。截至 2018 年年底，澳门共建立 4 所国家重点实验室（见表 7-2）。澳门改善了研究条件，为培养科技人才和吸引海内外优秀科研人员奠定了基础，从而大幅提升了澳门的科研能力和水平，对澳门科技发展具有标志性意义，对教育和经济的发展也将产生深远影响。但是澳门仍存在创新主体不足、研发投入占 GDP 比例较低、缺乏科研管理人才等短板。

表 7-2　澳门国家重点实验室

实验室名称	研究方向	设立部门
模拟与混合信号超大规模集成电路	各种电子系统的尖端研究	澳门大学
中药质量研究	中药质量系统研究	澳门大学、澳门科技大学
智慧城市物联网	基于物联网的智能交通、城市公共安全监控和灾害防治	澳门大学
月球与行星科学	设立超算中心集中研究月球、火星、小行星以及巨行星	澳门科技大学

资料来源：笔者根据《澳门统计年刊 2018》整理。

深圳应深化深澳两地决策协调机制，通过深澳政府间的紧密合作，带动和促进企业、社会组织等的民间合作，创造多层次的合作模式。澳门作为全球最开放的贸易和投资经济体之一，与 120 多个国家和地区建立了稳定的经贸关系，是 30 个国际经济组织的成员方，商业运作准则与国际惯例接轨，投资营商手续简便。同时，澳门作为中葡商贸合作服务平台，可以更好地帮助内地企业"走出去"，更好地开拓国际市场。深圳和澳门都是粤港澳大湾区区域发展的核心引擎，应推动双方在科技创新、贸易、教育、医疗和旅游等领域更深层次的系统合作。此外，中医药作为"传统行业"，在新冠疫情中凸显出重要的辅助医药作用，正在形成新兴的产业模式。澳门拥有中药质量研究院，且正在申请成为粤港澳大湾区的中医药中心，结合深圳在中医药的标准化方面的经验与资源，可帮助我国中医药产业拥有在国际上的发言权。

3. 加速形成深港创新网络

创新网络通过跨地域的知识流动层、创新创业流动层、技术开发产业化流动层之间的相互作用影响，形成科技、信息、人才、金融、信息集聚，科研成果产业化链条成熟的科技创新高地。笔者在本书第六章第一节详细分析过东京—横滨创新圈，深圳—香港创新圈的创新潜力更不可小觑。在"双区"政策的激励鞭策下，结合深圳和香港各自的优势，形成具有特色的创新网络实践地，是深港协同发展的必然趋势。

以深港澳高校及各科研机构形成知识流动层。政府引导、高科技企业自主研发投入，使得深圳和香港聚集了全球顶尖的高校和国家实验室、国家工程实验室等，为科技创新发展提供了科学论文、理论依据、产权专利等创新知识，成为创新者的创业资本。创新创业流动层是建立在深圳优越的创业环境和香港的金融中心的背景下，深圳及周边城市灵活的市场机制吸引了无数创业者集聚。这些立足高科技产业的创业者来自高校和实验室，而香港作为世界级金融中心未来必然成为创业者的金融后盾，为创新创业流动层的创业者提供必要的资金支持。深圳已经培育了华为、中兴等领头企业。粤港澳大湾区不乏国际知名企业，世界 500 强企业位于粤港澳大湾区的有 20 家①，但是位于深圳和香港的高科技跨国企业数量却不多，培养和输出的国际化人才，实现粤港澳大湾区对世界起辐射引领作用的领头公司也不多。这同时也是深圳和香港科技产业发展的最直接结果，表明了深圳和香港创新系统发展还有很大的提升空间。

---

① 具体上榜行业数据见本书第五章第二节。

三、深圳—香港协同创新的基础是网络资源互补与融合

香港特别行政区与深圳经济特区两种不同制度的特区的协同发展，在粤港澳大湾区的城市发展战略背景下，已脱离城市本身，上升到区域乃至国家发展层面。粤港澳大湾区对外要与国际发达湾区竞争，拉动国内发展；对内要进一步探索创新制度，深化改革合作。目前，在粤港澳大湾区内，深圳和香港的创新网络仍只有雏形，深圳和香港下一步需要整合区域资源，打造沟通渠道，加快区域间的要素流通，加深在教育科研、金融科技等方面的资源融合，深化高校教育科研合作，抓住"双区"重要历史机遇，打造"广深港澳科技创新走廊"，巩固创新网络各流动层的活跃交流沟通，带动湾区科技创新产业的正向循环发展。

1. 港澳教育资源融合

高校资源是深圳的薄弱环节，近些年，深圳已开始着手加快高等院校落地深圳的步伐。据深圳市教育局 2019 年 3 月 1 日公开的信息，深圳市共有 14 所高等院校，已经开始招生的本科院校有 8 所，即深圳大学、南方科技大学、深圳技术大学、香港中文大学（深圳）、深圳北理莫斯科大学、中山大学（深圳）、哈尔滨工业大学（深圳）、暨南大学深圳校区，剩下 6 所高等院校分别是深圳职业技术学院、深圳信息职业技术学院、清华大学深圳国际研究生院、北京大学深圳研究生院、广东新安职业技术学院、深圳广播电视大学。根据深圳市委、市政府出台的《关于加快高等教育发展的若干意见》的要求，到 2025 年，深圳的高校要达到 20 所左右，进入全国排名前 50 的高校达 3~5 所，力争成为南方地区重要的高等教育中心。

香港除了香港大学、香港科技大学、香港中文大学、香港城市大学、香港理工大学、香港浸会大学、香港岭南大学、香港教育大学"香港八大名校"外，还有香港公开大学、香港树仁大学、香港恒生大学等。深圳和香港聚集了全球顶尖的高校及科研院所、高科技企业资源以及灵活的市场机制，产学研合作的发展为今后两地基础研发、市场化技术开发、科技型人才培养、高科技项目孵化的科技创新生态体系提供了大量的资源积累。

香港高校在信息技术、电子工程、智能制造、生物科技与理疗健康、环境与可持续发展等领域的科研学术实力不容小觑，在办学理念、教学管理、师资力量等方面与国际接轨，而深圳将新一代信息技术、新能源、新材料、生物医药、节能环保、互联网列为战略性新兴产业，不断创新机制，鼓励各创新主体加速科技创新、成果转化，培育了华为、腾讯、大疆、比亚迪、华大基因等一批国际知名企业和细分领域领军企业。

深圳和香港开展跨境科研、教育合作已成为趋势。香港将基础研发、国际化人才培养优势作为科技创新前端，深圳将技术开发、成果转化应用作为科技创新后端，结合前后优势，形成完整的闭环全创新链条。深圳和香港成为全球最有条件、最具活力的科技创新发源地。

2. 港澳创新资源融合

为迎合国家重大区域发展战略部署，考虑到粤港澳大湾区"一个湾区，两种制度，三个关税区"的复杂性，深圳将连接广州、深圳、香港、澳门核心引擎城市，加强光明科学城、西丽湖国际科教城、落马洲河套深港科技创新合作区、香港科学园等重点创新建设平台的建设交流。

光明科学城坐落在深圳市光明区，位于广深港澳科技创新走廊中心节点，总体规划99平方千米，构建"一心两区"的总体空间布局。"一心"，即光明中心区，总面积8平方千米，为科学城发展提供商住、教育、医疗、文体等优质公共服务和特色性科学服务设施。装置集聚区面积12平方千米，集中布局重大科技基础设施、科研机构、前沿交叉研究平台、一流大学等，同时形成大科学装置集群、科教融合集群和科技创新集群"一主两副"的空间布局。产业转化区面积15平方千米，布局转移转化、孵化机构和创新创业服务机构，建设成果转化平台和产业创新平台，培育未来产业和新兴产业。光明科学城在科学技术领域布局方面主要围绕三大领域发展前沿科学技术，分别是信息、生命和新材料领域。在信息领域，光明科学城重点发展集成电路、超级计算、网络通信、人工智能等细分领域，推进新一代信息技术突破应用、融合发展，形成安全可控、互相适配的信息技术创新体系。在生命领域，光明科学城重点发展合成生物学、脑与认知科学、精准医学等细分领域，开展

从微生物到灵长类再到人类生命的研究，形成全链条、全尺度的生命解析体系。在新材料领域，光明科学城重点关注贯穿制备、表征、计算和服役全流程的研发和应用，形成新材料发展创新体系。

西丽湖国际科教城具有产学研高效转化的创新优势，是深圳重要的创新策源地。西丽湖国际科教城位于深圳市南山区，毗邻港澳，地处粤港澳大湾区黄金入海口，是自贸片区、深港现代服务业合作区、高新区等国家级和省市级重点战略布局区域。随着广东省启动建设第二批实验室，科教城依托北京大学深圳研究生院的科研实力，建设生命信息与生物医药实验室，通过与其他高等院校和研究机构合作，在生命信息与生物医药领域走在全国最前沿。深圳配合众多高校落地的诉求，加快土地整备，推进清华大学深圳国际研究生院、北京大学深圳校区、天津大学佐治亚理工深圳学院、南方科技大学深港微电子学院落地建设。

2017年1月，深港两地政府签署《关于港深推进落马洲河套地区共同发展的合作备忘录》，明确双方在河套地区共同发展"港深创新及科技园"。同时，香港也支持深圳将深圳河北侧毗邻河套地区的约3平方千米区域规划打造成为"深方科创园区"，共同构建深港科技创新合作区。福田区将利用中心城区的空间资源、金融和专业服务业优势，支撑合作区源头创新，打造深港科技创新产业走廊，携手香港共同打造超级发展引擎，助力粤港澳大湾区协同创新发展。

2020年8月，《深圳市人民政府关于支持深港科技创新合作区深圳园区建设国际开放创新中心的若干意见》正式印发，在创新制度、政策构建以及工作协同等方面做了部署，在科研管理体制机制上借鉴香港经验，对接国际通行规则，聚焦信息、生命、材料科学与技术领域，引进港澳及国际化的基础与应用基础研究机构，加大对港澳科研项目和国际科研项目的支持力度，注重市场化运作，带动更多社会资本参与科研合作和深港合作园区建设，加强基础设计跨境联通，强化港澳与内地其他城市的联通，结合香港高校和科研机构较雄厚的基础研究能力与深圳高新技术产业体系，支撑香港建设国际创新科技中心。

香港的创新平台不仅有像香港科学院这样以高科技及应用科技（包括电

子、生物科技、精密工程以及信息科技和电讯）为主题的研究基地，还有各大依托香港高校建立的国家重点实验室伙伴实验室（见表7-3）。2018年9月，香港16个国家重点实验室伙伴实验室正式更名为国家重点实验室，依托单位包括香港大学、香港科技大学、香港浸会大学、香港中文大学、香港城市大学、香港理工大学，涉及领域包括新发传染性疾病、脑与认知科学、肝病研究、医药生物技术、合成化学、分子神经科学、先进显示与光电子技术、农业生物技术、太赫兹及毫米波、超精密加工等16个领域。

表7-3 香港16个国家重点实验室

序号	名称	研究方向	单位
1	新发传染性疾病国家重点实验室	重点研究新发传染性疾病，包括病毒、细菌及抗药性等	香港大学
2	脑与认知科学国家重点实验室	重点研究改善人类健康、了解学习和认知的神经机理，用以提高人的能力和教育质量	香港大学
3	肝病研究国家重点实验室	针对乙型肝炎病毒、肝硬化及肝癌发病机制进行研究，致力于发展更新更好的诊断及治疗方法	香港大学
4	医药生物技术国家重点实验室	进行肥胖引起糖尿病及心血管疾病的基础研究及相关治疗的研究	香港大学
5	合成化学国家重点实验室	开创或鉴别重要的新颖化学体、设计和发展有利环境的绿色化学、开拓药物研究的生物活性有机化合物	香港大学
6	分子神经科学国家重点实验室	重点研究治疗老年痴呆症等神经退化性疾病	香港科技大学
7	先进显示与光电子技术国家重点实验室	重点研究低功耗的"绿色显示"	香港科技大学
8	环境化学与生物分析国家重点实验室	重点研究持久性有毒化学污染物（PTS）的分析方法、环境化学行为及其生态毒理效应	香港浸会大学
9	植物化学与西部植物资源持续利用国家重点实验室	以科学方法验证重要的效用和安全性，从而增加中药在现代医学上的应用，使中药能更广为世界所接受	香港中文大学

表7-3(续)

序号	名称	研究方向	单位
10	消化疾病研究国家重点实验室	致力于提升消化道肿瘤和其他消化道疾病诊治水平	香港中文大学
11	农业生物技术国家重点实验室	为重要农作物、农业微生物和家畜（禽）生物技术的进步提供技术储备	香港中文大学
12	华南肿瘤学国家重点实验室	用蛋白组技术来发展鼻咽癌标志物、肿瘤遗传学及表观遗传学研究等7项合作研究	香港中文大学
13	海洋污染国家重点实验室	致力于研究早期侦探、评核、预测以及控制影响海洋环境污染控制与生物修复	香港城市大学
14	太赫兹及毫米波国家重点实验室	重点研究毫米波应用，包括其渗透的改善，影响通信技术的发展	香港城市大学
15	超精密加工技术国家重点实验室	对超精密加工技术和纳米表面测量进行研究，从而提高香港及内地的先进光学与关键精密部件的设计、制造和测量的能力	香港理工大学
16	手性科学国家重点实验室	主要研究化学物质的左右对等性，助力于所有化学工业，特别是药物研究	香港理工大学

资料来源：笔者根据香港科技创新署官网资料整理。

此外，依托香港应用技术研究院、香港理工大学、香港科技大学、香港城市大学，国家工程技术研究中心在香港建立了6个分中心（见表7-4），用以研究专用集成电路系统、轨道交通电气化与自动化、人体组织功能重建、重金属污染防治记忆钢结构。这些实验室和工程技术研究中心也是"广深港澳科技创新走廊"的重要组成部分，将来会加强与深圳福田区、南山区、光明区科技成果转移转化方面的合作。

表7-4 香港6个国家工程技术研究中心香港分中心

序号	香港分中心名称	依托单位
1	国家专用集成电路系统工程技术研究中心	香港应用技术研究院
2	国家轨道交通电气化与自动化工程技术研究中心	香港理工大学
3	国家人体组织功能重建工程技术研究中心	香港科技大学
4	国家重金属污染防治工程技术研究中心	香港科技大学
5	国家贵金属材料工程研究中心	香港城市大学
6	国家钢结构工程技术研究中心	香港理工大学

资料来源：笔者根据香港科技创新署官网资料整理。

3. 产业服务业融合

深圳拥有世界级的高科技产业。深圳高科技产业硬件生态环境发展完善，硬件配套能力可谓全球最优。第一，深圳拥有突出的硬件制造能力和完善的软硬件集成供应体系，不仅涵盖了前端元器件和基础模块生产到系统集成的整个硬件制造环节，还聚集了上下游的设计商和解决方案提供商，可以满足创业者所有对材料和要素的需求。第二，深圳硬件制造产业链的运作效率高、成本低，硬件配套齐全，分布集中。一个产品从研发到原型制造只需 2~3 天，原型制作成本平均为 3 万~5 万元。深圳的研发配套环境已经处于世界顶尖水平。深圳已集聚了优质的创客空间、智能孵化器、创投基金等资源，创新创业环境逐步改善，第五代移动通信技术、石墨烯、无人机、柔性显示灯技术全球领先。

香港虽然在高科技领域发展缓慢，但是拥有世界级的高端服务产业，其金融业、商贸业与科技服务业是优势产业，可以和深圳互补。香港拥有大批的专业领域执证服务人才，也有国际业务办理经验，未来在法律、财务、管理、咨询等高端服务业跟深圳将有深度的合作。香港同时是全球的金融中心，拥有成熟的金融市场，可以与世界资本市场无缝接轨，香港可以利用自身成熟的资本市场加大科技金融创新力度，为深圳高科技企业的资金管理、资产风险管理、发行债券、上市融资等需求提供解决方案，结合深圳发达的信息技术，推动区块链、大数据等技术在金融领域的深度结合，发展金融科技。深圳可以以香港为跳板推动本土企业吸收境外资本，拓展境外市场；香港可以以深圳为支撑打开内地高新技术产业资源市场，实现互利共赢。

除上述涉及领域，深圳也可以将互联网、物联网、云计算、大数据等数字经济等领域的优势，与香港数字资产交易法律及金融制度优势相结合，引领深港数字化经济改革，推进数字化技术在深港产业发展、民生领域的应用融合。

第八章

从东京湾区的发展经验
来看粤港澳大湾区的发展

　　本书第一章和第二章介绍了湾区在全球经济发展与科技创新中起的引领作用以及全球学者对湾区经济的相关研究，让读者大致了解粤港澳大湾区的时代意义与现实魅力；第三章和第四章分别分析了粤港澳大湾区和东京湾区的形成、产业与科技创新的演变及现状；第五章通过具体数据对两个湾区的产业结构、产业布局、产业政策、科技创新主体、科技创新政策以及科技创新影响力做了对比分析；第六章聚焦东京湾区的东京—横滨创新圈形成创新网络和在东京湾区发展中起到了带动作用的京滨工业带，分析了东京湾区的发展经验；第七章对粤港澳大湾区的深圳—香港创新圈的发展做了介绍，并延伸到深港澳三地的资源互补发展展望。在最后这一章，笔者将基于前面的数据分析及发展总结，指出两个湾区的相似之处和不同之处以及借鉴东京湾区的发展经验、结合东京—横滨创新要素数据分析总结。总体来说，粤港澳大湾区的发展需要完善科技创新机制，打破人才、资金流动壁垒，促进创新要素流动，加强产学研合作，强化深圳和香港在科研教育、人力资源、金融资本方面的合作，调整产业布局，大力发展新兴战略产业，增强深圳和香港在粤港澳大湾区的核心辐射力，以带动粤港澳大湾区发展成为全球科技创新引领者。

第一节　粤港澳大湾区与东京湾区的对比总结

一、粤港澳大湾区与东京湾区发展的相似之处

根据前面的分析，粤港澳大湾区与东京湾区的发展在地理优势、政策扶持、人口密度、聚集活动带等方面有许多相似之处。

1."天时、地利、人和"三大关键因素作用的产物

"天时"指的是湾区崛起的时机。东京湾区的崛起是在第二次世界大战之后，依托亚洲制造业产业结构转型升级的发展机遇，凭借科技立国的优势一跃成为世界第三个国际湾区。如今，处在第四次工业革命愈演愈烈的边缘，由第五代移动通信技术、大数据、云计算、智能化引领的数字经济时代，粤港澳大湾区逐步上升到国家战略层面。粤港澳大湾区是中国经济发展的桥头堡，正努力寻求打造成为第四大国际湾区的发展路径。

"地利"指的是湾区自带的天然优势。东京湾区和粤港澳大湾区都以深水港和系列配套设施为基础，东京湾区拥有东京港、横滨港、千叶港、川崎港、木更津港、横须贺港6个首尾相连、分工明确的港口，粤港澳大湾区拥有广州港、深圳港、香港港、东莞港、珠海港5个天然港口，并且都是吞吐量巨大的深水港。

"人和"指的是国家政策的扶持。例如，东京湾区实施《港湾法》《首都圈整备法》《首都圈市街地开发区域整备法》以及《多极分散型国土形成促进法》等，粤港澳大湾区则以《粤港澳大湾区发展规划纲要》为主线，辅以打造科技创新中心的一系列措施。

2. 庞大的人口规模和高度集中的人口

从东京湾区和粤港澳大湾区的人口发展现状来看，庞大的人口规模和高度集中的人口是两大湾区共同的重要特征。

在人口规模上，2016年，东京湾区的人口总数为3 629.4万人，占日本

人口总数的 28.6%；2017 年，粤港澳大湾区的人口总数约为 7 000 万人，占全国总人口的约 5%。

在人口密度上，2016 年，东京湾区的平均人口密度为 2 677.31 人/平方千米；2017 年，粤港澳大湾区平均人口密度约为 1 250 人/平方千米。由此可见，东京湾区和粤港澳大湾区都具有较大的人口规模与人口密度。

3. 拥有较为明确的主导优势产业以及聚集的经济活动带

从产业构成来看，东京湾区和粤港澳大湾区都有明确的主导产业定位。东京湾区以第三产业为主，2015 年第三产业占比达 81.8%，由批发零售、房地产及租赁、金融保险业等构成。粤港澳大湾区以制造业为主，工业比重为最高。从东京湾区的发展历程来看，其也经历了以制造业为主的发展历程。

东京湾区和粤港澳大湾区的经济活动集聚存在两大特征：一是在相应的所辖区域内呈现出相对集聚的特征，二是某些经济活动集聚在湾区内的部分区域。东京湾区经济活动的集聚主要集中在京滨工业带，而粤港澳大湾区经济活动的集聚则集中在广州、东莞、深圳、香港经济带，即未来的"广深科技创新走廊"。

与产业相配套的是，东京湾区和粤港澳大湾区还有丰富的教育与科研体系作为重要支撑，两大湾区都拥有本国乃至全球知名的大学以及科研中心。

二、粤港澳大湾区的独特性及发展优势

通过与东京湾区的对比分析，我们不难发现粤港澳大湾区的确具备一些独特性及发展优势。其中，粤港澳大湾区"一个国家、两种制度、三个关税区、三种货币、三种法律体系、四个核心城市"的多元制度格局，是其最大的独特性，而经济发展潜力巨大和人力资源丰富则是其相对于东京湾区的两大发展优势所在。

1. 制度多元化

目前，粤港澳大湾区已经形成"一个国家、两种制度、三个关税区"的多元制度格局。"一国两制"是粤港澳大湾区发展的最大制度优势，主要体现

在两个方面：一是香港是祖国不可分割的一部分，一直以来香港受到祖国坚定不移、一以贯之的支持，让香港搭上祖国的"一国"经济快速发展的列车，充分享有祖国的"一国"之利；二是保留了香港原有的制度优势，实行自由经济政策，港元与美元挂钩，金融市场开放，出入境相对简易，采用普通法制度，以中英双语为官方语言，与国际商业市场完全接轨，同时也有"两制"之便。因此，"一国"和"两制"是粤港澳大湾区的双重优势，双重优势极大地促进了粤港澳大湾区的发展。

2. 经济发展潜力巨大

粤港澳大湾区与东京湾区的相关统计数据显示，2015 年，东京湾区的人口密度已达到 2 737.12 人/平方千米；经济密度以人均计算为 4.50 万美元/人，以地均计算为 12 309.85 万美元/平方千米。相应地，粤港澳大湾区的人口密度为 1 188.77 人/平方千米，经济密度分别为 2.23 万美元/人和 2 649.91万美元/平方千米。可见，不管是从人口密度看还是从经济密度来看，东京湾区都已达到较高的水平，但经济增长却维持在低速水平，拓展空间相对有限；相反，粤港澳大湾区的人口密度和经济密度都比较低。另外，从陆地面积看，粤港澳大湾区是东京湾区的 4 倍以上，具有较大的发展空间。在总体经济增速上，粤港澳大湾区的经济增速依然在7%以上，是东京湾区平均发展速度的2 倍以上，处于高速发展阶段，发展潜力巨大。

3. 人力资源丰富

与东京湾区相比，粤港澳大湾区拥有绝对的人口优势，不仅体现在人口总量上，同时也体现在人口结构方面。2017 年，粤港澳大湾的人口规模已接近 7 000 万人，位居世界四大湾区之首。另外，从人口结构方面来看，广东省社会科学院发布的《粤港澳大湾区建设报告（2018）》显示，粤港澳大湾区人口年龄结构为年轻型结构。相关的统计数据也表明，2015 年，广东省 65周岁及以上人口占全省人口总量的 8.48%，虽然按照国际通用标准衡量已经进入老龄化社会①，但是该比例仍远低于日本。2015 年，日本的抽样调查数

---

① 按照联合国的新标准，一个地方65周岁及以上人口占总人口的7%以上，该地方即进入老龄化社会。

据显示，65 周岁及以上老龄人口占比已达到 26.7%。人口较年轻、劳动力人口比重高，使得粤港澳大湾区发展充满活力，湾区可持续发展的人口动力强劲。

三、粤港澳大湾区发展所面临的问题

根据第六章和第七章的数据分析对比，相较于东京—横滨创新圈，深圳—香港创新圈在创新机制、产业结构、高端人才聚集、城市资源分布等方面均存在不足，这也是粤港澳大湾区的所面临的问题。从第五章的产业与科技创新相关数据得出的结论可以看出，东京湾区在城市定位、交通运输、产业规划、社会资源调动方面存在明显优势。相对而言，粤港澳大湾区存在城市定位不明确、产业结构与布局存在矛盾、资源流动不够灵活等问题。

1. 制度的多样性制约了湾区内资源的自由流动

制度的多样性主要体现在粤港澳大湾区内部在法律、经济以及财政税收制度上存在较大差别，广东、香港、澳门三套行政制度及三个地区税制的差异，给粤港澳大湾区的人才、资金和技术等的自由跨境流动带来了障碍。

不同的法制环境对湾区内资源自由流动的限制。粤港澳大湾区内的不同区域有不同的法制背景，广东省内各市和澳门使用的是大陆法，而香港使用的是普通法。另外，广东、香港和澳门还涉及三个海关口岸和关税制度。这种"一个国家、两种制度、三个关税区"的情况使得三地在进行人流、物流、资金流等的流通时都需要考虑不同区域相关税务、海关以及外汇管理、人才管理的不同法律要求和合规成本以及地区差异性在企业运营中的作用，因此阻碍了湾区内资源的自由流动。

不同的经济制度对湾区内资源自由流动的限制。2018 年 8 月，国家废止了自 2005 年开始实施的《台湾香港澳门居民在内地就业管理规定》，取消了就业许可的要求，港澳台人士可以相对便利地在内地就业工作，但对特定行业或岗位仍然存在一些制度或政策限制。例如，医生、教师、注册会计师、导游、民航乘务员、轨道列车司机等行业或岗位，需要获得专业技术人员或技能人员资格。同样，内地人士赴港澳台进行商务活动也需要进行相应的行

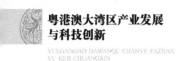

政审批，办理相关证件等。另外，医疗、社会保障体系的待遇差别，也在一定程度上影响了人才的有效流通。

不同的税务政策对湾区内资源自由流动的限制。据有关规定，香港、澳门居民在任何 12 个月内于内地工作或停留连续或累计超过 183 天，须向内地申报并须缴纳内地的个人所得税，而内地个人所得税税率高于港澳个人所得税税率。同时，内地个人到香港、澳门工作，内地企业到香港、澳门经营业务也可能面临缴纳香港、澳门税款的问题，回到内地还要分别补缴个人所得税和企业所得税，尽管在港澳缴纳的税款可以抵免内地的所得税。鉴于上述额外税务及行政成本，企业和个人会选择尽量避免跨区域出差、工作和生活，不免妨碍湾区内包括人才在内的生产要素流动，制约协同发展。

2. 城市、产业、港口的发展定位均不够明确

从粤港澳大湾区内部各城市的定位看，《粤港澳大湾区发展规划纲要》对粤港澳大湾区各城市均进行了定位。其中，香港、澳门和深圳的定位相对明确，香港具有"三中心一枢纽"的核心地位，即国际资产管理中心、国际风险管理中心、亚太法律和争议解决服务中心以及全球离岸人民币业务枢纽，扮演内地与世界之间的"超级联系人"角色。澳门定位为"一个中心、一个平台和一个基地"，即建设世界旅游休闲中心，中国与葡语国家商贸合作服务平台，以中华文化为主流、多元文化共存的交流合作基地。深圳重点突出创新地位，建设国际科技创新中心的定位明确。广州为国家中心城市、综合性门户城市和科技教育文化中心，但特色不够鲜明，定位不够明晰，其作为四个核心城市中基础最深厚、腹地最广阔、最具文化积淀的城市，挖掘深度略显不足。其他城市应如何错位互补，发展地区产业需要逐步明确。相比之下，东京湾区在五次首都基本规划的引导之下，改变了东京都"一极集中"的现状，构筑了"多核多圈层"的分散型网状结构，明确了"一都三县"的功能定位，促进了东京湾区成为功能相互协调发展的区域整体。不可否认，东京湾区的发展也历经几十年的风风雨雨，如何吸取历史经验，少走些弯路，对于粤港澳大湾区建设是个重要的课题。

从粤港澳大湾区内各城市的核心产业的定位看，各城市存在产业空间结

构不合理、水平参差不齐等问题。比如金融产业，香港是粤港澳大湾区的金融中心，深圳是中国内地证券业、股份制商业银行和对接香港的金融中心，广州就不宜在证券交易所等方面重复建设、无序竞争，这需要进一步明确各自定位，进而实现统一协同。又如制造业，佛山突出打造粤港澳大湾区"制造业创新中心"，东莞提出建立粤港澳大湾区"国际制造中心"，两者同是制造中心的定位，未能体现错位发展的思路。相比之下，在东京湾区，东京都被定位为打造知识密集和高附加值产业形态，着重发展创新经济和服务经济；横滨市承担东京湾区贸易中心功能，横滨港成为东京湾区最重要的对外贸易港；千叶县重点发展空港经济、国际物流和临空产业；埼玉县承接行政、居住、商务职能；茨城县重点发展信息产业，集聚大学和科研机构。各自明确的功能定位和产业分工，有效避免了地区间同质竞争。

从粤港澳大湾区内各港口的分工和职能看，粤港澳大湾区虽然拥有香港港、深圳港和广州港等较多的国际性港口，但多以集装箱货运为主，港口功能重叠，形成了同质化发展的态势。几大港口都以广东省作为经济腹地，相互之间没有明确的分工和职能定位，恶性竞争激烈，重复投资严重。相比之下，同样是云集了东京港、千叶港、川崎港等世界级的大型港口，东京湾区却能够充分利用共享湾区资源的优势，港口群内部成功地进行了港口等级和功能划分并成为一个有机的整体。粤港澳大湾区的港口布局应该参考东京湾区的成功经验，形成错位发展和良性竞争的格局。

3. 产业结构矛盾突出，产业布局不够合理

从产业结构上看，粤港澳大湾区各城市产业发展不均衡，香港、澳门90%以上的产业都是第三产业，广州、深圳仍存在较高的工业占比，东莞、珠海、江门和中山第三产业已超过第二产业或与第二产业持平；佛山、惠州和肇庆工业仍占据主导地位。另外，各地方政府在产业规划上存在地域诉求矛盾。一是香港、深圳和广州等较为发达的地区在先发产业上存在重复竞争。比如金融产业，香港是国际金融中心，深圳已成为中国内地金融中心，广州也在建设金融产业，包括国新央企基金运营管理中心、银河金控南方总部、中证报价南方运营中心以及一个永久落户明珠湾的国际金融论坛。二是佛山、

东莞、中山、珠海存在低端同质化竞争。很多地方政府都想要发展新兴产业，但多数规划都存在重叠。三是各地协同发展时均想要打造较为完整的产业链。比如机器人产业，国际四大机器人集团都将在广州开发区设立生产基地，而深圳的机器人产业也达到国内一流水平，佛山的顺德也在积极发展机器人和高端制造业。因此，各城市需要认识自身的优劣势，相互协同，从而确定自身在粤港澳大湾区中的角色。

从产业布局上看，珠江东岸（广州、深圳、东莞等为代表）高新技术制造业占比较高，且已形成了以电子信息、人工智能、生物医药、新材料、汽车及新能源汽车制造等为代表的产业集群。其中，深圳、东莞电子信息制造业占比较高，东莞承接深圳外溢产业，受其产业辐射影响较大。在交通运输设备制造方面，深圳集中于以新能源汽车制造为主的汽车产业方向，具有较强的技术研发和创新实力。广州以服务经济为主导，以商贸、房地产业、汽车制造、石化为其支柱产业，同时在电子信息、生物医药以及人工智能等方面也拥有较大优势。在交通运输设备制造方面，广州以传统汽车制造为主，新能源汽车产业也在积极推进中。同时，广州是全国三大造船基地之一，并拥有40余家船舶企业和一大批实力强劲的制造及科研企业。

珠江西岸主要是家电制造（"白电家电"）、纺织服装、石油化工、电器机械等产业，支柱产业分散，优势产业不突出且规模偏小，并在电子信息、汽车制造、生物医药等方面也有一定基础，但整体偏传统产业，各城市之间存在重叠和重复性竞争。

江门、肇庆、惠州产业基础相对薄弱，其中尤以肇庆最为薄弱。惠州主要承接深圳、东莞的产业转移，已形成完整的电子配套产业，主要支柱产业为电子工业和石油化工。肇庆承接广州、佛山的产业转移，围绕广州、佛山的汽车和先进装备产业上下游发展配套产业集群，但工业产值仍较低。江门具备一定的产业基础，主要是石化、金属制品、食品加工等。因此，粤港澳大湾区各城的产业错位互补、转型升级势在必行。各城市应依托各自优势，进行差异化定位，整合产业链集群，用产业链的思维参与全球竞争，协同共进，走向全球产业链前端。

4. 科技创新能力有待加强

一是创新要素尚未能自由流动与有效集聚。粤港澳大湾区"一个国家、两种制度、三个关税区"的重要特征导致创新要素在湾区内流通不畅、集聚不足。港澳实行的是资本主义制度，政府干预少，市场化程度高，而内地实行的是社会主义制度，政府指导多，市场化程度仍有待提高。各城市往往各自为政，各地政府之间竞争激烈，每个城市都守着自己行政区划范围内的资源来推动本地的创新驱动发展，很多资源无法恰当配置，创新合作和分工层次相对较低，致使人才、金融、信息和知识的整合变得较为困难。另外，这一特征对集聚全球人才同样存在着很大的障碍。瑞士洛桑管理学院（IMD）发布的《全球人才排名（2017）》显示，排名前 10 位的均为欧洲国家，其中瑞士、丹麦、比利时位居前 3 名。中国香港排名第 12 位，为亚洲第 1 名，中国内地则排名第 40 位，反映了内地与香港在集聚人才方面存在着较大差距。

二是人才发展水平较低。我们将接受高等教育的人口作为区域人才发展水平的衡量指标，可以发现，2015 年全国 1% 人口抽样调查数据显示，粤港澳大湾区的高等教育人口比重为 17.47%，即在 6 797.49 万常住人口中，接受过高等教育的人口达到 1 187.52 万人。另外，根据中共中央组织部关于人才资源总量的统计口径，即人才资源总量包括党政人才、企业经营管理人才、专业技术人才、高技能人才、农村实用人才和社会工作专业人才，2016 年，粤港澳大湾区的人才规模约为 1 431.16 万人，占总人口的 21.05%。这两个方面的人才统计均表明，粤港澳大湾区的人口质量远远低于东京湾区[①]。

三是创新引领动力不足，创新协同性差。高校和企业是引领粤港澳大湾区和东京湾区创新发展的两大主要动力。表 8-1 展示了粤港澳大湾区和东京湾区知名大学排名对比情况。从泰晤士高等教育世界大学排名（THE）、QS 世界大学排名（QS）、美国新闻与世界报道世界大学排名（US News）和软科世界大学学术排名（ARWU）四大国际公认的较为权威的世界大学排名来看，

---

① 王珺，袁俊. 粤港澳大湾区建设报告（2018）［M］. 北京：社会科学文献出版社，2018.

东京湾区和粤港澳大湾区均集聚了世界众多著名的高校，粤港澳大湾区高校的排名整体上要优于东京湾区高校的排名。从高校的区域分布来看，东京湾区的知名高校主要集中于东京，东京大学在四个榜单中的排名均在100名以内，排名相对稳定，其余高校的排名则相对靠后，具有较强的不稳定性，所列的9所高校中东京占据了7所，形成了"一核引领"的格局。粤港澳大湾区的知名高校主要集中于香港，但在四个榜单中，内地没有一所高校排名在100名以内，与东京大学相比仍存在一定差距。但是，在泰晤士高等教育世界大学排名（THE）和QS世界大学排名（QS）这两大榜单中，香港分别有3所和5所大学排在100名以内，在顶尖高校的数量上明显要优于东京，在所列的13所高校中，香港拥有6所，广州拥有3所，澳门和深圳分别拥有2所，形成了"一核引领，多翼齐飞"的格局。然而，由于国家体制、经济发展水平等各方面因素的影响，粤港澳大湾区内仍然很难实现高校之间无障碍的交流与合作，使得香港知名高校在引领粤港澳大湾区的创新发展上存在很大的不足。

表8-1　粤港澳大湾区和东京湾区知名大学排名对比情况

大学区位	大学名称	THE（2020）	QS（2021）	US News（2019）	ARWU（2019）
东京湾区	东京大学	36	24	74	25
	东京工业大学	251~300	56	305	101~150
	早稻田大学	601~800	189	427	501~600
	庆应义塾大学	601~800	191	516	301~400
	东京都立大学	1 000+	651~700	522	901~1 000
	千叶大学	801~1 000	488	737	401~500
	东京医科齿科大学	401~500	362	739	601~700
	东京理科大学	801~1 000	751~800	879	401~500
	横滨市立大学	501~600	465	959	701~800

表8-1(续)

大学区位	大学名称	THE(2020)	QS(2021)	US News(2019)	ARWU(2019)
粤港澳 大湾区	香港大学	35	22	100	101~150
	香港科技大学	47	27	113	201~300
	香港中文大学	57	43	122	101~150
	香港城市大学	126	48	173	201~300
	香港理工大学	171	75	200	201~300
	香港浸会大学	401~500	264	589	701~800
	澳门大学	301~350	367	575	601·700
	澳门科技大学	251~300	701~750	1 044	501~600
	中山大学	251~300	263	208	101~150
	南方科技大学	301~350	323	685	401~500
	华南理工大学	501~600	462	336	201~300
	深圳大学	501~600	601~650	685	301~400
	暨南大学	801~1 000	601~650	914	401~500

数据来源：笔者根据 THE、QS、US News、ARWU 官网数据整理。

在知名企业方面，财富中文网发布的 2019 年《财富》世界 500 强榜单显示，在数量规模上，东京湾区入围该榜单的企业数量（39 家）要远远多于粤港澳大湾区（20 家），并且排在 100 名之内的企业数量（7 家）也多于粤港澳大湾区（3 家），但在上榜企业的排名变动上粤港澳大湾区的多数企业呈上升趋势，东京湾区的企业则普遍呈下降趋势，地位有所下降。在区域分布上，东京湾区的上榜企业几乎均位于东京，分布较为集中，形成"一家独大"的局面，粤港澳大湾区的上榜企业主要集中在香港（7 家）和深圳（7 家），广州、佛山和珠海也分别分布着 3 家、2 家和 1 家，分布比较分散但梯度完备，发展潜力巨大。在行业分布上，东京湾区的上榜企业主要集中在制造业和金融业，产业集中度相对较高，高新技术企业特征明显，粤港澳大湾区的上榜企业涵盖金融、房地产、家电、汽车、互联网等各个方面，分布比较分散但产业体系完备，在智能制造、物联网相关的软硬件方面具有较好的布局，在抢占未来的新兴产业风口方面具有独特优势。

5. 缺乏创新创业环境

一是缺乏良好的国际化营商环境。营商环境是指企业从开办、运营到结束的周围各种环境和条件的总和。《2017 年世界营商环境评价报告》显示，从软环境指数、生态环境指数、市场环境指数、商务成本环境指数、社会服务环境指数和基础设施环境指数 6 个方面来测度的各国际城市营商环境指数看，东京湾区的主要城市东京的营商环境指数为 0.626，在所有城市中排第 3 名，粤港澳大湾区的香港、广州和深圳 3 个主要城市的营商环境指数分别为 0.487、0.417 和 0.406，分别位居第 8 名、第 19 名和第 21 名，与东京相比差距明显。从软环境指数、生态环境指数、市场环境指数、商务成本环境指数、社会服务环境指数和基础设施环境指数 6 项细分指标来看，香港除了软环境指数（0.841）得分高于东京（0.695）外，其余各项指标的得分均低于东京，广州和深圳的 6 项细分指标得分均远远落后于东京，营商环境有待进一步改善。

二是独角兽企业相对较少。独角兽企业是引领新行业、新模式、新技术发展的大型企业。独角兽企业的多少通常反映了当地创新创业环境的优劣。在美国著名的创投研究机构"CB Insights"发布的 2019 年全球独角兽企业榜单中，全球共有 326 家独角兽企业，总估值接近 1.1 万亿美元，融资总额超过 2 710 亿美元。在地理分布上，美国的独角兽企业最多，为 159 家，占比达到 48.8%，与 2018 年相比增长了 1 个百分点。中国的独角兽企业数量排名第 2 位，数量为 92 家，但占比从 2018 年的 30% 下滑到了 28%。尽管中国在亚洲范围内遥遥领先，但是独角兽企业主要集中在北京和上海。恒大研究院发布的《中国独角兽报告 2019》显示，2018 年北京的独角兽企业共 74 家，上海的独角兽企业共 34 家，粤港澳大湾区的独角兽企业主要集中在深圳，共 14 家，与北京、上海相比仍存在较大差距。此外，在波士顿咨询公司（BCG）发布的《2019 年度全球最具创新力企业 50 强》榜单中，旧金山湾区有 7 家，东京湾区有 3 家，纽约湾区有 5 家，粤港澳大湾区只有 2 家，分别是腾讯和华为，排在第 14 名和第 46 名，顶尖企业数量与三大湾区相比仍存在一定差距。

　　三是科技创新激励政策相对单一。政府出台的科技创新激励政策是科技产业的直接受益方式，包括资金补助、降息贴息、人才吸引等。但是这些政府出资、企业受益的方式过于单一，忽略了科技产业源头的高校资源和产业化终端的市场资源之间的连接。高校拥有科技成果，需要转移转化但缺乏相应的市场对接，具有研发转生产能力的企业凤毛麟角，不足以支撑形成整个湾区的科研转化市场机制。日本出台的《大学技术转让促进法》促使科研成果转化平台机构 TLO 的建成，并帮助日本形成了有效的科研成果转化市场，市场收益反馈回高校的完整市场闭环加快了科技产业要素流动。粤港澳大湾区也需要制定相关的促进法律以调动社会资源，形成闭环流动，实现自给自足。

第二节　粤港澳大湾区产业发展与科技创新建议

　　粤港澳大湾区是"9+2"城市圈融合发展上升为国家战略层面的产物，建设粤港澳大湾区创新共同体，关键是构建创新体系，完善合作体制，促进创新要素的流动。粤港澳大湾区应在制度协同、科创协同、产业协同、金融协同等方面，破除科技创新活力的机制障碍，充分挖掘科技创新的无限潜力，逐步打造全球科技产业创新的中心。

一、深化粤港澳合作，共建开放型区域协同创新共同体

　　在第六章的全球创新指数分析中我们得出结论：东京—横滨形成的知识层级与技术、产业开发之间的良性互动局面在东京湾区中发挥示范引领和辐射带动作用，其打破了国界、地域等壁垒，形成一种新的经济创新流通形式。根据第七章的介绍，2011 年"协同创新"被提升到我国的国家战略层面，深圳和香港是粤港澳大湾区的两大关键核心城市，深圳—香港地区多次以"创

新集群"的形式出现在《全球创新指数》报告中，综合科技创新能力在所有集群的排名中位列第 2 名，仅次于东京—横滨地区。深圳—香港创新圈已经具备了与东京—横滨创新圈相似的创新要素。可见，推动粤港澳大湾区协同发展的关键在于深化深港澳的科技创新合作。

第一，充分发挥深圳作为 21 世纪海上丝绸之路枢纽节点的出海通道能力，落实"一带一路"倡议，提升人才、科技、资金的集聚能力。粤港澳大湾区应加强与粤港澳大湾区内的科技创新城市展开重点科技创新协同合作。

第二，利用深港澳互补性，将粤港澳大湾区打造成为有全球影响力的国际科技中心。香港高校具有较强的基础科研实力，在战略性新兴产业的研究领域已达到世界领先水平，澳门也建立了天文、中药、物联网等领域的重点实验室，深圳已经形成了以民营企业为主体、以市场为导向的创新产业化机制，香港的科技资源和深圳的产业化实力存在着强大的互补性。深圳可以引入香港先进的大学研究院，建设深港乃至深港澳创新经济带，推动香港、澳门前沿科技领域研究成果落地深圳，并实现产业化。

第三，加强产学研创新协同，探索灵活多样的产学研合作机制。深圳应通过深港创新圈，与香港高等院校携手建立产学研基地，支撑科技创新联盟开展技术创新、标准研制和联盟标准推广、产业链合作、知识产权共享及推广、科技成果转化、市场拓展、跨区域交流合作、产业公共服务平台建设及运营。

第四，促进深港重点产业科技协同。我国在《国家中长期科学和技术发展规划纲要（2006—2020）》中把生物技术作为战略重点之一，深港澳在医药领域的科技创新合作中将大有可为。香港设有海洋污染国家重点实验室，深圳设有海洋生物多样性可持续利用重点实验室，并且深圳前海设有海洋产业投资基金，这为深港海洋产业科技创新合作开辟了领域、提供了金融支撑。深圳市政府在印发的《深圳市航空航天产业发展规划》中强调，战略性新兴产业与现代服务业是经济发展的双引擎，深圳在航空科技方面有很好的产业基础。深港在生物医药、海洋产业、航天航空产业等领域的创新合作将引领粤港澳大湾区走在科技的前沿。

良好的机制是市场运营的前提，需要政府通过长时间布局来逐渐完善。粤港澳大湾区如果没有可以促进社会资本融合、科技创新要素流通的机制，科技成果落地将非常困难。我们从第五章对比两个湾区的科技创新政策得出的结论中可以看出，日本的《科学技术基本法》的制定和实施引发了日本的"第三次重要变革"，为在加大研发经费投入、吸引人才、共享信息、建设基础设施等方面营造良好的环境提供了立法保护，形成日本高校科技成果转化的基本模式。目前，粤港澳大湾区内的金融科技、科研成果转化管理方面亟待发展。

第一，建立财政资金和社会资本双管齐下的长效机制。粤港澳大湾区应加大财政专项资金的投入力度，确保每年在基础研究方面和应用基础研究方面的专项资金投入比例不低于30%，引导社会资本对基础研究的投资，建立财政资金和社会资本双管齐下的长效机制。

第二，建立激励补偿机制。企业应当加大对科技创新的投入力度，全面推进粤港澳大湾区的关键核心项目落地，大力开展科技核心技术攻关，精准攻关项目中的"卡脖子"问题。政府相关部门可以对科技企业的税收优惠政策、金融资助政策加以深度的研究并层层落实，完善配套政策服务。事业单位可以通过绩效激励或考核机制，激发从事技术创新科研人员的积极性。

第三，建立金融科技深度融合机制。粤港澳大湾区应推动金融科技深度融合，完善多层次资本市场改革，创建科技创业投资体系，专门为高新技术企业提供科技资本的服务，打破高技术企业发展的融资"瓶颈"，优先安排高新技术企业上市，引入境外风险资本，奠定创新产业持续发展的基础。粤港澳大湾区各地应合作建设跨区域、国际化、多元化的科技创新投融资服务机制，借助科技孵化基地和创业投资与风险投资机构这些载体，共建粤港澳大湾区资本市场服务平台，深化产业投资、天使投资、风险投资、企业上市等多方面的合作，形成"创业投资+产业加速+上市培育"三位一体的专家服务链。

第四，科技成果转化机制。粤港澳大湾区应深化科技体制改革，重点围绕科创板注册制、国际人才管理、通关便利、城市建设审批模式优化领域，实行先行先试政策，大力促进新技术的创新、专利的应用，让更多的技术和成果走向市场，提高科技成果转化率。

三、打造高水平科技创新载体，助推湾区转型升级

在第六章两大创新圈的创新指数分析中，东京—横滨以其创新多样性排在深圳—香港之前，位列第 1 名。2018 年，东京—横滨地区的科技出版物数量（表现在出版物总量中的份额）、专利（表现在 PCT 申请总量中的份额）等数据也远高于深圳—香港地区。从第六章在对全球创新网络的分析中，我们得知东京—横滨已经形成了通过资金与知识层的流动促进技术开发与产业转化的能力，并且在此基础上不断完善创新网络的建设，进一步向创新网络外辐射。这离不开高校、企业以及其他科技创新平台的科技成果的贡献。

在第四章东京湾区的科技创新现状分析中我们了解到，东京圈仍是以企业为主要科研创新载体，日本东京湾区拥有 70 家世界 500 强企业。在第五章对东京湾区"一都三县"的创新载体分析中我们也可以看出，非营利团体和公共机关的占比是比较高的，因此除了承载创新科技的企业外，建造高水平科技创新载体和平台，是提升科技创新能力的重要支撑。建设具有全球影响力的国际科技创新中心，要加快推进粤港澳大湾区重大科技基础设施、交叉研究平台和前沿学科建设，着力提升基础研究水平。

第一，创建深港国际科技创新中心。在深港科技合作区域中，深圳应联合境内外人才，在科研体制上实现转变，支持粤港澳大湾区其他城市产业的发展，有规划、合理地布局国家重大科技平台和科技项目，让人才、资金、技术聚焦新的平台和空间，形成创新载体新业态。

第二，搭建优质的创新平台。例如，粤港澳大湾区应打造前沿学科建设平台；推进国家自主创新示范区建设，有序开展国家高新区扩容，将高新区建设成为区域创新的重要节点和产业高端化发展的重要基地；支持港深创新

及科技园、中新广州知识城、南沙庆盛科技创新产业基地、横琴粤澳合作中医药科技产业园等重大创新载体建设。同时，粤港澳大湾区应加快建设河套深港科技创新合作区、光明科学城、西丽湖国际科教城等一批重大创新平台，促进科技创新走廊的布局和发展；推进人工智能与数字经济实验室、鹏城实验室、深圳湾实验室等重大高水平创新载体建设；培育一批国家级、省级重点实验室，联合工程中心、重点企业研究院、众创空间、科技企业孵化器、加速器等主体，形成以重点实验室为核心的基础研究体系；以工程实验室、工程中心、技术中心组成的技术开发创新体系；以科技创新服务平台、行业公共技术服务平台组成的创新服务支撑体系，共同提升深港原始创新能力，布局建设世界一流的重大科技基础设施集群。

第三，建设科技创新中介与科技服务机构。深港两地政府可以协同科技园区的专业职能机构，共同探讨制定推进各类创新企业的扶持政策，根据创新创业企业的成立与运营的难题和阻碍，建设科技中介与科技服务机构，协助科技型中小企业的孵化，提供创新金融服务、市场咨询服务、财务与法务服务、风险管理服务，帮助企业更好更快地成长。

四、加强湾区特色产业布局，引导世界创新资源集聚

根据第四章东京湾区产业演进与现状的分析和第六章对京滨工业带的介绍，我们可以得出结论：东京湾区通过军需制造带动了沿海工业带发展，日本重化工业从此兴起，之后通过科学技术基本计划，转向生命、能源、自然等方面的基础研究，慢慢形成了以"产业科技＋金融中心"为湾区特色的创新要素集聚现象。相比而言，凭借我国在大数据和数字化经济的优势，粤港澳大湾区应该聚焦全球信息技术变革，注重全球新兴产业的发展布局，寻求引领世界发展的突破口。

1. 攻关世界前沿科技创新领域

第一，大力发展战略性新兴产业和未来产业，推动生物、互联网、新能源、新材料、文化创意、新一代信息技术、节能环保七大战略性新兴产业规

划及配套政策的落地，通过"沿途下蛋"带动产业集群、产业链。

第二，在第五代移动通信技术、基因测序、无人机、生物医药、新能源汽车等国际前沿方面，加大关键技术攻关力度，增强对未来科技发展的预见性，推动基础研究和原始创作，提高 PCT 国际专利申请数量和重量级次，增加粤港澳大湾区在科技创新领域方面的市场份额。

第三，深入推进国家战略性新兴产业区域集聚发展试点，加快建设 23 个战略性新兴产业基地（集聚区）；积极培育未来产业，瞄准科技和产业发展前沿，将生命健康、海洋经济、航空航天等确定为未来产业。

第四，通过高强度的研发投入，增强企业的创新能力，以新兴产业、前沿引领技术、现代工程技术、关键共性技术为突破口，积极主导、创办、承接科技园项目、大科学计划、工程项目，让前沿创新领域技术的攻关得以落实落地，增强自主创新能力，把发展主动权、创新主动权握在手中。

2. 合理布局先进科技创新载体

先进科技创新载体是创新资源的孵化基地和重要支撑。粤港澳大湾区应当结合政府机构、科研院所的资源和优势，围绕战略性新兴产业，建设国家级创新平台，构建人工智能、第五代移动通信技术、生物医药实验室、生命科技信息中心，推动建立以大亚湾中微子实验室、深圳超算中心与国家基因库等重大科技基础设施为代表的科技创新载体，充分发挥其对科技创新的引领作用，为企业提供研发条件、技术支撑、产业技术合作的平台，促进资金的流动和技术成果的转化。粤港澳大湾区应形成以基础研究为引领、市场化为导向、企业为主体、"官助民办"为亮点的创新载体架构，合理布局重点实验室、工程中心、科技创新服务机构、行业服务平台，为科技成果走向市场提供更多服务和支撑，让粤港澳大湾区的创新资源先集聚后自由流动配置，推动科技创新发展，形成辐射效应，争当新时代科技创新的引领者、实践者。

3. 发挥一流企业推动产业升级的作用

粤港澳大湾区应以华为、大疆、中兴等龙头企业为领头羊，引领、鼓励、支持中小企业发展，形成产业高度集中的全链条产业群，利用科技创新能力极强的一流企业群对周边城市的传统产业进行改造，促进粤港澳大湾区产业升级为新兴的未来战略性产业。粤港澳大湾区应完善健全保障政策体系，鼓励本土优质企业做大做强，在海外设立研发机构，支持走出去的国际化路线，提升国际科技实力。

五、建立科技人才管理机制，优化人力资源流通渠道

习近平总书记在党的二十大报告中指出："必须坚持科技是第一生产力，人才是第一资源，创新是第一动力。"这表明了人才在国家发展中的核心地位和重要性。由第四章的数据我们可以得知，东京圈的研究开发人才占比常年保持在50%上下，从每十人就业者中的研究开发人数来看，也是东京都最多，每1 000人中大约有45人从事研究开发工作，这是支撑起东京湾区发展的基本要素之一。粤港澳大湾区是国家区域发展的重大战略，是知识创新与新技术应用的重要发源地，要在全球湾区中获得优势，成为国际一流湾区，必须把创新作为第一动力，把人才作为第一资源，从人才的引进、培养、使用、激励、安定等方面下功夫，建设人才高地，利用人口质量红利，发挥人才集聚的经济效应，为粤港澳大湾区的发展输送血液。相比较之下，深港的大学群建设和高层次人才集聚仍然不足，人才队伍的国际化水平亟待提高。教育、医疗、生活成本等进一步加剧了人才吸引难、留住难。

1. 创建一流大学，构筑科技人才湾区

第一，粤港澳大湾区应加快建设广东省世界一流研究型大学和重要学科，通过中外合作办学、社会捐资办学等途径，扩大高等教育规模，提高高等院校教学质量，支持高校进入"双一流"建设行列，推动香港、澳门、深圳、广州等城市与国内外知名高等院校的签约合作，建设一批符合产业发展的世界一流研究型院校，让粤港澳大湾区高校的版图不断壮大，使其成为科技创新中心的知识源头。

第二，粤港澳大湾区应制定和出台引进高层次专业人才文件、人才安居工程政策，强化博士后人才战略储备库功能，营造人才辈出的政策环境和社会环境。

第三，粤港澳大湾区应精准引进核心关键技术领域的领军型人才和团队，制订高端人才储备计划，对具有关键领域优势的团队，给予研发资助和奖励，鼓励其以重点学科、优势学科为依托，积极参与和设立国际学术合作组织、国际科学计划，建立联合研发基地，落实重大项目。

第四，粤港澳大湾区应紧贴产业链环节，构建高精尖人才培训模式，推行多种人才计划，强化市场认可和以市场评价为基础的人才评价、人才服务体系，为市场注入源源不断的动力。

2. 创新人才培养体系，建立用才管才制度

粤港澳大湾区的人才质量和国际化人才水平仍低于国际三大湾区，因此要立足本土培养，研究人才培养的特点和规律，创新人才培养体系。

第一，促进教育平台建设。粤港澳大湾区与国际知名的科技创新中心相比，人才质量较低，受高等教育水平影响较大。粤港澳大湾区的高校聚集区主要在香港、广州，相关部门可以出台政策，扩大两地高校对粤港澳大湾区生源的招收量，或者在有代表性的城市中建立分校，增加接受高等教育者的数量和提高质量。相关部门还可以通过建立校企合作的技术技能人才培养学院、拔尖人才培养基地，以 3~5 年为一个周期，给予资金支持，定期考核，提高创新人才的培养质量。

第二，建设人才创新平台。粤港澳大湾区要利用广东省建设综合性国家科学中心的优势，争取更多国家重大科研项目、省部级工程合作项目落户，建设产学研用相结合的创新研发平台，注重与香港、澳门等拥有一流高校、实验室的地区合作，以此吸引高端人才集聚粤港澳大湾区开展前沿研究。

第三，成立新型国际化人才机构。粤港澳大湾区可以设立"虚体机构、实体运行"的新型国际化人才机构，对粤港澳大湾区人才进行政策、资金、工作职能的统筹、组织、调度，建立招才项目、育才项目，策划国际国内人才合作交流活动，培养人才的国际化视野，提高国际化人才水平。

第四，根据粤港澳大湾区的定位和区位优势，完善人才评价体系，大胆试行与国际接轨的用才管才制度，探索人才发展政策和机制，通过政府和市场的协同促进，提升粤港澳大湾区的人才智力价值，建成粤港澳大湾区人才高地。

3. 打破人才流动壁垒，营造人才服务环境

粤港澳大湾区人才分布不均衡、交流互动的频率不高的原因有很多，人才流动体制壁垒是其中一个很重要的原因。粤港澳大湾区需要解决因户籍、地域、人事关系、国籍、子女教育等约束带来的流动难题，破除流动的体制壁垒，缓解湾区城市人才集聚一线城市的分布不均的现象。

第一，粤港澳大湾区应放宽外籍人员申办签证和永久居留证的资格条件。对于世界一流的科学家、企业家，紧缺的高层次技术人才，粤港澳大湾区可以采取特事特小的引进方式，简化申报制度。

第二，简化高端人才来珠三角城市创新创业的审批手续，对于那些信用记录良好的华裔人员，试点人才引进准入制、备案制。

第三，开展外籍学生等毕业后直接在珠三角城市就业试点工作。粤港澳大湾区可以通过政策鼓励和奖励方式引导在广东高校取得硕士及以上学位的优秀毕业生到珠三角新区、自主创新示范区、自贸试验区等多个区域就业，避免人才扎堆某个城市或某个区域的情况发生。

六、营造创新创业营商环境，构建国际科技创新高地

好种子需要肥沃的土壤和充足的雨水来发芽成长。通过对日本科技创新政策的演变和分析我们知道，为了加强跨区域的协作性，日本从东京湾区大局出发实施了一系列包括交通、环境、信息共享平台建立、产业一体化和行政体系改革等在内的政策措施，引导东京湾区科技创新的建设发展。日本的《科学技术基本法》更是奠定了以科技创新为首要任务的政策基础，东京湾区所取得的成就得到了世界的认可。将粤港澳大湾区打造成科技创新主导的国际一流城市群，同样离不开资金、交通、法制、人才、文化交流等基础环境的支撑，必须要营造出一个良好的创新创业营商环境。

第一，在资金环境方面，粤港澳大湾区可以利用多层次的资本市场、深港通资金流动的渠道和平台，深化金融服务，让资金和服务的融通在新技术、新模式、新业态等方面满足科技发展的需要，推动科技成果的跨区域转化，

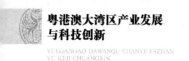

加快科技创新要素的流动。

第二，在交通环境方面，推进深港交通设施建设。粤港澳大湾区可以加快城际轨道交通、水运等交通设施建设；继续开放一些口岸，推进深圳前海口岸建设，高效联通深港基础设施；出台有利于货物、资金、人员往来的政策，促进创新要素便捷流动，推广落实"一地两检""合作查验""一次放行"的通关便利措施，让"广深港半小时生活圈"惠及科技发展。

第三，在法制环境方面，加强对知识产权的保护和运用。一方面，深港要推进专业培训合作，建立深港知识产权跨境联合办理案件机制，开展对知识产权的合理估值，开展对高新技术专利的授权和交易，将深港培育成知识产权服务高地、亚太产权交易的核心；另一方面，国家应出台和完善知识产权保护的相关条例，制定法律政策规范现有的知识产权市场运行秩序，对于侵犯、滥用知识产权的行为进行严厉的惩罚，让科学技术人员更加安定地从事研究工作。

第四，设立顶级科技智库，使其加强对前沿科技未来发展态势的分析研究，为多方需求者提供重大科技问题的咨询建议服务。

第五，在交流活动环境方面，鼓励交流融合。创新创业需要不同领域思想的碰撞，粤港澳大湾区可以实行深港固定交流模式、粤港澳大湾区分享与学习模式，实施大学生人才公寓计划，为交流提供更多的可能。

第六，在民生方面，粤港澳大湾区可以打造医疗特区，完善可跨境携带的养老体系。粤港澳大湾区应加大优质医疗卫生资源的供给，建立高水平医疗机构，使用先进的医疗技术、大型医用设备以及实用的药物，开放跨境求医的便捷服务，把香港先进的医疗设施、技术、经验引进内地，不断提高医疗水平。

第七，在创新文化方面，粤港澳大湾区应推崇用创新创业来创造财富的思想和行动，尊重企业家精神，表彰和宣传一些领域的典型成功创新事例，鼓励企业在竞争中合作，营造浓厚的创新氛围，提升创新的价值和推动人才的自由流动。

参考文献

［1］ BRANDENBURGER A M, NALEBUFF B J. Co-opetition: A revolution mindset that combines competition and cooperation ［M］. New York: Cumency and Doubleday, 1996.

［2］ CORNELL UNIVERSITY, INSEAD, WIPO. Global innovation index 2018 energizing the world with innovation ［R］. 2018.

［3］ CORNELL UNIVERSITY, INSEAD, WIPO. Global innovation index 2019 energizing the world with innovation ［R］. 2019.

［4］ DRUCKER P F. The discipline of innovation ［J］. Harvard Business Review, 2002, 80 (8): 95.

［5］ ERNST D. A new geography of knowledge in the electronics industry? Asia's role in global innovation networks ［J］. Policy Studies, 2009, 54.

［6］ HAMEL G, DOZ L, PRAHALAD C K. Collaborate with your competitors and win ［J］. Harvard Business Review, 1989, 67 (1): 133-139.

［7］ KOGUT B, SINGH H. The effect of national culture on the choice of entry mode ［J］. Journal of International Business Studies, 1988, 19 (3): 411-432.

［8］ LIU J, CHAMINADE C, ASHEIM B. The geography and structure of global innovation networks: A knowledge base perspective ［J］. European Planning Studies, 2013, 21 (9): 1456-1473.

[9] NIELSEN R P. Cooperative strategy [J]. Strategic Management Journal, 1988, 9 (5): 475-492.

[10] QUINTANA-GARCÍA C, BENAVIDES-VELASCO C A. Cooperation, competition, and innovative capability: A panel data of European dedicated biotechnology firms [J]. Technovation, 2004, 24 (12): 927-938.

[11] ROSTOW W W. The stages of economic growth: A non-communist manifesto [M]. Cambridge: Cambridge University Press, 1990.

[12] SCHUMPETER J. The theory of economic development [M]. Cambridge: Harvard University Press, 1912.

[13] SOLOW R M. Technical change and the aggregate production function [J]. Review of Economics & Statistics, 1957, 39 (3): 554-562.

[14] YANG C. From market-led to institution-based economic integration: The case of the pearl river delta and Hong Kong [J]. Issues & Studies, 2004, 40 (2): 79-118.

[15] 比尔·盖茨. 未来之路 [M]. 辜正坤, 译. 北京: 北京大学出版社, 1996.

[16] 蔡宁, 吴结兵. 企业集群的竞争优势: 资源的结构性整合 [J]. 中国工业经济, 2002 (7): 45-50.

[17] 车春鹂, 高汝熹. 东京产业布局实证研究及对我国城市产业规划启示 [J]. 青岛科技大学学报, 2009 (2): 20-25.

[18] 车春鹂, 高汝熹. 东京出版印刷产业集群特点、成因及启示 [J]. 科技管理研究, 2008 (12): 356-357.

[19] 陈栋生. 区域协调发展的理论与实践 [J]. 理论参考, 2005, 17 (1): 35-39.

[20] 陈雯, 吕卫国, 孙伟. 空间经济学研究的相关进展与评述 [J]. 世界地理研究, 2007 (12): 70-74.

［21］陈秀珍. 香港与内地经济一体化的经济增长效应的计量研究［J］. 开放导报, 2005（5）：79-85.

［22］陈昭, 林涛. 新经济地理视角下粤港澳市场一体化影响因素研究［J］. 世界经济研究, 2018（12）：72-81.

［23］邓志新. 粤港澳大湾区与世界著名湾区经济的比较分析［J］. 对外经济贸易, 2018（4）：92-95.

［24］豆建民. 区域经济发展战略分析［M］. 上海：上海人民出版社, 2009.

［25］傅家骥. 技术创新学［M］. 北京：清华大学出版社, 1999.

［26］高斌, 朱华友, 丁四保. 新经济地理学及其对经济地理学范式的修正［J］. 地域研究与开发, 2003（12）：1-4.

［27］高山. 以科技创新引领粤港澳大湾区发展［J］. 新经济, 2017（10）：24-28.

［28］高志刚. 区域经济差异预警：理论、应用和调控［J］. 中国软科学, 2002（11）：93-97.

［29］国家统计局社会科技和文化产业统计司, 科学技术部创新发展司. 中国科技统计年鉴［M］. 北京：中国统计出版社, 2017.

［30］关红玲, 吴玉波, 宋媚婷, 等. 粤港澳大湾区"9+2"城市创新科技关键因素比较分析［J］. 港澳研究, 2018（1）：31-34.

［31］广东省社会科学院, 香港明汇智库, 中国国家行政学院, 等. 粤港澳大湾区建设报告（2018）［M］. 北京：社会科学文献出版社, 2018.

［32］广东中创产业研究院. 世界三大湾区产业集群发展优势解析［J］. 中国工业和信息化, 2019（8）：38-45.

［33］哈肯. 高等协同学［M］. 郭治安, 译. 北京：科学出版社, 1989.

［34］哈肯. 协同学引论［M］. 徐锡申, 陈式刚, 陈雅深, 等译. 北京：原子能出版社, 1984.

[35] 何国勇. 深圳建设国际科技、产业创新中心研究：硅谷的经验与启示 [J]. 城市观察，2018（2）：105-121.

[36] 何诚颖，张立超. 国际湾区经济建设的主要经验借鉴及横向比较 [J]. 特区经济，2017（9）：10-13.

[37] 洪银兴. 关于创新驱动和协同创新的若干重要概念 [J]. 经济理论与经济管理，2013（5）：5-12.

[38] 侯辅相. 经济地理学与环境保护 [J]. 陕西财经学院学报，1979（1）：60-67.

[39] 胡兆量，陆大壮. 区域：经济地理学研究的核心 [J]. 经济地理，1982（10）：163-166.

[40] 黄烨菁，等. 科技创新中心的支撑力、驱动力与竞争力 [M] 上海：上海人民出版社，2018.

[41] 黄枝连. 粤港澳湾区发展论 [J]. 经济导报，2009（16）：17-19.

[42] 蒋铁柱，杨亚琴. 构建完善的科技创新政策支持体系：北京、上海、深圳三地科技创新模式比较 [J]. 上海社会科学院学术季刊，2001（3）：5-14.

[43] 蓝绿交汇 演绎什么样的生态逻辑？关于我国重点湾区生态文明建设的报告 [J]. 中国生态文明，2016（2）：23-33.

[44] 雷新军，春燕. 东京产业结构变化及产业转型对上海的启示 [J]. 上海经济研究，2010（11）：66-79.

[45] 李睿. 国际著名"湾区"发展经验及启示 [J]. 港口经济，2015（9）：5-8.

[46] 李红. 跨境湾区开发的理论探索：以中越北部湾及粤港澳湾区为例 [J]. 东南亚研究，2009（5）：56-61.

[47] 李健，屠启宇. 全球创新网络视角下的国际城市创新竞争力地理格局 [J]. 社会科学，2016（9）：25-38.

[48] 李琳.科技投入、科技创新与区域经济作用机理及实证研究［D］.长春：吉林大学，2013.

[49] 黎鹏.区域经济协同发展及其理论依据与实施途径［J］.地理与地理信息科学，2005，21（4）：51-55.

[50] 厉以宁.区域发展新思路［M］.北京：经济日报出版社，2000.

[51] 李毅，颜实.青海省利用科技创新体系建设引领丝绸之路经济带发展的对策与建议［J］.青海科技，2018，25（2）：18-27.

[52] 梁琦，黄卓.空间经济学在中国［J］.经济学（季刊），2012（4）：1027-1035.

[53] 梁宇航，陈思仪.浅谈区域科技进步与经济增长的协同发展［J］.纳税，2018（11）：186.

[54] 刘衡，王龙伟，李垣.竞合理论研究前沿探析［J］.外国经济与管理，2009，31（9）：1-8.

[55] 刘彦平.四大湾区影响力报告：纽约·旧金山·东京·粤港澳［M］.北京：中国社会科学出版社，2018.

[56] 刘志彪.从后发到先发：关于实施创新驱动战略的理论思考［J］.产业经济研究，2011（4）：1-7.

[57] 刘子濠.粤港澳大湾区战略下的深港创新圈2.0：打造世界级科技产业创新中心［M］.北京：新华出版社，2020.

[58] 鲁志国，潘凤，闫振坤.全球湾区经济比较与综合评价研究［J］.科技进步与对策，2015（11）：118-122.

[59] 罗剑锋.企业竞合理论研究综述［J］.财务与金融，2012（2）：66-70.

[60] 罗剑钊.国外人才政策对我国优化科技人才战略的启示［J］.科技创新发展战略研究，2017（2）：43-48.

[61] 罗斯托.经济成长的阶段［M］.国际关系研究所编译室，译.北京：商务印书馆，1962.

［62］马歇尔. 经济学原理（中译本）［M］. 陈良璧，译. 北京：商务印书馆，1983.

［63］毛磊. 演化博弈视角下创意产业集群企业创新竞合机制分析［J］. 科技进步与对策，2010，27（8）：104-106.

［64］苗长虹，王斌. 文化转向：经济地理学研究的一个新方向［J］. 经济地理，2003（9）：577-581.

［65］聂华林，王水莲. 区域系统分析［M］. 北京：中国社会科学出版社，2009.

［66］樊春良. 建立全球领先的科学技术创新体系：美国成为世界科技强国之路［J］. 中国科学院院刊，2018，33（5）：509-519.

［67］彭芳梅. 粤港澳大湾区城市群空间结构与优化路径研究［N］. 深圳特区报，2019-07-23（C02）.

［68］覃成林，潘丹丹. 粤港澳大湾区产业结构趋同及合意性分析［J］. 经济与管理评论，2018，34（3）：15-25.

［69］丘杉，梁育民，郭楚. 东京湾区经济带发展背后高度重视科技创新［N］. 深圳特区报，2014-11-25（B11）.

［70］任新建，项保华. 链式战略联盟合作困境及突破探析［J］. 科研管理，2005，26（5）：68-72.

［71］日本科技创新态势分析报告课题组. 日本科技创新态势分析报告［M］. 北京：科学出版社，2014.

［72］沈超. "以科技创新引领经济发展"专题（4）抓住重中之重，推进广深港澳科技创新走廊建设［J］. 广东经济，2020（1）：34-36.

［73］深圳市中鹏智创新管理研究院. 深圳市创新载体及科研机构发展分析研究报告［R］. 2018.

［74］沈子奕，郝睿，周墨. 粤港澳大湾区与旧金山及东京湾区发展特征的比较研究［J］. 国际经济合作，2019（2）：34-44.

[75] 司徒尚纪. 珠江三角洲经济地理网络的历史变迁 [J]. 热带地理, 1991, 11 (2)：113-120.

[76] 宋刚. 钱学森开放复杂巨系统理论视角下的科技创新体系：以城市管理科技创新体系构建为例 [J]. 科学管理研究, 2009, 27 (6)：1-6.

[77] 苏东水. 产业经济学 [M]. 北京：高等教育出版社, 2000.

[78] 孙建国. 论城市功能演进与产业迁移：日本京滨工业区经验与启示 [J]. 河南大学学报, 2012 (5)：91-97.

[79] 孙久文. 论中国区域经济学的完善与创新 [J]. 区域经济评论, 2017 (2)：20-23.

[80] 陶雅. 创新辐射、区域联动、开放引领：来自粤港澳大湾区地缘匹配的实证分析 [J]. 金融经济, 2018 (10)：98-99.

[81] 田栋, 王福强. 国际湾区发展比较分析与经验借鉴 [J]. 全球化. 2017 (11)：100-113.

[82] 田扬戈. 论区域经济协调发展 [J]. 党政干部论坛, 2000 (2)：25-27.

[83] 王方方, 杨焕焕, 刘猛在. 粤港澳大湾区空间经济结构与网络协同发展的实证 [J]. 统计与决策, 2019 (13)：125-129.

[84] 王海涛, 薛波. 如何把握区域经济协调发展的科学内涵 [N]. 光明日报, 2010-12-23 (11).

[85] 王静田. 国际湾区经验对粤港澳大湾区建设的启示 [J]. 经济师, 2017 (11)：16-18.

[86] 王珺, 袁俊. 粤港澳大湾区建设报告（2018）[M]. 北京：社会科学文献出版社, 2018.

[87] 王萍, 温一村, 张耘. 发达国家创新型城市的科技人才发展政策 [J]. 全球科技经济瞭望, 2016 (1)：46-50.

[88] 王苏生, 陈博. 深圳科技创新之路 [M]. 北京：中国社会科学出版社, 2018.

［89］王涛. 东京都市圈的演化发展及其机制［J］. 城乡规划，2014
（3）：34-39.

［90］王洋. 浅析科技创新中的金融体系建设［J］. 西藏科技，2018
（4）：11-14.

［91］汪雨卉，王承云. 粤港澳大湾区科技创新资源空间配置差异研究
［J］. 科技与经济，2018，31（1）：26-30.

［92］吴宁，蓝洁，周文鹏. 青岛市科技创新体系发展［J］. 中国科技
信息，2018（11）：102-103.

［93］吴思康. 深圳发展湾区经济的几点思考［J］. 人民论坛，2015（4）：
68-70.

［94］向东. 从深港创新圈到广深港创新走廊：珠三角区域创新体系的未
来蝶变［J］. 商业时代，2014（5）：137-139.

［95］薛凤旋，杨春. 外资：发展中国家城市化的新动力：珠江三角洲个
案研究［J］. 地理学报，1997（3）：193-206.

［96］杨保军. 区域协调发展析论［J］. 城市规划，2004（5）：20-24.

［97］杨大楷，邵同尧. 风险投资中的创新度量：指标、缺陷及最新进展
［J］. 经济问题探讨，2010（7）：62-66.

［98］杨君游，谈冉，高秋芳，等. 城市创新能力简便测评指标体系
研究：以深圳与其他城市的比较为例［J］. 科学与管理，2015，35（1）：
7-15.

［99］杨明，钱林霞. 首届粤港澳大湾区智库论坛在香港成功举办 三地
智库为大湾区发展建言献策［J］. 新经济，2018（5）：1-7.

［100］杨吾扬. 经济地理学、空间经济学与区域科学［J］. 地理学报，
1992（11）：561-568.

［101］杨吾扬. 区位论中的宏观和一般均衡分析［J］. 经济地理，1989
（3）：161-165.

［102］姚龙华．区域协同发展关键在"破墙"与"铺路"［N］．深圳特区报，2018-04-25（A02）．

［103］尹海丹．粤港澳大湾区城市经济高质量发展评价与对策［J］．中国经贸导刊，2020（2）：6-9．

［104］余碧仪，黄何，王静雯．国际三大湾区科技人才发展经验对粤港澳大湾区的启示［J］．科技创新发展战略研究，2019（3）：45-50．

［105］于一可．发挥自创区龙头作用加快科技创新体系建设［N］．河南日报，2018-05-04（10）．

［106］曾忠敏．打造全球科技创新高地：粤港澳大湾区融合发展的战略思路与路线图［J］．城市观察，2018（2）：8-19．

［107］查振祥，查理．深圳发展湾区经济路径研究［J］．深圳职业技术学院学报，2014，13（4）：29-31．

［108］张发余．新经济地理学的研究内容及其评价［J］．经济学动态，2000（11）：72-76．

［109］张可云．区域经济政策：理论基础与欧盟国家实践［M］．北京：中国轻工业出版社，2001．

［110］张来武．科技创新驱动经济发展方式转变［J］．中国软科学，2011（12）：1-5．

［111］张士运．科技创新政策对经济社会促进作用及其国际比较［M］．北京：社会科学文献出版社，2018．

［112］张洋溢．对构建科技创新政策体系的若干思考［J］．科技创新导报，2018，15（3）：195-196．

［113］张昱，陈俊坤．粤港澳大湾区经济开放度研究：基于四大湾区比较分析［J］．城市观察，2017（6）：7-13．

［114］张玉双．"株洲·中国动力谷"区域协同创新体系研究［J］．农村经济与科技，2018，29（10）：165-166．

[115] 赵继敏. 北京国家科技创新中心建设路径 [J]. 城市管理与科技, 2016, 18 (4)：22-25.

[116] 中共深圳市委党校政治经济学教研部课题组. 发展湾区经济, 打造海上丝绸之路桥头堡 [N]. 深圳特区报, 2014-12-02 (05).

[117] 周文燕, 陈辉华, 刘微明. 企业战略管理理论的发展 [J]. 吉首大学学报 (社会科学版), 2004, 25 (1)：90-93.

[118] 周振华. 伦敦、纽约、东京经济转型的经验及其借鉴 [J]. 科学发展, 2011 (10)：3-11.

[119] 周仲高, 游霭琼, 徐渊. 粤港澳大湾区人才协同发展的理论构建与推进策略 [J]. 广东社会科学, 2019 (6)：91-101.

[120] 朱华友, 丁四保. 新经济地理学的产业区位的形成和演进研究 [J]. 宿州师专学报, 2004 (3)：100-103.

[121] 朱丽娜. 粤港澳大湾区是世界三大湾区功能综合 新经济成败关键在人才 [N]. 21 世纪经济报道, 2018-05-22 (15).

后记

　　十多年前，我从中南财经政法大学本科毕业后，踏上了赴日本求学之路，主攻亚洲与非洲经济贸易合作方向，师从日本著名非洲经济研究学者金泽大学教授正木响先生，重点研究中国与日本对非洲经贸合作与援助，最终获得经济学博士学位。2017年回国后，我在深圳大学中国经济特区研究中心与深圳市光明区科技创新局（当时的深圳市光明新区经济服务局）合作共建的博士后创新实践基地开展博士后科研工作，师从深圳大学教授、博士生导师钟若愚先生。我在确定研究方向时非常纠结，是钟教授为我指明了方向，确定研究方向为粤港澳大湾区与科技创新，并制订了研究计划。这一方向选择也为后续获得中国博士后科学基金面上资助奠定了基础。

　　该研究方向现在看来也是非常具有时代意义的。粤港澳大湾区的概念最初是在2015年由国家发展改革委、外交部、商务部经国务院授权发布的《推动共建丝绸之路经济带和21世纪海上丝绸之路的愿景与行动》中提出，后来在2017年被正式列入国家战略。这个概念在 2017 年时非常新颖，前期研究与资料非常少，对比研究大多也只是聚焦到纽约湾区或旧金山湾区方面，关于国际三大湾区的东京湾区的研究寥寥无几。当时，工作单位的导师张向荣先生指导我说，他当年就是写了一篇对比研究的论文，并获得了奖项。这个思路深深地启发了我，于是我发挥在日本留学的语言与科研经验等优势，聚焦作为产业湾区的东京湾区，从产业发展与科技创新的角度，对比研究粤港澳大湾区与东京湾区的差异，拟从中获得可借鉴的经验，供读者参考。最终，在博士后课题研究完成的基础上，我逐步形成了本书稿。

我自 2017 年 5 月开始博士后阶段的研究，本书稿完成时已到 2020 年 9 月，历时 3 年左右，其中倾注了大量心血。后提交出版社进行"三审三校"，在 2021 年完成书稿修订版，因遵照出版要求送审，又导致出版周期延长了三年，现在才与读者见面。回顾这段历程，实属不易，但也充满感激。本书数据的选取，主要以研究时的静态数据为准，未做更新，一方面是想从回顾的视角来看待问题，另一方面也便于读者对比审视，特别是数据的选取刚好是在新冠疫情之前，未受到重大突发公共卫生事件这一罕见变量的影响，反而突显了研究数据的准确性。

本书的完成要感谢中国博士后科学基金第 64 期面上资助（项目编号：2018M643140）以及深圳市出站博士后科研资助经费的支持，也要感谢在项目申请过程中所有推荐专家及评审专家的肯定。特别感谢深圳大学钟若愚教授、深圳市科学技术协会张向荣博士的指导以及工作单位领导给予我的支持。同时要感谢在书稿撰写过程中，帮助我收集日文材料的日本金泽大学博士卢珺、前研究员于佳的支持，以及深圳大学研究生陈小清、留美研究生杨峥在文献收集、数据处理与数据清洁等方面付出的辛勤劳动。还要感谢在书稿出版过程中，西南财经大学出版社李晓嵩编辑的支持，为提高书稿出版质量，符合出版要求付出了不少心血。最后，要感谢找的家人的支持与鼓励。

我深知本书虽然丰富了粤港澳大湾区与东京湾区对比方面的研究，形成了一定的数据分析基础，但是研究还有诸多不足之处，很多方面还有待更加深入的研究，在未来产业规划细分等具体实施层面的建议仍有不足。望能抛砖引玉，期待同各位研究者与政府相关人员进行深入交流与讨论，也期盼着海内外专家对本书提出宝贵的意见。

尹曼琳

2025 年 2 月